HEYNE
BÜCHER

Für alle,
mit deren Hilfe
und in deren Gesellschaft
ich in Wien
gut gegessen und gelacht habe

Eva Bakos

Gaumenschmaus und Seelenfutter

Tausend Jahre Wiener Küche

Mit Rezepten von
Wolfgang Schlüter und Dietmar Fercher
Fotos von
Herbert Lehmann und Stefan Liewehr

Wilhelm Heyne Verlag
München

HEYNE KOCHBUCH
NR. 07/4730

Umwelthinweis:
Dieses Buch wurde auf chlor- und säurefreiem Papier gedruckt.

Wilhelm Heyne Verlag GmbH & Co. KG, München
http://www.heyne.de
Printed in Germany 1999
Umschlagillustration: Gusto-Archiv: Stefan Liewehr
Umschlaggestaltung: Atelier Ingrid Schütz, München
Satz: Gramma GmbH, München
Druck und Bindung: RMO, München

ISBN 3-453-15236-0

Menü

Der Fischmarckt (VIENNE) Le marché au Poisson
Vienne chez Artaria et Comp.

1.
Zur Vorspeis'

Essen in Wien - das hat mit stillem Genießen zu tun, aber auch mit wütender Leidenschaft, wenn es um die reine Lehre geht, wie Schnitzel und Tafelspitz, Palatschinken oder Apfelstrudel zu schmecken haben.

Von Gemütlichkeit keine Spur, wenn Wiener Genießer Restaurants oder Kaffeehäuser verteidigen oder verdammen. Keine Rede von Gelassenheit, wenn's um die Qualitäten von Köchen und Wirten geht. Essen und Trinken in Wien - das ist ein Thema, das in hitzigen Debatten soziale und intellektuelle Schranken durchbricht. Unglaublich, wieviel über das Essen und die Esser in Wien geschrieben und gepredigt wurde - eine endlose Geschichte über die Jahrhunderte.

Blick auf Wien. Aquarell von Jakob Alt, um 1840

Verfressenheit allein kann diese Anteilnahme nicht erklären, auch wenn man in Wien nicht viel von wenig Essen hält. Darum wurde auch der Minimalismus der *Nouvelle cuisine* so wütend angegriffen - weit über die kurze Zeitspanne hinaus, in der er aktuelle Bedeutung hatte. Aber auch wenn die Größe der Portionen, in Erinnerung an die vielen mageren Zeiten der Vergangenheit, zur kulinarischen Folklore gehört - noch viel wichtiger ist die unverfälschte Überlieferung. Schon der bloße Gedanke an ein Wiener Schnitzel mit Tunke reizt patriotische Genießer zur Weißglut.

Auch in anderen Städten wird gern, gut und viel gegessen, aber Wien ist die einzige Großstadt mit einer völlig unverwechselbaren Eßkultur. Stellt man sie in Frage, dann leugnet man jene Kräfte, die aus einer ursprünglich kleinen Ansiedlung auf römischen Mauerresten an einer umkämpften Grenze eine zunächst gefährdete, dann aber zusehends florierende, prunkvolle Residenz und - nach dem späten Fall ihrer Mauern - eine moderne Großstadt machten. Politik und Wirtschaft, Kunst, das Wachstum der Stadt, die Eigenart ihrer Bewohner beeinflußten auch, was und wie man hier ißt.

Die vielen Widersprüche Wiens, seine bäuerlichen und feudalen Traditionen, die Neigung zum Bewahren und die Durchlässigkeit für fremde Kulturen, seine Ängste und sein Übermut spiegeln sich in der Vielfalt seiner Küche.

Seit seinen Anfängen hat Wien immer wieder Neues in sich aufgenommen und integriert: Dafür sorgten Händler und Kreuzfahrer, die exotische Güter in die Stadt brachten, aber auch die Frauen der Babenberger und der Habsburger, die aus Byzanz und allen Teilen Europas kamen, mit einem Gefolge hochkultivierter Küchenspezialisten. Als im Reiche der Habsburger die Sonne nicht unterging, erreichten fremdartige Produkte der Neuen Welt die Wiener Hoftafel. Nach vielen Wandlungen wurden aus den exotischen Schaugerichten so populäre Speisen wie – Erdäpfelgulyas.

Der Strudel, diese scheinbar urwienerische Mehlspeise, ist ein Besatzungskind der Türken. Der Kaffee – Beutegut aus den Tagen der Türkenbelagerung.

Über Jahrhunderte haben Griechen, Armenier, Italiener, Franzosen, Türken, Spanier, Tschechen, Ungarn und Polen als Künstler und Köche, als Soldaten, Cafetiers, Handwerker, Händler und Hauspersonal die Lebensgewohnheiten der Wiener beeinflußt und ihrer Sprache Farbe gegeben.

Wer weiß heute noch, daß den vielen Italienern in Wien der zweite Bezirk als eigene Region zugedacht war? Um die Jahrhundertwende war Wien die Stadt mit mehr tschechischen Einwohnern als Prag. 1880 lebten in Wien neben 271 400 gebürtigen Wienern 111 000 Zugewanderte aus Böhmen, 76 600 aus Mähren, 106 100 aus Niederösterreich, 54 100 aus Ungarn und 20 100 aus Deutschland.

Wien blieb aber auch sehr lange in seinem ländlichen Umfeld verwurzelt. In den Vorstädten, die erst nach dem Fall der Basteien 1856 mit Wien vereinigt wurden, erhielt sich eine Dorfkultur, die bis heute nicht ganz verlorengegangen ist.

Wien ist die einzige Großstadt der Welt mit nennenswertem Weinbau. Eine Stadt, die ihrem alpinen Umfeld den größten Luxus unserer Zeit verdankt: Hochquellwasser.

Mich beschäftigen seit langem die Geschichte und die Geschichten des Essens in Wien, und ich habe einiges zu diesem Thema publiziert (unter anderem: »Wiener Spezialitäten« 1971, an die dieses Buch anschließt). Diesmal bin ich von der Gegenwart ausgegangen. Wien hat sich in den letzten Jahren verjüngt, modernisiert, es ist offener, flexibler geworden, seine Lokale vielfältiger und interessanter. Begabte Köche schaffen in Beisln und Restaurants populäre und finessenreiche Variationen der Wiener Küche. Bei Festen, die es noch vor ein paar Jahren nicht gegeben hat, finden sich die Wiener zu Schmaus und Spektakel zusammen. Die Märkte werden immer bunter und üppiger, an ihren Rändern siedeln sich neue, interessante Lokale an. In den Cafés, die allen Untergangsprophezeiungen getrotzt haben, entdecken junge Leute eine bewährte Kaffee- und Mehlspeistradition.

All diese Erscheinungen haben Wurzeln in der Vergangenheit. Es ist höchst vergnüglich, ihnen nachzuspüren, ein Stück unseres Alltags mit der Kultur der Vergangenheit zu vernetzen. Auch in unserem Rezeptteil durchdringen einander alte Überlieferungen und neue Trends. Wolfgang Schlüter, Chefkoch des »Gusto«, der erfolgreichsten kulinarischen Zeitschrift Österreichs, und Dietmar Fercher, einer der besten Patissiers Österreichs, machen mit ihren Rezepten die Wiener Klassiker, aber auch Gerichte, die es einmal werden könnten, zugänglich. Die Wiener Küche, wie wir sie heute kennen, ist knapp hundertfünfzig Jahre alt und hat unzählige Wandlungen erfahren. Sie wird sich weiterverändern, wie alles, was lebendig ist. So wie wir, die wir das Neue manchmal skeptisch betrachten, um es dann zuzulassen und nach einer Weile leidenschaftlich zu verteidigen.

Essen in Wien – das ist etwas für Kopf und Bauch!

Das Wohlleben, die Weichlichkeit, die vielen Schmausereyen der Wiener fallen jedem Fremden in die Augen. Daß die Tafeln vornehmer und reicher Leute mit vielen und ausgesuchten Speisen besetzt sind, findet sich allenthalben, ob man gleich dieses in Wien viel weiter treibt als an anderen Orten. Aber wie weit Schleckerey und Gefräßigkeit bey den mittleren und niederen Ständen dieser Stadt geht, davon kann man keine Idee haben, wenn man es nicht gesehen hat. Ein wohlhabender Bürger in Wien esset beynahe den ganzen Tag. Schon in der Frühe schlürft er im Sommer ein Paar Seidel (halbe Maaße) Obers oder Milchrahm in sich und genießt eine gehörige Anzahl Kipfel oder Milchbrödtchen dazu. Im Winter aber tunkt er seine Eierkipfel in Milchkaffee, und ehe er in die Messe geht, stopft er eine gute Portion Gebetswürstl (eine Art von Fleischwürsten, die ausdrücklich davon den Namen haben, daß sie früh, wenn die Leute zum Gebet gehen, nüchtern genossen werden) in sich. Noch vormittags ist er im Sommer im Kirschweinkeller, oder im Winter im Methkeller anzutreffen, und dabei wird etwas Kaltes genossen. Zu Mittag ißt er gewöhnlich vier Gerichte, und von jedem nicht wenig. Alsdenn setzt er sich ein halbes Stündchen in einen Schwungstuhl (Stühle mit Stahlfedern, die in Wien zum Schaukeln nach Tisch gebraucht werden. Vornehme Leute haben gemeinlich in ihrem Haus ein Billard, worauf sie zur Bewegung nach der langen Mahlzeit spielen) und schaukeln sich, um die Verdauung zu befördern. Dafür kann er auch gegen vier Uhr ein tüchtiges Jausen- oder Vesperbrodt zu sich nehmen. Um fünf gehet er im Sommer in einen öffentlichen Garten zum Kegelspiel, und nach einem halben Stündchen empfindet er daselbst schon wieder Hunger. Da ist dann ein Aufgeschnittenes, geselchtes Kaiserfleisch oder gebackene Hendl bereit, die ihm sehr wohl schmecken. Im Herbst oder Winter gehet er ins Lothringer Bierhaus oder in das bey der Schlange auf der Kärntnerstraße. Daß er da Lust- oder Hornerbier trinkt, ist das wenigste. Er ißt auch gebratene Schnecken, eingerührte Eyer, Lungenbratl, oder wenigstens doch eine gute Portion Kipfl. Demohnerachtet kann er zu Hause gegen acht Uhr doch wieder eine Abendmahlzeit von drey Gerichten verzehren. Oder wenn er mäßig sein will, geht er in ein Gewürzgewölb, speißt ein hundert Austern, trinkt einen süßen Wein dazu und spielt eine Partie Woida.

FRIEDRICH NICOLAI
Beschreibung einer Reise durch Deutschland und die Schweiz im Jahr 1781

Am Naschmarkt

2.
Frau Sopherl & Co

Irgendwo in Wien machen sie immer einen Markt. Tatsächlich und im übertragenen Sinn - einen Markt machen, heißt ja: Wirbel, Trubel, Vitalität.

Wien ist in den letzten Jahren jünger, bunter geworden und - es hat eine Unzahl von alten und neuen Märkten. An mehr als zwei Dutzend Plätzen wird mit einem oplenten Angebot an Obst und Gemüse, Fleisch und Fisch Markt gehalten. Aber das ist bei weitem nicht alles. Floh- und Fastenmärkte, Antiquitäten-, Kunst- und Biomärkte, Blumen- und Christkindlmärkte locken rund um das Jahr.

Es ist, als ob die Wiener ihre Stadt als Szenerie eines fröhlichen und sinnlichen Straßentheaters wiederentdeckt hätten. Zwischen kaiserlichen Gipsköpfen und frischen Grammeln, Ba(u)mkraxlern und Blunzen, Windharfen und Wollsocken schweift der Blick der Marktbesucher auf ein heiteres, mediterranes Wien ohne eine Spur des legendären Grants. Der nistet noch in den ehrwürdigen Tintenburgen und gehört zu einem viel späteren Wien: der Residenz- und Verwaltungsstadt, in der Beamte den Ton angeben.

Das Wien der Märkte ist die ganz alte und doch so junge Stadt, noch von keinerlei Würdenträgerei belastet, eine Stadt unternehmungslustiger Händler. Sie richteten sich in den Trümmern des römischen Legionärslagers ein und entdeckten mit dem sicheren Blick für das Mögliche da ein Stück brauchbarer alter Mauer, da einen Torbogen, dort Straßen. Vor allem entdeckten sie die schon von den Römern bewußt gewählte gute Lage: die Donau und ihre ansteigenden Ufer boten der neuen Siedlung auf antiken Fundamenten den nötigen Schutz. Was ein florierender Markt braucht, sind Sicherheit und Verkehrswege. Die Schnittpunkte wichtiger Handelsstraßen und die Befestigung der Stadt boten sie.

Die Händler waren es, die nach der Völkerwanderung aus den atomisierten Resten des Römischen Imperiums wieder geschützte Plätze machten. Sie nützten die Wege der Römer. Von Wien aus bahnten sie neue nach Osten, als die Gefahr der Ungarneinfälle gebannt war. Erst später und in vorsichtigen Etappen näherten sich die Babenberger dem wilden Osten des Reichs und machten Wien 1156 zur Residenz. Eine Chance für den Markt von Wien, denn die Babenberger sorgten für Rechtssicherheit und gewährten den Händlern Privilegien, von denen sie via Steuereinnahmen selbst profitierten. Es war auch für die innere Sicherheit einer Stadt von Vorteil, wenn ihre Bewohner gut genährt und zufrieden waren.

Dafür sorgten zunächst die Bauern der Umgebung, die ursprünglich einmal wöchentlich mit frischer Ware in die Stadt kamen. Das war wenig, vor allem, wenn man an die unzureichenden Möglichkeiten der Frischhaltung denkt. Aber Bauern müssen vor allem produzieren, um verkaufen zu können. Zwischenhändler schalteten sich ein und sorgten auf Tagesmärkten für Vielfalt und Frische der Ware. Der Markt von Wien geht bereits im 12. Jahrhundert von Nahrhaftem und Kostbarem über. Der Donauhandel bringt Lebensmittel und Bodenschätze aus Ungarn, Textilien und Gebrauchsgegenstände aus dem Westen. Wien selbst liefert den Wein. Ab 1189 machen die Kreuzfahrer Station in Wien, um sich auf dem Weg ins Heilige Land mit Proviant zu versorgen. Auf dem Rückweg bringen sie seltene Gewürze, edle Stoffe, orientalische Waffen und Schmuck in den Handel. Wien wird zum Markt für raffinierte Lebensgenüsse, Basis einer multikulturellen Küche.

In Wien eine populäre Figur: Die Kräutlerin

Aber auch ohne Kreuzfahrer landen orientalische Luxusgüter in Wien – über die neu ausgebaute Straße nach Venedig. Dazu kommen die politischen Beziehungen zu Byzanz. Heinrich Jasomirgott ist mit Theodora, der Nichte des oströmischen Kaisers Flavius Manuel I. Komnenos, verheiratet. Mit ihr und ihrem Gefolge kommen byzantinische Luxusgegenstände, Lebensmittel und Gebräuche in die Stadt. Das Wiegenlied: »Heidschi bumbeidschi ...« soll auf die Verballhornung eines griechischen Schlummerlieds zurückgehen.

Die Wiener Händler, die es lernen, internationale Beziehungen zu pflegen, werden wohlhabend und selbstbewußt. 1221 bekommen sie das Stadt- und das Stapelrecht: Fremde werden vom Handel ausgeschlossen. Die Geschäfte blühen wie nie zuvor. Mit den Habsburgern soll sich das ändern. Albrecht I., der Sohn Rudolfs I., entzieht den Händlern 1288 das Stapelrecht. Das lassen sie sich nicht gefallen. Bisher hatten sie nämlich das Privileg, jedem aus dem Westen kommenden Händler seine Ware abkaufen zu können, um sie nach Ungarn zu exportieren. Ein sehr lukratives Vorrecht, das allerdings auch psychologische Wirkungen zeitigt: das Gefühl des Vorrechts der Wiener Bürger über alle Fremden. Nach dem Entzug des Privilegs öffnet sich eine Kluft zwischen Bürgern und Landesherren. Es kommt immer wieder zu Aufständen, eine Reihe von Bürgermeistern verliert dabei ihr Leben. Nach jedem Aufbäumen geht ein Teil der Macht und Selbständigkeit der Wiener Bürger verloren, nach jeder Niederlage mindert sich die Bereitschaft, gegen Einschränkungen zu kämpfen. Wien wird eine glanzvolle Residenzstadt mit einem unumschränkten Herrscher und vielen Beamten, die seine Macht abstützen. Aus der lebendigen Handelsstadt des Mittelalters wird eine Metropole der Beamten und Hoflieferanten, die Sicherheit im Dienste der Regierenden suchen.

Nur in den Märkten bleibt noch ein Stück mittelalterlicher Tradition erhalten. Wie vital müssen sie gewesen sein, und wie gut geordnet und kontrolliert. Man kann sich heute noch vorstellen, wie es auf Stände für Seefische, Heringe, Krebse, getrocknete Fische und Stör, der damals noch in reichen Mengen in der Donau vorkam. Um die Frische der heiklen Ware zu garantieren, mußte den Fischen, die nicht

Bernardo Bellotto (Canaletto), Freyung in Wien. Ansicht von Südosten, um 1760

ihnen zuging, denn noch immer wird an denselben Plätzen der Stadt Markt gehalten, nicht immer regelmäßig, aber zu besonderen Anlässen. Auf dem Hohen Markt, wo zu Silvester die Punschhütten und Glücksbringer-Standeln aufgeschlagen werden, waren im Mittelalter die Fischhändler zu Hause. Es gab eigene am Tag ihres Fangs verkauft wurden, der Schwanz abgetrennt werden – eine Art Ablaufvermerk. Als zusätzliche Frischegarantie diente das Unbehagen der Fischhändler. Sie durften nur stehend verkaufen und sich weder mit Hut noch mit Mantel vor Hitze oder Kälte schützen. Das war die Garantie, daß sie ihre Ware so schnell und billig wie möglich loswerden mußten. Damit das Gesetz jedoch nicht zu hart traf, wurde es »Frauen gesegneten Leibes« erlaubt, sich niederzusetzen. Nun handelten hauptsächlich Frauen mit Fischen, und die schufen so oft wie möglich die Voraussetzung dafür, sitzend Fische verkaufen zu dürfen. Die höheren Preise, die sie dafür einhandelten, waren die erste Kinderbeihilfe der Stadt.

Der Markt Am Hof, um 1880

Am Fleischmarkt hatten sich die Fleischhändler angesiedelt. Rudolf IV., der 1364 eine Zechen- und Fleischhackerordnung schuf, stellte dabei fest, daß »die maiste narung der Leut gemainiklich aus fleisch und prot besteht«. Damit hat er aber sicher nicht die armen Leut gemeint, die sich allenfalls im Herbst, wenn viel geschlachtet wurde, oder zu großen Festen Fleisch leisten konnten. Meist lebten sie von Brot und Hülsenfrüchten. Aber in einer Stadt wie Wien gab es genug Wohlhabende, die den Fleischhauern Verdienst und Prestige verschafften. In guten Zeiten erstreckten sich deren Verkaufsstände vom Fleischmarkt über das Lugeck bis zum Stephansfreithof. Am Graben waren die Lammfleischhändler zu finden. In Notzeiten erlangten die Fleischbeschaffer höchste Wichtigkeit, auch wenn sich Verzweifelte selbst auf die Jagd nach Dachhasen (Katzen) machten. Das war oft die einzige Möglichkeit, dem Hungertod zu entrinnen. Vor allem die Pest, die zwischen dem 14. und dem 16. Jahrhundert immer wieder in Österreich wütete, entvölkerte ganze Landstriche. Die Äcker verödeten, die Bauern suchten das Weite und konnten nur durch strenge Verordnungen auf ihren Höfen gehalten werden. Dagegen setzte in Wien, solange es noch nicht unmittelbar betroffen war, ein ungeheurer Boom ein.

Durch Erbschaften wurden die Überlebenden reich, die Nähe des Todes stimulierte die Lust am Leben und am Konsum. Die Preise zogen an, der Markt belebte sich. Kein Wunder, daß die Fleischhauer, die zu den Hauptlieferanten des täglichen Bedarfs gehörten, sich nichts gefallen ließen, wenn es um die Verteidigung ihrer Privilegien, darunter die Erblichkeit ihres Gewerbes, ging.

Mit Beugehaft bei Wasser und Brot und mit »Spannen an das Kreuz« sollte der Eigensinn der Fleischhauer gebrochen werden.

Die Wiener Bäcker boten schon im 15. Jahrhundert eine große Vielfalt von Brot und Gebäck an. Das Volk aß Brot aus Roggen- und Hafermehl, Privilegierte bekamen Gerstenbrot, und der Adel konnte kleine Brote aus Weizenmehl genießen, die »semel« genannt wurden. Daneben gab es Beugel, Krapfen, Bretzen, Kipferln, Kuchen. Brot war das wichtigste und billigste Grundnahrungsmittel. Der polnische Historiker Witold Kula stellte eine Rechnung auf, nach der 1780 Fleisch elfmal teurer war als Brot, Fisch fünfundsechzigmal, Eier sechsmal und Butter dreimal teurer. Zwei bis drei Pfund Brot waren der durchschnittliche Tagesbedarf eines schwer arbeitenden Menschen. Nach dem Weizenpreis orientierten sich alle anderen Preise. Ob der Preis für Brot durch Mißernten oder Versorgungsschwierigkeiten anstieg, interessierte den Letztverbraucher nicht. Er machte den Bäcker dafür verantwortlich. Auf ihn konzentrierte sich in Krisen der Volkszorn, die Bäckerläden wurden bei Hungersnöten, Unruhen oder in Kriegen als erste geplündert. Natürlich wurde Brot auch aus Habgier verfälscht. Die Zugabe von Kleie oder von Rinde war eine beliebte Methode. Aber auch durch Gewichtsreduktion bei gleichem Preis wurden die Käufer getäuscht.

In Wien wurden solche Vergehen auf sehr typische Weise geahndet. Der betrügerische Bäcker wurde in einen Käfig gesteckt und so lange in die Donau getaucht, bis er fast ohnmächtig war. Das »Bäckerschupfen« geriet zu einem beliebten Volksspektakel und zum Ventil für manche andere Unzufriedenheit, für die der Bäcker als Sündenbock herhalten mußte.

Oben: Blumenmädchen. Nach einem Bild von L. Uhl
Unten: Blumenverkäuferin in der Mariahilfer Straße, 1931

Es gab bereits im Mittelalter eine wirkungsvolle Kontrolle der Marktware. Die Mehlpreise wurden öffentlich angeschlagen. Eine eigene Berufsgruppe, die Zimentierer, überwachte Masse und Gewichte. Bauern mußten ihre Ware genau untersuchen lassen, ehe sie einen Verkaufsplatz zugewiesen bekamen. Es war ihnen streng verboten, unverkaufte Ware an Zwischenhändler weiterzugeben. Aber auch der strengste Marktrichter konnte nicht alles überblicken, was im Trubel der Märkte geschah. Nur eines ließ sich genau einhalten: die Verzehrsteuer, die am Linienwall von den Bauern, die in die Stadt lieferten, einbehalten wurde. Um diesen Abgaben zu entgehen, gründete man in den Vorstädten billigere Märkte. Wir profitieren bis heute davon, weil sich einige davon erhalten haben.

Im Mittelalter galt es als Statussymbol, sich täglich mindestens einmal sattzuessen. In Bürgerfamilien waren vier reiche Mahlzeiten üblich: das

Frühstück im Morgengrauen, von einem Becher Wein begleitet, die Hauptmahlzeit um neun Uhr vormittag, zu Mittag ein Imbiß, aus dem sich später die Jause entwickelte, und das Nachtmahl um drei Uhr nachmittags. Wenn die Wiener auch heute noch als Qualitätsmerkmal eines Gasthausessens die Größe der Portionen anführen, dann hat das sehr tiefe Wurzeln.

Wer auf sich hielt und es sich leisten konnte, verwendete zu Beginn der Neuzeit soviel Gewürz, daß vom Eigenaroma einer Speise nichts mehr zu spüren war. Gewürze waren der Beweis von Reichtum und Weltläufigkeit. Köche großer Häuser verwendeten sie so verschwenderisch, daß einer mit brennender Gurgel stöhnte, sein Mund schmecke »als eine apotheke«.

Naschmarkt um die Jahrhundertwende

Karl V. ließ für ein Festmahl so viele Gewürze verwenden, daß ein Pfau und zwei Fasane aus diesem Grund hundert Dukaten kosteten – ein mittleres Vermögen. Gewürze sorgten für trockene Kehlen, die mit vielen Humpen Wein befeuchtet werden mußten. Auch das war statusfördernd – der gesunde Durst galt als Zeichen kraftvoller Männlichkeit. Gewürze halfen auch beim Verdauen und machten es möglich, daß bei Festmählern mindestens drei Gänge gegessen wurden. Drei Gänge? Das klingt doch eher moderat! Tatsächlich bestand ein Gang aus zwölf bis vierzehn Gerichten. Sie wurden auf einer festlichen Tafel aufgebaut, jeder Gast bediente sich und kehrte an seinen Platz zurück. Nach diesem »Gang« wurde die Tafel abgedeckt, das Zechgelage begann, Spiele schlossen sich an, Musik klang auf. Nach zwei Stunden wurde wieder eine komplette Tafel mit einem Dutzend Gerichten und mehr für den nächsten Gang aufgebaut. Und das Ganze wiederholte sich dann noch ein drittes Mal. Das Erlebnisessen ist keine Erfindung unserer Zeit. Für Unterhaltung sorgten nicht nur Zwischenprogramme, sondern auch spektakuläre Schaugerichte, die meist das Auge mehr befriedigten als den Gaumen. Ungewöhnliche Tiere wurden zubereitet und, vom eigenen Fell oder Federkleid bedeckt, serviert. Adler und Schwäne, Drosseln und Nachtigallen, Zaunkönige, Murmeltiere, Eichhörnchen, Meerschweinchen und viele andere sorgten für seltsame Tafelfreuden.

Man kann sich vorstellen, wie bunt die Wiener Märkte waren, die damals solche Feste belieferten. Der Erfinder der wienerischen Publikumsbeschimpfung, Abraham a Sancta Clara, eiferte über die Folgen solcher Schlemmereien: »Ein fresser führt wenig Discurs über Tisch, sondern schauet lieber in die Schüssel, greift umb gute Bissl, braucht die Zunge zum kosten und nicht zum reden, wann sie dann angeschopt, so seynd sie melancholisch, mehr beschwert als gelehrt und find man nichts an ihnen als dass sie seynd morose, scrupolose, heyllose Marodi Brüder, stets im Luder, abgöttische Bauchdiener.«

Nichts hat es genützt! Die Wiener sorgten und sorgen dafür, daß die Märkte gute Geschäfte machten und machen. Wo einst Hühnerkrämer und Schmalzhändler, Melber (Mehlhändler), Kuchelgärtner, Dürrkräutler, Schneckenweiber, Kässtecher und viele andere das Lasso ihres herben Witzes verkaufsfördernd auswarfen, locken heute Händler mit prallen Südfrüchten, Döner Kebab, Tramezzini, Brünnerstraßler im Doppler, Langos, Dinkelgugelhupf, Rahat, Waldviertler Erdäpfeln oder Sushi. Die kontrastreiche Auswahl, in der sich ein Stück Stadtentwicklung spiegelt, könnte noch lange fortgesetzt werden. Wiens alte Märkte - der älteste ist übrigens der Karmelitermarkt im zweiten Bezirk, der durch ein Privileg Kaiser Leopolds I. anno 1671 entstand - bersten vor Dynamik.

Gülnare aus Anatolien, Eleni aus Saloniki, Danica aus Montenegro und ihre Männer bieten zu Zöpfen geflochtene Schafskäse, kräuterduftende Oliven und würziges Ajvar an. Auf den vielen Bauernmärkten entfaltet sich der Zauber von Feuerfleck und Mohnzelten, Surfleisch und Preßkopf, frischgestochenem Spargel und Malven aus dem Hausgarten. Biederkeit und Komödiantik, Schlitzohrigkeit und Naivität gehören - echt oder gut gespielt - zum Markterlebnis. Wie schnell

Carl Moll, Der Naschmarkt in Wien, 1894

sie alle Wienerisch können, in Gesten und Worten, die Marktleute, die vom Balkan oder gar vom Bosporus nach Wien kamen.

Vor allem der Ottakringer Brunnenmarkt ist zu ihrem ureigensten Revier geworden. Der längste und lebendigste Straßenmarkt der Stadt liegt in Neulerchenfeld, einem traditionellen Zuwandererviertel. In Neulerchenfeld fanden einst die böhmischen Arbeiter und Handwerker, die um die Jahrhundertwende einwanderten, ein erstes Quartier. Nun weht die Fahne mit dem roten Halbmond über den kleinen Cafés, Dolmetschbüros und türkischen Geschäften, die den Markt säumen. Das Warenangebot des Brunnenmarkts ist überwältigend, die Preise sind niedrig, und den Händlern geht das »Servas« schon so leicht von den Lippen wie »selam«.

Die meisten Wiener Märkte und Markthallen entstanden um die Jahrhundertwende. Eine der Ausnahmen ist der Rochusmarkt, der schon Ende des 18. Jahrhunderts gegründet wurde. Seine heutige Ausdehnung bekam er allerdings erst nach dem U-Bahnbau 1988. Wiens jüngster Markt, der Meiselmarkt, dehnt sich unter den Gewölben eines alten Wasserspeichers aus. Das gibt ihm schon von der Architektur her Bazar-Atmosphäre. Die levantinischen Akzente fehlen auch hier nicht, Börek und Halva gehören schon zum wienerischen Marktalltag.

Es ist ein Ort freundlicher Begegnungen, mit einem riesigen Atrium, von dem aus Lifte und Rolltreppen in die obere Etage führen. Besonders angenehm ist die leichte Erreichbarkeit des neuen Meiselmarkts über die U 3 im selben Gebäude.

Zum Markterlebnis gehört unbedingt auch der unmittelbare Genuß: Stehcafés und Wurststandeln, Eßlokale mit deftiger Kost oder internationalen Spezialitäten gedeihen im Schatten der Marktschirme rund um den Naschmarkt. In Kaffeehäusern, die im Morgengrauen aufsperren oder nur kurz schließen, in Beiseln und bürgerlichen Wirtshäusern an der Wienzeile begegnen einander Nachtvögel und Frühaufsteher in einer vom Alltag abgehobenen Atmosphäre. Man kann es immer wieder staunend erleben, daß einer, der schon um vier Uhr früh zu arbeiten beginnt, mit einem, der aus der vorhergegangenen Nacht übriggeblieben ist, so manches gemeinsam hat. Und sei es die stärkende Gulaschsuppe. Auch tagsüber ergeben sich in den Marktlokalen unkonventionelle Begegnungen bei Sushi oder Leberkäs. »Bradelbrater und Knödelhütten« luden ihre Gäste schon ein, als der Naschmarkt noch beim Freihaus, bei der Wiedner Hauptstraße und später beim Resselpark lag. Damals kamen Obst und Gemüse, die mit dem Wagen geliefert wurden, zum Naschmarkt. Ware, die mit dem Schiff gebracht wurde, verkaufte der Markt am Schanzel, beim heutigen Donaukanal.

Naschmarkt - was für ein schön vordergründiger Name! Dabei ist alles anders. Auf dem alten Markt wurde auch Milch angeboten, und die Gefäße dafür hießen Asch. Und weil Sprachspielereien zum Wienerischen gehören, wurde aus dem *Aschen-* ein *Naschen-* und schließlich ein *Nasch*markt.

Erst nach der Wienflußüberbauung um die Jahrhundertwende übersiedelte der Naschmarkt auf das Gebiet zwischen den beiden Wienzeilen. Der Naschmarkt ist ein Platz der fließenden Übergänge. Nobel und verlockend in seinem stadtnahen Bereich, wo elitäre Fisch- und Gemüsestände, Delikatessenläden und reizvolle Eßlokale vorherrschen. Statt Bradelbrater und Knödelhütten gibt es Pavillons für gebratene Scampi, Elsässer Delikatessen, Tramezzini, San Daniele Schinken, edelste Käse und dazu passende Weine. Im nächsten Sektor wird's populärer, aber auch exotischer: duftende Gewürzstände, Oliven mit vielerlei Aromen, Schafskäse und überquellende Gemüseberge zu deutlich niedrigerem Preis.

Oben: »Eine vom Stand«
Unten: Brigitte Krejci

Schließlich am Wochenende der Bauernmarkt mit Hausbrot und selbstgemachtem Leberaufstrich, Buchteln, Hauswein, Gartenblumen und Kräutern. Daran schließt sich der Flohmarkt mit unüberschaubaren Menschenmassen an, die sich um Kunst und Kitsch, Brauchbares und seit jeher Überflüssiges drängen. Und als leise Mahnung, daß auf dem Markt zwar vieles, aber keineswegs alles geht: das Marktamtsgebäude aus dem Jugendstil mit einer kleinen Nische, in der eine uralte Marienstatue steht.

Jeder der vielen Wiener Märkte hat seine Eigenart. Die kürzlich renovierte Nußdorfer Markthalle besitzt eine völlig andere Atmosphäre als die Markthalle auf der Landstraße, die ein ganzes Stockwerk der wienerischen Fleischeslust widmet. Auch die Märkte in den Außenbezirken, ob Schlinger- oder Simmeringer Markt, Kutschker- oder Hannovermarkt, bewahren noch Reste jener Eigenart, die Wiens Vorstädte voneinander unterschied.

Viele Wiener Märkte mit langer Überlieferung wie der Hernalser Fastenmarkt oder der Christkindlmarkt vor dem Rathaus bieten ihre Ware nur zu bestimmten Zeiten an. (Von ihnen wird in den Kapiteln »Genießen im Grünen« und »Spectacles müssen sein« noch die Rede sein.)

Auf Wiener Märkten hatten seit dem Mittelalter auch die Frauen immer mitzureden. 1462 gab es in Wien etwa 5000

Handwerker mit Familien und 500 Frauenbetriebe. Das Selbstbewußtsein der Wienerinnen muß davon sehr profitiert haben.

Aeneas Silvius Piccolomini, dem Sekretär Friedrichs III. und späteren Papst Pius II., fiel bei seinem Wienbesuch auf, daß die Mädchen sich hier ihre Männer selbst und ohne Wissen der Väter wählten und daß auch die Witwen während der

Der ehemalige Markt Im Werd, um 1900

Trauerzeit nach Belieben heirateten. Soviel Eigenständigkeit gedieh nur in einer Stadt, in der die Frauen oder Töchter von Händlern und Handwerkern in die Arbeit einbezogen wurden. Aber auch die aus dem Umland zugezogenen Frauen hatten manchmal die Chance, Händlerinnen zu werden.

Für den Wiener Markt gibt es eine große Symbolfigur: die Frau Sopherl vom Naschmarkt. Der Schriftsteller Vinzenz Chiavacci, der auch den nörgelnden Herrn Adabei erfand, gab dem heiter-klaren Menschenverstand, der das Zeitgeschehen kommentierte, eine weibliche Stimme: die der Frau Sopherl. Ihre resolute Tüchtigkeit und ihr geschliffenes Mundwerk leben weiter. Bis vor ein paar Jahren gab es eine moderne Nachfahrin: Brigitte Krejci, die unter dem Namen ihrer Familie, Sapper, einen der schönsten Gemüsestände des Naschmarkts führte. Im Alter von dreizehn Jahren stand sie schon hinter der Budel, mußte die Ware ausrufen. Ihr Großvater besaß vier Stände auf verschiedenen Märkten, einen davon am Brunnen- und einen am Naschmarkt. Haubenköche und Botschaftsangestellte, Feinspitze mit viel und wenig Geld trafen sich bei Brigitte Krejci am Naschmarkt, um ihre erstklassige, oft schon geputzte und geschälte Ware zu begutachten und um zum Kaffee den neuesten Klatsch aus der Wiener Society zu hören. Sie war eine Institution und eine wahre Seele, der im Umgang mit weißen Trüffeln nicht das Gespür für die Not der Nachbarn verlorengegangen war. Immer zu Weihnachten fuhr sie mit einer Riesenladung Südfrüchte und mit viel Geld, das sie bei Kunden erschnorrt hatte, nach Preßburg, um dort als Christkindl die Kinder zu bescheren. Sie hat inzwischen ihr Geschäft verkauft, und es ist nicht verklärte Erinnerung, daß sie vielen sehr abgeht. Als eine, die so gut lachen wie kassieren konnte und

Christkindlmarkt vor dem Rathaus

die sicher war, daß ihr Salat länger frisch blieb, wenn sie ihn selbst schlichtete und verkaufte.

20 ständige Märkte sorgen für die Nahversorgung Wiens, darunter zwei Straßenmärkte, die abends ihre Stände abbauen. Außerdem gibt es drei Markthallen, acht temporäre Märkte, zwei Großmärkte. Darüber hinaus führen manche Märkte, wie der Christkindl-, die Silvester-, Oster- oder Kirchweihmärkte ein spezielles kulinarisches Angebot. Viele reguläre Märkte haben auch Stände für Bauern, vor allem am Samstag. Seit 1839 besteht in Wien ein zentrales Marktamt, das die Kontrolle und Regulierung des städtischen Marktwesens ausübt. Vorher gab es Marktrichter und Mehlbeschauer, Krebsenrichter und sogenannte Metzenleiher, die die Gebinde verliehen.

Lied von den Fratschlerinnen

Hört, Menschen! hört mich,
Euren Freund,
So bestraft ist kein Räuber,
Kein Mörder, kein geschworner Feind
Als wie die Fratschelweiber.
Es werden ihre Goschen
Nur selten abgetroschen;
Darum ist Scham
Und guter Nam,
Bey ihnen längst erloschen
Sie pflegen in dem Branntweinhaus
Sehr fleißig zu erscheinen,
Dort leeren sie die Gläser aus,
So fleißig, bis sie weinen,
Sie fangen an zum singen,
Ergreifen Korb und Schwingen,
Und ziehen im Saus
Zum Markt hinaus,
Die Waaren anzubringen.

Rudolf Loy
Über die Obstweiber, Limonihändlerinnen und Fratschlerinnen, besonders am Burgthor in Wien, nebst einem schönen Lied

Italien

Tramezzini mit Räucherlachs und Avocado

Zutaten für 4 Stück

4 Scheiben Toastbrot

Für die Fülle:
1 Avocado
Saft von 1 Zitrone
1 Becher Crème fraîche
1 EL gerissener Kren
1 TL rosa Pfefferkörner
5 dag geputzter Friséesalat
20 dag geschnittener Räucherlachs
Dillzweige
Salz, Pfeffer, Senf, Butter

Zubereitung

Avocado mit einem Messer rundum bis zum Kern einschneiden, die Hälften gegeneinander verdrehen und abheben. Kern entfernen. Fruchtfleisch schälen, kleinwürfelig schneiden und mit Zitronensaft vermischen. Crème fraîche mit Kren, 1 TL Senf, Pfefferkörnern und Avocadostücken gut verrühren. Mit Salz und Pfeffer würzen. Salat zerpflücken, waschen und gut abtropfen lassen. 2 Scheiben Toastbrot dünn mit Butter bestreichen und mit Salat belegen. Avocadomasse darauf gleichmäßig verstreichen und mit Lachs und Dillzweigen belegen. Mit jeweils einer Scheibe Toastbrot abdecken und ein wenig andrücken. Brote diagonal durchschneiden.

Frankreich

Baguettes mit Brie und Birnen

Zutaten für 4 Portionen

2 Pariser Weckerln

Für den Belag:
2 Birnen
30 dag Brie
1 EL gehackte Kräuter
4 EL Preiselbeerkompott
Salz, Pfeffer, Butter

Zubereitung

Birnen schälen, vierteln und das Kerngehäuse ausschneiden. Käse und Birnen in nicht zu dicke Scheiben schneiden. Backrohr auf Grillstellung vorheizen. Pariser Weckerln der Länge nach aufschneiden und die Schnittflächen mit Butter bestreichen. Weckerln mit der bestrichenen Seite nach oben auf ein Backblech setzen und im vorgeheizten Rohr (mittlere Einschub-Schiene) toasten. Birnen- und Käsestücke auf den Weckerln verteilen und mit Kräutern bestreuen. Mit wenig Salz und Pfeffer würzen. Weckerln im vorgeheizten Rohr ca. 1 Minute überbacken. Vor dem Servieren mit Preiselbeeren garnieren.

Tip

Eine besondere geschmackliche Note erhalten die Baguettes, wenn man sie vor dem Belegen mit Nußbutter bestreicht.

Nussbutter

10 dag warme Butter mit 1 EL geriebenen Walnüssen gut verrühren und mit Salz und Pfeffer würzen.

Griechenland

Gebratene Lammspiesschen (Suwlákja Amiu)

Zutaten für 4 Portionen

Ca. 3/4 kg ausgelösten Lammschlegel

Für die Marinade:

1/8 l Olivenöl
Saft von 2 Zitronen
3 Zehen Knoblauch
1 TL edelsüßes Paprikapulver
1 TL gemahlenes Piment
1 Lorbeerblatt
Salz, Pfeffer, Oregano

Zubereitung

Lammfleisch in ca. 3 cm große Würfel schneiden. Olivenöl, Zitronensaft, zerdrückten Knoblauch, Salz, Pfeffer, Paprika, Piment, Lorbeerblatt und ein wenig Oregano gut verrühren. Marinade über das Fleisch gießen, gut vermischen und mit Frischhaltefolie zugedeckt im Kühlschrank ca. 3 Stunden ziehen lassen. Fleischstücke aus der Marinade heben, gut abtropfen lassen und auf Spießchen stecken. Spieße salzen, pfeffern und in einer Grillpfanne beidseitig braten. Als Beilage serviert man Oliven, Paradeiser und Brot oder Reis.

Portugal

Gebackene Stockfisch-Bällchen (Pasteis de Bacalhau)

Zutaten für 4 Portionen

1/2 kg Stockfisch
40 dag mehlige Erdäpfel
1 Zwiebel
2 EL gehackte Petersilie
2 Eier
Pfeffer, Muskatnuß, Backfett

Zubereitung

Stockfisch in mundgerechte Stücke schneiden und 24 Stunden in Wasser einweichen. Alle 3–4 Stunden das Wasser erneuern. Fisch jedesmal kräftig ausdrücken. Fisch in kleine Stücke zerpflücken und mit Küchenkrepp gut trockentupfen. Eventuell vorhandene Gräten entfernen. Erdäpfel waschen und in Salzwasser weichkochen, schälen und noch heiß durch eine Erdäpfelpresse drücken.

Zwiebel schälen und kleinwürfelig schneiden. Petersilienblättchen fein hacken. Erdäpfel mit Fisch, Zwiebel, Petersilie, Pfeffer und geriebener Muskatnuß verrühren. Eier nach und nach untermischen.

Backfett erhitzen. Aus der Masse gleich große Kugeln formen und im heißen Fett goldgelb backen. Fischkugeln mit einem Siebschöpfer aus dem Fett heben, gut abtropfen lassen und auf Tellern anrichten.

Als Beilage passen Blattsalate.

Spanien

Gazpacho

Zutaten für 5 Portionen

1 kg reife Paradeiser
2 kl. grüne und rote Paprika
1/4 kg Salatgurke
1 Scheibe Toastbrot
1 kleine Zwiebel
2 Zehen Knoblauch
4 EL Olivenöl
2 EL Weinessig
1/2 l Paradeissaft
Salz, Pfeffer

Zubereitung

Strünke aus den Paradeisern schneiden. Paradeiser ca. 10 Sekunden in kochendes Wasser legen, kalt abschrecken und Haut abziehen. Paradeiser vierteln und entkernen. Paprika halbieren und von Strünken und Kernen befreien. Gurke schälen, der Länge nach halbieren und die Kerne mit einem Löffel herausschaben. Toastbrot entrinden. Paradeiser, Paprika, Gurke und Toastbrot kleinwürfelig schneiden. Zwiebel und Knoblauch schälen und fein hacken. Toastbrot, Paradeiser, Paprika, Gurke, Zwiebel und Knoblauch in eine Schüssel füllen. Mit Öl, Essig, Salz, Pfeffer und der Hälfte des Paradeissaftes vermischen und mit Frischhaltefolie zugedeckt ca. 1 Stunde kalt stellen. Die Masse mit dem restlichen Paradeissaft vermischen und mit einem Stabmixer feinst pürieren. Eventuell nachwürzen. Ist die Suppe zu dick, mit etwas Mineralwasser verdünnen.

Balkan

Ražnjići

Zutaten für 4 Portionen

35 dag Schweinsfilet
35 dag geschnittener Frühstücksspeck
16 Schalotten-Zwiebeln
1 Salatgurke
6 kleine Lorbeerblätter
1 kleine, gehackte Zwiebel
Salz, Pfeffer, Öl

Zubereitung

Fleisch zuputzen und in ca. 4 dag schwere Stücke schneiden. Speck in gleich dicke Stücke schneiden. Schalotten schälen, kurz überkochen, kalt abschrecken und gut abtropfen lassen. Gurke schälen, der Länge nach halbieren und die Kerne mit einem Löffel herausschaben. Gurke in gleich große Stücke schneiden.

Fleisch, Speck, Schalotten und Gurke in beliebiger Reihenfolge auf Spieße stecken. Mit Salz und Pfeffer würzen und mit Öl bestreichen. Spieße am besten in einer Grillpfanne beidseitig braten. Spieße während des Bratens mit Lorbeerblättern belegen.

Spieße auf Tellern anrichten und mit gehackter Zwiebel bestreuen.

Als Beilage serviert man gegrillte Erdäpfelscheiben und Knoblauchsauce.

Balkan

Čevapčići

Zutaten für 4 Portionen

1/2 kg Rinds-Faschiertes
20 dag Lamm-Faschiertes
5 Zehen Knoblauch
2 Eier
10 dag Semmelbrösel
2 EL gehackte Petersilie
Salz, Pfeffer,
edelsüßes Paprikapulver,
Senf, Öl

Zubereitung

Faschiertes in eine Schüssel geben und mit Salz, Pfeffer, zerdrücktem Knoblauch und je 1 TL Paprikapulver und Senf würzen. Eier, Semmelbröseln und Petersilie untermischen.
Aus der Masse ca. daumendicke Rollen formen, diese mit befeuchteten Händen glätten und mit Öl bestreichen. Fleischrollen mit Frischhaltefolie zudecken und im Kühlschrank ca. 1/4 Stunde ziehen lassen.

Cevapcici in einer Pfanne mit wenig Öl anbraten, Hitze reduzieren und auf kleiner Flamme langsam fertig braten.
Als Beilage serviert man gebackene Erdäpfel.

Dazu empfiehlt sich

PAPRIKAGEMÜSE

3 kleine gemischtfärbige Paprika halbieren, von Strünken und Kernen befreien und waschen.
Eine Zwiebel schälen. Von einem mittelgroßen Zucchino die Enden wegschneiden. Gemüse in ca. 1 cm große Würfel schneiden, in 1/16 l Öl rasch anbraten und mit Salz, Pfeffer und 1 EL Essig würzen. Gemüse ca. 1 Minute dünsten.

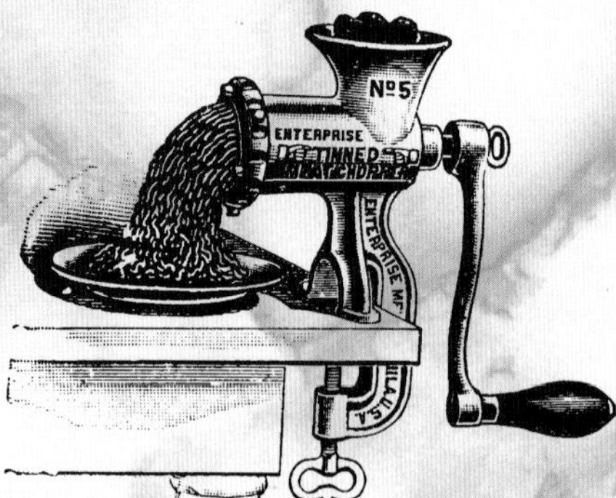

Türkei

Gefüllte Weinblätter

Zutaten für 36 Stück

36 frische Weinblätter
(ungespritzt)
Für die Fülle:
1/4 kg Langkornreis
3/4 kg Zwiebeln
5 dag Pinienkerne
1/8 l Olivenöl
5 dag Rosinen
3 EL gehackte Petersilie
2 EL gehackte Minze
Salz, Zimt, Zucker

Zubereitung

Ca. 1 1/2 l Wasser aufkochen und vom Feuer nehmen. Reis zugeben und so lange quellen lassen, bis das Wasser erkaltet ist. Reis auf einem Sieb gut abtropfen lassen.
Zwiebeln auf einer Reibe grob raspeln. Zwiebel und Pinienkerne in Öl auf kleiner Flamme ca. 5 Minuten unter ständigem Rühren anschwitzen. Reis zugeben und weitere 5 Minuten unter Rühren anschwitzen.
0,3 l Wasser aufkochen und den Reis damit aufgießen. Rosinen zugeben. Reis mit Salz und Zucker würzen, gut verrühren und auf kleiner Flamme zugedeckt ca. 1/2 Stunde dünsten.
Gegen Ende der Garzeit Petersilie, Minze und eine Prise gemahlenen Zimt unter den Reis mischen.
Gedünsteten Reis beiseite stellen und auskühlen lassen.

Weinblätter in Salzwasser kurz überkochen, abseihen, abschrecken und gut abtropfen lassen. Grobe Rippen aus den Blättern schneiden. Jedes Blatt mit ca. 1 EL Fülle belegen und die Seiten einschlagen. Weinblätter straff einrollen und in einen Topf schichten. Weinblätter mit 0,3 l Wasser untergießen und zugedeckt auf kleiner Flamme ca. 3/4 Stunden dünsten. Weinblätter vom Feuer nehmen und am besten über Nacht im Kühlschrank ziehen lassen.
Weinblätter ca. 1/2 Stunde vor dem Servieren aus dem Kühlschrank nehmen.

China

Frühlingsrollen

Zutaten für 12 Stück

Für den Teig:
1/8 l Eiklar
0,4 l Wasser
30 dag glattes Mehl

Für die Fülle:

3/4 kg Weißkraut
1 gehackte Zwiebel
1/4 kg Rinds-Faschiertes

Zum Bestreichen:

4 Dotter
4 EL Mais-Stärkemehl (Maizena)
Salz, Pfeffer, Sojasauce, Öl

Zubereitung

Für den Teig Eiklar, Wasser, Mehl und eine Prise Salz zu einem glatten Teig verrühren. In einer Pfanne ca. 1 TL Öl erhitzen und ein wenig Teig eingießen. Pfanne drehen, damit der Boden der Pfanne gleichmäßig dünn mit Teig bedeckt wird. Teigfladen so lange backen, bis die Oberfläche trocken zu werden beginnt (nicht wenden).
Teig aus der Pfanne heben und auskühlen lassen.
Aus dem restlichen Teig weitere Fladen backen.
Für die Fülle Kraut in feine Streifen schneiden und in Salzwasser kurz überkochen. Abseihen, abschrecken und gut abtropfen lassen. Zwiebel in wenig Öl anschwitzen. Kraut und Faschiertes zugeben, kurz mitbraten und mit Salz, Pfeffer und Sojasauce würzen. Fülle auskühlen lassen.
Dotter mit Stärkemehl verrühren. Teigfladen auf der ungebackenen Seite mit Fülle belegen. Die Seiten ein wenig einschlagen, mit der Eimischung bestreichen und einrollen.
Teigrollen ca. 1/4 Stunde kalt stellen, anschließend in heißem Öl schwimmend goldgelb backen. Frühlingsrollen aus dem Fett heben, gut abtropfen lassen und rasch anrichten.
Dazu reicht man Sojasauce.

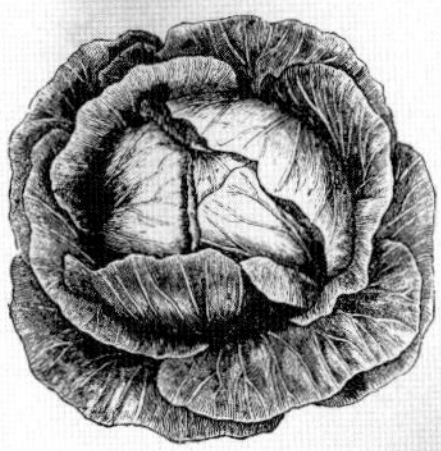

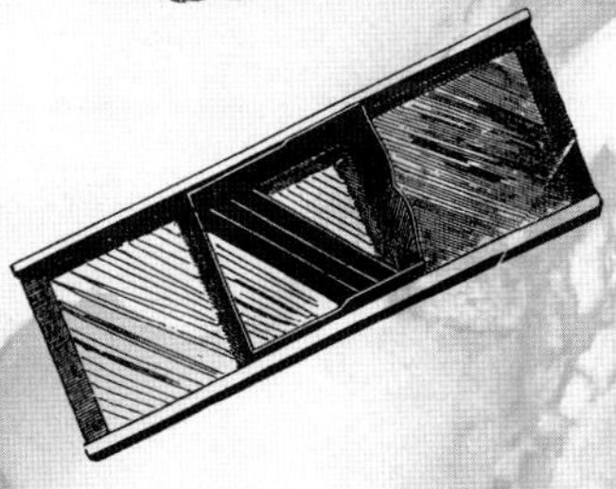

Meisterkoch Ewald Plachutta

3. Am Anfang war die Suppe

Die Suppe ist immer dabei, wenn es ums Wohlfühlen in Wien geht, so, als wäre die Erinnerung an die erste auf dem Feuer bereitete Speise des Menschen nie erloschen. Und so konnte die wienerische Ur-Suppe auch zum Treibstoff einer der spektakulärsten Gastro-Karrieren der letzten Jahre werden. Unbekümmert von zeitgeistigen Trends köchelt Ewald Plachutta in seinen Restaurants mit Geduld und Sachverstand seine goldäugigen Rindsuppen. Sie werden mit den richtigen Beilagen und dem darin gekochten Fleisch in einer Weise serviert, die an uralte Prägungen appelliert: in opulenter Fülle, mit Düften und Aromen, die man nie mehr vergißt, wenn man sie einmal genossen hat.

So köstlich und raffiniert die Vorspeisen auch sein mögen, die im Laufe der Jahrhunderte Heimatrecht in der Wiener Küche bekamen, der wichtigste Magenöffner ist und bleibt die Suppe. Und auch damit beweisen die Genießer ihre kulinarische Bodenhaftung.

Wir wissen längst, wie alles anfing, damals, vor einer halben Million von Jahren, als der Mensch begann, das Feuer zu domestizieren. Er lernte schnell und schmerzhaft die Lektion, wie leicht eine mühsam erlegte Beute zu Asche zerfiel, wenn sie in direkten Kontakt mit der Flamme kam. Also hob er Erdgruben aus, dichtete sie mit Tierhäuten oder Pflanzenfasern ab, gab Grassamen, Früchte, Knollen, Algen und Pilze hinein, Insekten und Eidechsen, vielleicht ein Stück Mammutfleisch oder -knochen. Darauf kam Wasser. Im Feuer wurden Steine erhitzt, am besten solchc aus Quarz, die hielten Temperaturunterschiede aus, ohne zu zerspringen. Die glühenden Steine, die ersten Tauchsieder, brachten das Wasser zum Kochen, die Beigaben wurden weich, gaben ihr Aroma ab – die Suppe war geboren. Aus dieser ersten Speise entwickelte sich der Brei. Auf Steinen geröstet, mutierte er zu Brot. Und als der Brei zu gären begann, entstand das Bier. Die verwandtschaftlichen Beziehungen zum Affen, die schon nach der Bändigung des Feuers nicht mehr sind, was sie einst waren, lockern sich endgültig.

Die Suppe, mit der alles angefangen hat, begleitet uns bis heute. Zu ihr haben wir eine fast erotische Beziehung – eine kulinarische Mutterbindung zur ersten gekochten Nahrung des Lebens. Die Suppe begleitete über Jahrtausende den Aufbruch in den bäuerlichen Alltag, ehe der Kaffee oder der Tee populär wurde. Zur Suppe nehmen wir auch heute noch Zuflucht, wenn wir krank oder verkatert sind, Suppen feuern die verbrauchte Lebensenergie an. Suppen gab es für Bettler und Gefangene wie für Kaiser und Könige, Bauern, Soldaten und Mönche. Suppen können alles sein - Mindestnahrung und kulinarischer Hochgenuß.

Daß es in Wien eine solche Überfülle von Suppen gibt, hat auch mit den vielen Fasttagen zu tun. 148 gebotene Fasttage mußten eingehalten werden - aber die Freude an Speise und Spektakel ging dabei nicht verloren. In Wien mit seinen vielen ländlichen Vororten blieben heidnische und christliche Bräuche besonders lange erhalten. Sie ließen beides zu: die Askese und den Überschwang. Beides konnte man durch Suppen befriedigen. Gab es etwas Bescheideneres als Suppe? Und ließ sich aus Suppe nicht eine Delikatesse machen? Na also.

Suppen begleiteten die vielen Fastenbräuche des alten Wien. In den Vororten Simmering und Gaudenzdorf wurde bis in die Mitte des 19. Jahrhunderts am Aschermittwoch der Fasching in Form einer Strohpuppe auf den Feldern verscharrt oder verbrannt. Nachher stärkte man sich mit heißer Suppe, Wein und Schnaps.

Aus dem Prachtservice für den Wr. Kongreß. Porzellan vergoldet, Wr. Manufaktur 1813/14

Mit eiskaltem Wasser wurde der ersehnte Frühling beschworen. Bei klirrender Kälte sprangen die Fleischhauerburschen während der Fastenzeit in den Brunnen und bespritzten die Vorübergehenden. Von diesem eisigen Bad, in dem sich letzte Überreste eines uralten Fruchtbarkeitszaubers erkennen lassen, erholten sich die schlotternden Lehrlinge bei heißer Suppe.

Wie wichtig die Suppe war und wie viele Variationen sich Köche einfallen ließen, läßt sich aus alten Rezeptbüchern ablesen. Der berühmte Koch Max Rumpolt, der auch für Kaiser Rudolf II. kochte, zählt in seinem 1581 erschienenen Kochbuch 63 Suppen auf. Der fürsterzbischöfliche Koch Conrad Hagger rühmt sich im Barock bereits, »auf ein gantzes Jahr täglich die Suppen zu verändern, damit auch sechs gantze Jahr zu continuiren!«

Seine Suppen müssen daher wahre Gesamtkunstwerke gewesen sein, mit Zugaben von Fisch, Meeresfrüchten, Fleisch, Wild, Gemüse, Pilzen und Gewürzen. Sie wurden auf Semmelschnitten angerichtet, die sich mit dem Konzentrat der vielen Aromen durchtränkten. Damit kündigte sich bereits etwas an, das für die klassische Wiener Rindsuppe von größter Wichtigkeit ist: eine Essenz aus würzigen Bestandteilen und die sanfte Suppenmehlspeise.

Die Fastensuppen im alten Wien müssen eine köstliche und manchmal auch kuriose Methode gewesen sein, dem Fleisch ade zu sagen. Die besten Rohprodukte versammelten sich im Suppentopf.

Aufgegossen wurde mit Erbsensud statt der verbotenen Rindsuppe. Aber mit dem Fleischverbot war das eine eigene Sache. Als Fisch galt, was im Wasser, ungeachtet der biologischen Zugehörigkeit, lebte. Fische waren also: Fischreiher, Otter, Frösche, Schnecken und Schildkröten. Auch was der Form eines Fisches ähnelte – wie der Biberschwanz – wurde zum Fisch honoris causa ernannt.

Beim Meerschweinchen sagte schon der Name, daß es fastentauglich war. Und von ein paar exotischen Gänsen und Enten, über deren Herkunft man nichts Genaues wußte, hieß es einfach, sie wüchsen auf Bäumen oder in Muscheln und wären also Früchte und Schalentiere.

Sie alle kamen in die Fastensuppen. Das Vortäuschen falscher Tatsachen zur Fastenzeit befeuerte die Phantasie der Köchinnen. In alten Rezeptbüchern wimmelt es nur so von Karbonadeln vom Karpfen, Lungenbratln von einem Hechten und von den legendären Paulanerwürsten aus Fischfleisch, die aus der Klosterküche stammten. Ragout aus Schneckenschweifchen und Schildkröten in böhmischer Sauce mit Ingwer, Muskatblüh, Pfeffer und geriebenen Semmeln – die Wiener Fastenküche war keine Anleitung zur Askese.

Und trotzdem wurden die Fastengebote oft genug umgangen. Wer von delikater Gesundheit, aber gut bei Kasse war, konnte um das »Butterprivileg« einkommen, das ihm den Genuß von Fleisch und der verbotenen Butter während der Fastenzeit erlaubte. Die Wiener Wirte mußten diesen Privilegierten die Fleischgerichte allerdings in einem Extrastüberl oder in der eigenen Wohnung servieren.

Wie diese merkwürdigen Privilegien erkauft wurden, ist bei dem französischen Schriftsteller und großen Staatstheoretiker Montesquieu nachzulesen. Er bekam einst eine Audienz bei Papst Benedikt XIII. gewährt, wurde sehr huldvoll empfangen und erhielt als Beweis der Wertschätzung das Privileg, an Fasttagen Fleisch essen zu dürfen. Montesquieu dankte und meldete sich danach beim päpstlichen Kämmerer, der die Urkunde für dieses Privileg ausstellen sollte. Der Kämmerer gab das Dokument allerdings nicht aus der Hand. Als es Montesquieu ergreifen wollte, nannte ihm der Kämmerer einen ausnehmend hohen Preis dafür. Montesquieu verbeugte sich und verließ die Kanzlei mit den Worten: »Der Papst ist ein ehrlicher Mann. Gott wird mir auch ohne Urkunde glauben.«

Wildpüreesuppe mit Krapfeln.

Man stoßt im Mörser Reste von Fasan, Rebhuhn oder Krammetsvögel, seien es Köpfe oder Gerippeknochen usw., sehr fein, dünstet sie auf 5 Deka Butter mit angelaufener Zwiebel, gibt dazu eine eingeweichte, gut ausgedrückte Semmel, läßt alles durch 1/4 Stunde gut dünsten, dann gibt man so viel gute Suppe dazu, als man braucht, 3 Löffel Rotwein (der Wein darf nicht herausschmecken) und etwas Pfeffer. Wenn die Suppe 1/2 Stunde gekocht hat, seiht man sie durch, gibt gebackene Krapfeln wie angegeben.

Ein Suppenrezept aus dem »Jubiläums-Kochbuch« von Josefine Türk

Die Fasten- und Klostersuppen dürften in ihrer Üppigkeit solch ein Privileg manchmal überflüssig gemacht haben. Dieser Meinung war auch ein Kirchenkonzil des Jahres 1304, in dem ausführlich darüber debattiert wurde. Das Ergebnis: An Wochentagen durften Mönche nur mehr eine Suppe essen. Und nicht drei, wie sie es bisher – zu Ehren der Heiligen Dreifaltigkeit – getan hatten. Offenbar fürchtete man eine Wirkung, die junge Eheleute bewußt nutzten: Konzentrierte Suppen, vor allem mit Krebsen, steigerten die erotischen Energien, hieß es in alten Hausbüchern. Sogar auf die literarische Schaffenskraft sollten sich Suppen auswir-

Die Oliokiiche in der Hofburg, 1910

ken, die aus Kalbsstelzen, Tauben, Krebsen und Brunnenkresse gekocht wurden. Sie bewirkten, daß »der elegische Dichter romantisch wird. Die Dame, die bisher nur einen blassen Roman mit bitterem Ende hervorgebracht hat, schrieb einen besseren, der damit endete, daß sich die beiden kriegen. Nun, die Zeugungskraft wurde, wie man sieht, bedeutend erhöht.«

Aus diesen Super-Suppen entwickelte sich ein Konzentrat, das zum Vorläufer der Fertigsuppen wurde. »Suppen-Zelteln« nannten die Altwiener Köchinnen die zu Gelee verdickten Bouillons, die getrocknet auf Reisen mitgenommen werden konnten. Erst 1852 wurde diese Idee kommerziell genutzt. »Liebig's Fleischextrakt« ging um die ganze Welt. Daß zur gleichen Zeit der Suppenkaspar aus dem Struwwelpeter »Nein, diese Suppe eß' ich nicht« schrie, ist wohl kein Zufall.

Mit Kraftsuppen hängt auch der Name einer gastlichen Institution zusammen: Restaurant. In Paris gab es vor der Revolution wohl Spießbratereien, Suppenküchen und Weinschenken, aber keine Lokale mit gehobener Küche. Der Wirt einer Suppenküche verkaufte seine kräftigen Bouillons als »göttliche Restaurants«. Das Wort *restaurant* war in diesem Zusammenhang als »stärkend, aufbauend« zu verstehen. Nach der Revolution, als sich viele Köche der geflüchteten Aristokratie als Wirte selbständig machten, wurde »Restaurant« zum kulinarischen Qualitätsbegriff. Restaurierende Suppen gab es auch in der Wiener Küche in Hülle und Fülle. Meist kam das dafür verwendete Rindfleisch nicht auf die Tafel, es wurde den Dienstboten serviert.

Das Besondere der Wiener Suppenkultur sind die Einlagen. Alles, was den Wienern als Mehlspeise schmeckt, Knödel und Nockerln, Palatschinken und Biskuit, Krapfen, Strudel, Nudeln und Pofesen kommen im Mini-Format und ungezuckert in die Rindsuppe. Mit der Überfülle phantasievoller Suppenmehlspeisen überbietet die Wiener Küche die Haute Cuisine Frankreichs. Aus der Ur-Suppe mit Getreidekörnern wurde die Rindsuppe mit Frittaten und Schinkenschöberln, Grießnockerln und Markknödeln, Schlickkrapferln und Lungenstrudel, Eingetropftem und Backerbsen, Hirnpofesen und Teigfarferln - um nur einige Einlagen von vielen zu nennen. Der Diminuitiv spricht für das filigrane Kunsthandwerk. Hauchleicht und duftig wie geheimnisvolles Meergetier schwimmen diese Mehlspeisen in der Suppenbrandung. Sie kitzeln den Appetit wach, aber sie stillen ihn nicht. Eigentlich gehören sie unter Denkmalschutz gestellt - wer nimmt sich noch soviel Zeit, nur für die Suppeneinlage!

Mit Gusto gegessen werden sie nach wie vor - Wirte, die sich ihrer noch liebevoll annehmen, ernten die Dankbarkeit ihrer hungrigen Gäste. Eine Suppen-Antiquität besonderer Art ließ ein bekannter Wiener Delikatessenhändler aufleben. Bei Böhle konnte man vor kurzem die berühmte Wiener *Olio-Suppe* verkosten, die im vorigen Jahrhundert für den Ball bei Hof zubereitet wurde. Wer die Zutaten kennt, weiß, warum es dafür einen eigenen Küchentrakt in der Hofburg gab. Sie wurde aus 20 Pfund Rindfleisch, 6 Pfund Ochsenleber, 24 Pfund Kalbfleisch, 16 Kalbsstelzen, 20 Pfund Schweinernem, 16 Pfund Lamm, 20 Pfund Geselchtem, 16 Pfund Wildbret, 5 Enten, 5 Wildgänsen, 3 Gänsen, 8 Rebhühnern, 8 Tauben und 10 Hühnern zubereitet.

Außer dem Rindfleisch wurde das übrige Fleisch angebraten, bis es braun wurde, dann in 550 Liter Wasser getan und langsam gekocht. Dann kamen nicht weniger als 10 Bund Petersilie, 10 Mohrrüben, 15 Stangen Lauch, 10 Zuckerrüben, 12 Stangen Sellerie, 16 Pfund weiße Zwiebeln, 70 Gramm weißer Pfeffer, 100 Gramm Ingwer, 80 Gramm Muskatnuß, 60 Gramm Muskatblüte, 6 Gramm Cayennepfeffer, 24 Gewürznelken und 6 Pfund in 200 Gramm Zucker glasierte Kastanien dazu. Dieses Monumentalereignis einer Suppe stärkte 2000 Ballgäste. Wie es schmeckte? Wenn man von seiner aktuellen Rekonstruktion bei Böhle ausgeht: sehr, sehr intensiv. Und wahrscheinlich nur aus dem Zusammenhang mit einem außerordentlichen Ballerlebnis einer fernen Zeit zu beurteilen.

Oliokessel, Steinmörser mit Stössel aus der Hofküche

Die wienerische Rindsuppe, wie wir sie heute lieben, bietet sicher ein ausgewogeneres Geschmackserlebnis. Sie ist Produkt einer langen Entwicklungsreihe feudaler Suppen, die sich in unserer Zeit auch aufs feinste herausgemausert haben. Längst beziehen einige ihre Bindung nicht mehr aus derber Einbrenn, sondern aus feinen Pürees und Obers. Aber in vielen spiegelt sich noch heute die kulinarische Vielfalt der alten Kronländer.

Aus Ungarn kommt die Gulyassuppe, aus Serbien die Bohnensuppe, aus Italien die Vielfalt der Gemüsesuppen, aus Böhmen die Erdäpfelsuppe, aus dem alpinen Bereich die Milch-, Getreide- und Schwammerlsuppen. Eine Erdäpfelsuppe mit Schwammerln gehörte übrigens zu den Lieblingsspeisen von Anton Bruckner. Seine recht hantige Köchin bereitete sie normalerweise besonders gut zu. Bruckner lud seinen Schüler Klose zu sich nach Hause ein, um seine Lieblingssuppe mit ihm zu teilen. Nach dem ersten Schluck ließ er enttäuscht den Löffel sinken und sagte: »Ich mein', die Suppe is net gut, Kathi.« Darauf die Köchin streng: »Die Suppn is gut.« Resignierend nahm Bruckner den Löffel wieder auf. »Die Suppen is gut, Klose, also eß ma halt.«

Dicke Suppen wie Bruckners Schwammerlsuppe galten bis ins vorige Jahrhundert als Bauernessen. Die Franzosen hatten den Klassenunterschied der Suppen schon in ihrer Bezeichnung festgelegt. *Soupe* – das sind die Suppen, mit denen man seinen Hunger stillt. *Potage* hingegen ist das feine Fleischkonzentrat, aromatisch und den Gaumen kitzelnd, das sich nur die Reichen leisten konnten. Mindestens drei verschiedene Fleischsuppen löffelte Ludwig XVI. jeden Tag, sogar auf der Flucht bestand er darauf, und selbst im Gefängnis, ehe er unter die Guillotine kam, wurden sie ihm serviert. Daß seine Frau Marie Antoinette eine sehr unstandesgemäße Vorliebe für derbe Krautsuppen hatte, die sie sich vor jeder Theatervorstellung in Versailles servieren ließ, hing wohl mit der schlichten Kost zusammen, mit der Maria Theresia ihre Kinder aufgezogen hatte.

Köchin und Koch. Stiche aus dem 18. Jh.

Suppen waren oft genug die einzige Nahrung der Armen. Sie gaben eine fadenscheinige Illusion der Fülle – mit Wasser lassen sich Suppen fast unbegrenzt verlängern.

Fettlos und armselig waren die Suppen, mit denen sich Hungernde in Notzeiten gerade noch am Leben erhielten. Immer wieder wurden von den Satten Sparsuppen erfunden, die wenig kosteten und möglichst großen Nährwert hatten. So auch die Rumfordsuppe, die 1784 vom Grafen Rumford als

Nahrung für die Soldaten und Armen propagiert wurde. Sie enthielt Gerstengraupen, Erbsen, Kartoffeln und Brotscheiben. Und viel Wasser, denn das hatte nach Meinung des Grafen Rumford so großen Nährwert, daß selbst Pflanzen davon leben konnten.

Suppenterrine, Wr. Manufaktur, 1. Hälfte 19. Jh.

Bis in die dreißiger Jahre unseres Jahrhunderts belehrte man die Armen, wie sie mit Hilfe von Suppe Krisenzeiten überleben konnten. Die Frau eines österreichischen Politikers empfahl den Arbeitslosen sogar, aus Knackwursthäuten eine schmackhafte Suppe zu kochen. Bis heute wird diese Geschichte erzählt, wenn von politischer Instinktlosigkeit die Rede ist.

Suppen aus denkbar bescheidenem Rohmaterial waren in der Nachkriegszeit die tägliche Kost. Wurmige Erbsen, Bohnen, verschimmelte Erdäpfel, Rüben und Brot mußten in erträglich schmeckende, ausgiebige Mahlzeiten verwandelt werden. Die Rezepte dafür gingen von Hand zu Hand. Sie verlangten hohes Improvisationstalent, denn nicht nur die Nahrungsmittel, auch Gas war rationiert. Und so wanderte so mancher Suppentopf mit den halbrohen Zutaten unter eine Tuchent, um dort in der eigenen Wärme weiterzuköcheln. Eine der grauslichsten Suppen ihres Lebens vertilgte damals die Autorin mit zugehaltener Nase: Als Fett wurde Lebertran verwendet. Ein befreundeter Apotheker hatte ihn beigesteuert.

Suppen begleiten uns durch gute und schlechte Zeiten. Sie setzen wie kein anderes Gericht ursprüngliche Gefühle frei: Geborgenheit, Erfülltsein, Dankbarkeit für Wärme.

»Wollen Sie noch Suppe?«, wurde Franz Theodor Csokor einmal von dem gut und gerne kochenden Schriftsteller Alexander Sacher-Masoch gefragt.

»Ja, bitte noch zwei Teller!« sagte der Dichter mit funkelndem Auge.

Eine rechte Jungfrau soll sein und muß sein wie eine Spitalsuppe, die hat auch nicht viel Augen, also soll sie auch wenig um sich gaffen.

ABRAHAM A SANCTA CLARA

Knoblauch-Cremesuppe mit Kohlstreifen

Zutaten für 4 Portionen

1 kleine Zwiebel
30 Zehen Knoblauch
½ l klare Suppe
¼ l Kaffeeobers
¼ l Sauerrahm
Für die Einlage:
10 dag Kohlblätter
2 Scheiben Schwarzbrot
½ Bund Petersilie
Salz, Pfeffer, Majoran,
Mehl, Öl, Butter

Zubereitung

Zwiebel und Knoblauch schälen, fein hacken und in 2 EL Butter anschwitzen. Suppe und Obers zugießen und aufkochen. Mit Salz, Pfeffer und Majoran würzen. Suppe auf kleiner Flamme ca. 25 Minuten köcheln.
Für die Einlage Kohlblätter waschen, in feine Streifen schneiden und in Salzwasser kurz überkochen. Abseihen, abschrecken und gut abtropfen lassen. Brot entrinden, kleinwürfelig schneiden und in wenig Öl knusprig braten. Brotwürfel auf einem Sieb gut abtropfen lassen. Petersilienblättchen fein hacken.
Gegen Ende der Garzeit Sauerrahm mit 2 EL Mehl gut vermischen und in die Suppe rühren. Suppe fertigkochen und mit einem Stabmixer aufschlagen. Kohl und Petersilie unter die Suppe mischen und erwärmen. Suppe anrichten und mit Brotwürfeln bestreut servieren.

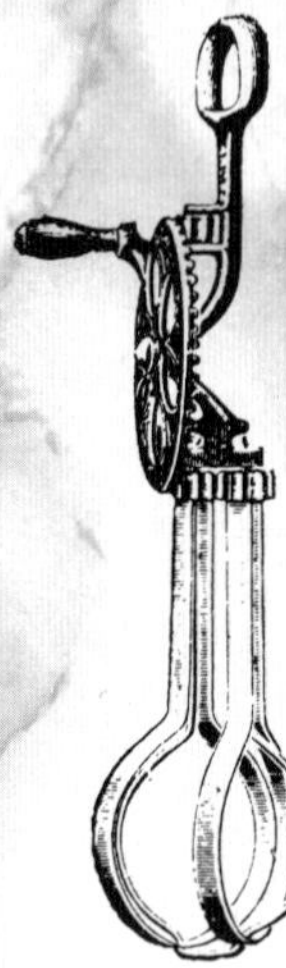

Tip

Besonders appetitlich sieht die Suppe aus, wenn man sie vor dem Servieren mit gebratenen Knoblauchscheiben bestreut. Dazu Knoblauchzehen schälen, in dünne Scheiben schneiden und in wenig Öl goldgelb braten. Auf ein Sieb schütten und gut abtropfen lassen.

Polentasuppe mit Lauch und Kernöl

Zutaten für 4 Portionen

1 kleine Zwiebel
6 dag Maisgrieß
⅛ l Weißwein
1 l klare Suppe
¼ l Kaffeeobers
3 Zehen Knoblauch

Für die Einlage:
1 Stange Lauch
1 EL gehackte Petersilie
Salz, Pfeffer, Muskatnuß,
Butter

Zubereitung

Zwiebel schälen und fein hacken. Zwiebel und Maisgrieß in 1 EL Butter unter ständigem Rühren anschwitzen, mit Wein ablöschen und mit Suppe aufgießen. Aufkochen, Obers zugießen und ca. 5 Minuten unter öfterem Umrühren köcheln lassen. Suppe mit Salz, Pfeffer, geriebener Muskatnuß und zerdrücktem Knoblauch würzen.
Für die Einlage vom Lauch Wurzeln und grüne Blattenden wegschneiden. Lauch der Länge nach aufschneiden, gut waschen und in ca. 1 cm breite Stücke schneiden. Lauch in Salzwasser kurz überkochen, abseihen, abschrecken und gut abtropfen lassen.

Suppe mit einem Stabmixer aufschlagen, Lauch zugeben und erwärmen. Suppe in Tassen schöpfen und mit Petersilie bestreut servieren.

Tip

Eine besondere geschmackliche Note erhält die Suppe, wenn man sie vor dem Servieren mit ein wenig Kernöl beträufelt oder mit grobgehackten und gerösteten Kürbiskernen bestreut.

Paradeiser-Zwiebelsuppe

Zutaten für 4 Portionen

4 Paradeiser
1/4 kg Jungzwiebeln
1/16 l Weißwein
1/2 l klare Suppe
1/4 l Schlagobers
Salz, Pfeffer, Butter

Zubereitung

Strünke aus den Paradeisern schneiden. Paradeiser ca. 10 Sekunden in kochendes Wasser legen, kalt abschrecken und die Haut abziehen. Paradeiser vierteln und entkernen. Fruchtfleisch kleinwürfelig schneiden.Die äußersten grünen Enden der Jungzwiebeln wegschneiden, die hellgrünen Blattansätze in feine Ringe schneiden und in Salzwasser kurz überkochen. Abseihen, abschrecken und für die Einlage reservieren. Zwiebeln klein schneiden. Paradeiser und Zwiebeln in 2 EL Butter anschwitzen, mit Wein ablöschen und mit Suppe aufgießen. Suppe ca. 10 Minuten köcheln lassen. Obers zugießen, Suppe aufkochen und mit einem Stabmixer feinst pürieren. Jungzwiebelringe in die Suppe rühren und erwärmen. Suppe mit Salz und Pfeffer würzen, in Teller schöpfen und servieren.

Tip

Besonders fein schmeckt die Suppe, wenn man sie vor dem Servieren mit gehackten Kräutern vermischt.

Fenchelsuppe

Zutaten für 4 Portionen

40 dag Fenchel
1/16 l trockenen Wermut
1/2 l klare Suppe
1/4 l Schlagobers

Für die Einlage:
4 Wachteleier
Fenchelgrün

Salz, Pfeffer, Butter

Zubereitung

Fenchelgrün von den Knollen zupfen und für die Einlage beiseite legen. Fenchel waschen, grob schälen, halbieren und den Strunk ausschneiden. Fenchel in feine Streifen schneiden. Fenchel in 2 EL Butter anschwitzen, mit Wermut ablöschen und mit Suppe aufgießen. Fenchel weichköcheln (dauert ca. 12 Minuten), Obers zugießen und die Suppe mit einem Stabmixer feinst pürieren. Suppe mit Salz und Pfeffer würzen. Für die Einlage Wachteleier in kochendem Wasser ca. 2 1/2 Minuten kochen. Abseihen, abschrecken und schälen. Fenchelgrün grob hacken. Suppe in Teller schöpfen und mit Eiern und Fenchelgrün als Einlage servieren.

Erdäpfel-Cremesuppe

Zutaten für 4 Portionen

40 dag mehlige Erdäpfel
1 Zwiebel
1 l klare Suppe
1/4 l Schlagobers
2 Zehen Knoblauch
1 Bund Schnittlauch
Salz, Pfeffer, Muskatnuß,
Majoran, Zitronensaft

Zubereitung

Erdäpfel waschen, schälen und in ca. 1/2 cm dicke Scheiben schneiden. Zwiebel schälen und fein hacken. Suppe aufkochen, Erdäpfelscheiben und Zwiebel zugeben, salzen und auf kleiner Flamme weichkochen. Erdäpfelscheiben mit einem Siebschöpfer aus der Suppe heben und durch ein feines Sieb oder eine Erdäpfelpresse drücken. Suppe und die passierten Erdäpfel glattrühren. Obers zugießen und die Suppe zu cremiger Konsistenz einkochen. Mit Salz, Pfeffer, geriebener Muskatnuß, Majoran, zerdrücktem Knoblauch und 1 TL Zitronensaft würzen. Schnittlauch fein schneiden. Suppe in Teller schöpfen und mit Schnittlauch bestreut servieren.

Als zusätzliche Einlage empfehlen sich

GEBRATENE SCHWAMMERLN

Ca. 12 dag Schwammerln (Champignons, Austernpilze, Eierschwammerln, Steinpilze) putzen, waschen und in gleich große Stücke schneiden. Schwammerln in je 1 EL Butter und Öl anbraten, salzen, pfeffern und gut verrühren.
Eventuell frischgehackte Kräuter untermischen. Schwammerln vor dem Servieren in die Suppe rühren.

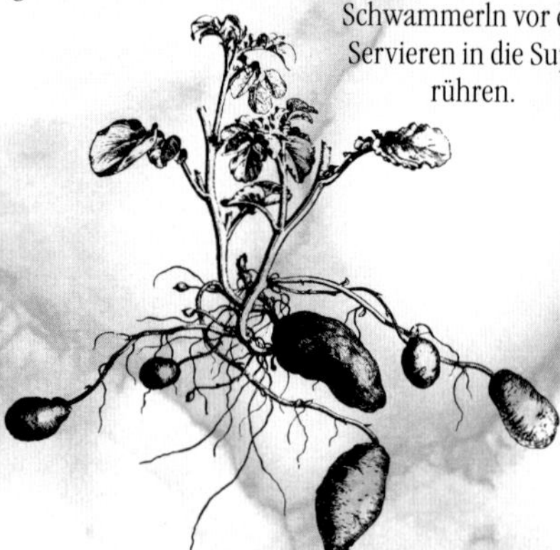

Klare Rindsuppe

Zutaten für 4 Portionen

Ca. 1 kg Rindsknochen und
1/2 kg Beinfleisch
1 Bund Wurzelwerk
2 Zwiebeln
Lorbeerblatt
Pfefferkörner
Petersilienstiele
Liebstöckel
Salz, Öl

Zubereitung

3 l leicht gesalzenes Wasser aufkochen. Parallel dazu Wurzelwerk putzen, waschen und in Stücke schneiden. Zwiebeln ungeschält in ca. 1 cm breite Scheiben schneiden und in einer Pfanne mit ein paar Tropfen Öl bei mittlerer Hitze stark bräunen.
Knochen, Beinfleisch, Wurzelwerk, Zwiebeln, Lorbeerblatt, Pfefferkörner, Petersilienstiele und Liebstöckel ins Wasser geben und aufkochen.
Fleisch und Knochen sollten gut mit Wasser bedeckt sein, falls nötig, Wasser zugießen.
Hitze reduzieren und die Suppe ca. 1 1/2–2 Stunden auf kleiner Flamme schwach wallend köcheln lassen. Suppe durch ein feines Sieb gießen, nochmals aufkochen und eventuell nachwürzen.

Petersiliensuppe

Zutaten für 4 Portionen

Ca. 1/4 kg Petersilienblätter
1 kleine Zwiebel
1 EL Butter
3/4 l klare Suppe
1/4 l Schlagobers
Salz, Pfeffer, Muskatnuß

Zubereitung

Petersilie in Salzwasser kurz überkochen. Abseihen, abschrecken und behutsam ausdrücken. Zwiebel schälen und kleinwürfelig schneiden. Zwiebel in Butter anschwitzen, vom Feuer nehmen und auskühlen lassen. Petersilie und Zwiebel vermischen und mit Salz, Pfeffer und geriebener Muskatnuß würzen. Mischung in einem elektrischen Zerkleinerer (Cutter) feinst pürieren.
Suppe aufkochen, Obers zugießen und 2–3 Minuten köcheln lassen.
Petersilienpüree zugeben und die Suppe mit einem Stabmixer aufschlagen.

Als Einlage empfehlen sich

BRANDTEIG-NOCKERLN

1/8 l Milch mit einer Prise Salz und 3 dag Butter aufkochen. 7 dag glattes Mehl einrühren und ca. 1 Minute rösten. Masse ein wenig abkühlen lassen und 1 Ei einrühren, so daß ein geschmeidiger Teig entsteht. Aus der Masse mit einem Kaffeelöffel gleich große Nockerln ausstechen und in leicht gesalzenem Wasser ca. 12 Minuten schwach wallend köcheln lassen. Nockerln vor dem Servieren mit einem Siebschöpfer herausheben, gut abtropfen und in der Suppe kurz ziehen lassen.

GEBACKENE PETERSILIENWURZEL-STREIFEN

Ca. 15 dag Petersilienwurzeln schälen, zuerst der Länge nach in Scheiben und dann in dünne Streifen schneiden. Gemüsestreifen mit Mehl stauben und in heißem Öl schwimmend goldgelb backen. Mit einem Siebschöpfer herausheben und auf Küchenkrepp gut abtropfen lassen.
Vor dem Servieren die Suppe damit bestreuen.

Diverse Suppeneinlagen

HÜHNERFLEISCH-NOCKERLN

Zutaten für 4 Portionen

15 dag enthäutetes Hühnerbrustfilet
1/8 l Schlagobers
1 Schuß Weinbrand
Salz, Pfeffer

Zubereitung

Hühnerfleisch in kleine Stücke schneiden und in einem elektrischen Zerkleinerer (Cutter) mit dem Obers zu einem feinen Mus verarbeiten. Mus mit Salz, Pfeffer und Weinbrand würzen. Salzwasser aufkochen. Aus der Masse gleich große Nockerln formen (am besten mit zwei Kaffeelöffeln), ins Wasser legen, Hitze reduzieren und die Nockerln auf kleiner Flamme ca. 8 Minuten garziehen lassen. Vor dem Servieren die Nockerln mit einem Siebschöpfer herausheben und gut abtropfen lassen.

Tip

Je nach Geschmack kann man die Nockerln mit gehackten Kräutern oder kleinwürfelig geschnittenem, gekochtem Gemüse vermischen.

MARKKNÖDEL

ZUTATEN FÜR 4 PORTIONEN

4 Scheiben altbackenes Toastbrot
10 dag Rindermark
1 TL gehackte Petersilie
2 Eier
10 dag glattes Mehl
Salz, Pfeffer, Muskatnuß

ZUBEREITUNG

Toastbrot in Stücke brechen und fein reiben oder in einem elektrischen Zerkleinerer (Cutter) verarbeiten. Rindermark über Wasserdampf ein wenig anweichen. Mark vom Dampf nehmen und cremig aufrühren. Geriebenes Brot und Petersilie untermischen. Masse mit Salz, Pfeffer und geriebener Muskatnuß würzen. Eier und Mehl einrühren und die Mischung ca. 1/4 Stunde im Kühlschrank rasten lassen. Salzwasser aufkochen. Inzwischen aus der Masse gleich große Knödel formen, ins Wasser legen und auf kleiner Flamme garziehen lassen (dauert ca. 10 Minuten). Vor dem Servieren die Knödel mit einem Siebschöpfer herausheben und gut abtropfen lassen.

BRÖSELKNÖDEL

ZUTATEN FÜR 4 PORTIONEN

10 dag Butter
1 Ei
1 Dotter
10 dag fein gesiebte Semmelbrösel
Salz, Muskatnuß, Backfett

ZUBEREITUNG

Warme Butter cremig aufrühren und mit Salz und geriebener Muskatnuß würzen. Ei und Dotter unterrühren. Brösel untermischen. Knödelmasse ca. 20 Minuten rasten lassen. Backfett erhitzen. Aus der Bröselmasse gleich große Knödel formen, ins heiße Fett legen und goldgelb backen. Knödel mit einem Siebschöpfer aus dem Fett heben und auf Küchenkrepp gut abtropfen lassen.

GRIESSNOCKERLN

ZUTATEN FÜR 4 PORTIONEN

6 dag Butter
1 Ei (6 dag)
12 dag Weizengrieß
Salz, Pfeffer, Muskatnuß, Öl

ZUBEREITUNG

Warme Butter gut cremig rühren. Ei, Salz, Pfeffer und geriebene Muskatnuß einrühren. Grieß zugeben und gut untermischen. Masse ca. 10 Minuten ziehen lassen. Aus der Masse mit einem Suppenlöffel gleich große Nockerln formen und auf einen mit Öl bestrichenen Teller setzen. Nockerln ca. 10 Minuten in den Kühlschrank stellen. Salzwasser aufkochen. Nockerln einlegen, Hitze reduzieren und ca. 10 Minuten ziehen lassen. Einen Schuß kaltes Wasser zu den Nockerln gießen und diese zugedeckt beiseite stellen. Vor dem Servieren die Nockerln mit einem Siebschöpfer herausheben und gut abtropfen lassen.

BUTTERNOCKERLN

ZUTATEN FÜR 4 PORTIONEN

3 Dotter und 1 Eiklar
15 dag Butter
10 dag geriebenes, entrindetes Toastbrot
8 dag glattes Mehl
Salz, Muskatnuß

ZUBEREITUNG

Warme Butter cremig aufrühren, geriebenes Brot und die Dotter untermischen. Masse mit Salz und geriebener Muskatnuß würzen. Mehl einrühren.
Eiklar mit einer Prise Salz zu cremigem Schnee schlagen. Schnee behutsam unter die Nockerlmasse heben. Masse ca. 10 Minuten ziehen lassen. Salzwasser aufkochen.
Aus der Masse mit einem Löffel gleich große Nockerln formen und ins kochende Wasser legen.
Hitze reduzieren und die Nockerln ca. 8 Minuten garziehen lassen.
Vor dem Servieren die Nockerln mit einem Siebschöpfer herausheben und gut abtropfen lassen.

FLEISCHSTRUDEL

ZUTATEN FÜR 4 PORTIONEN

2 Blätter fertiger Strudelteig
6 EL geschmolzene Butter

Für die Fülle:

1 Zwiebel
1 EL gehackte Kräuter
40 dag Fleischreste (von Gekochtem oder Gebratenem)
1 Ei
2 EL Semmelbrösel
2 Zehen Knoblauch
Salz, Pfeffer, Öl, verquirltes Ei zum Bestreichen

ZUBEREITUNG

Für die Fülle Zwiebel schälen, fein hacken und mit den Kräutern in 1 EL Öl anschwitzen. Vom Feuer nehmen und auskühlen lassen. Backrohr auf 180°C vorheizen.
Fleischreste fein faschieren, mit Ei, Bröseln und der Zwiebelmischung gut verrühren und mit Salz, Pfeffer und zerdrücktem Knoblauch würzen.
Ein Strudelblatt auf ein feuchtes Tuch legen und mit Butter bestreichen, zweites Strudelblatt darauflegen und ebenfalls mit Butter bestreichen.
Am unteren Teigrand die Fülle auftragen, die Seitenränder einschlagen und den Strudel mit Hilfe des Tuches von unten nach oben einrollen.
Strudel auf ein mit Backpapier belegtes Backblech setzen, mit Ei bestreichen und im vorgeheizten Rohr (mittlere Einschub-Schiene) ca. 25 Minuten backen. Vor dem Servieren Strudel in nicht zu dicke Scheiben schneiden.

MILZSCHNITTEN

ZUTATEN FÜR 4 PORTIONEN

6 Scheiben Toastbrot
1 Zwiebel
*¼ kg Milz vom Rind**
2 geschälte Zehen Knoblauch
15 dag Semmelbrösel
2 EL glattes Mehl
3 Eier
1 EL gehackte Petersilie
Salz, Pfeffer, Majoran, Mehl, Butter, Öl
**Milz am besten vom Fleischhauer ausschaben lassen.*

ZUBEREITUNG

Zwiebel schälen, halbieren und in ca. 1 cm große Stücke schneiden. Milz, Zwiebel und Knoblauch durch die feine Scheibe eines Fleischwolfes drehen. Masse mit Bröseln, Mehl, 1 Ei und Petersilie vermischen. Mit Salz, Pfeffer und Majoran würzen.
Restliche Eier verquirlen.
Ca. dreifingerhoch Öl erhitzen. Die Hälfte der Toastbrote auf einer Seite mit der Masse bestreichen, mit den restlichen Scheiben zusammensetzen. Brote beidseitig in Mehl wenden, durch verquirltes Ei ziehen, sofort ins heiße Öl legen und goldgelb backen.
Brote mit einem Siebschöpfer aus dem Backfett heben, auf Küchenkrepp gut abtropfen und auskühlen lassen.
Brote in gleich große Würfel oder verschobene Rechtecke (Rauten) schneiden.

Rollgerstensuppe mit Bohnen und Speck

Zutaten für 4 Portionen

15 dag Rollgerste
10 dag Frühstücksspeck
2 Karotten
1 kleine gelbe Rübe
1 Stange Lauch
1 Zwiebel
1 ½ l klare Suppe
¼ l Schlagobers
10 dag kleine, gekochte weiße Bohnen
1 EL gehackte Petersilie
Salz, Pfeffer, Essig, Butter

Zubereitung

Rollgerste am Tag vor der Zubereitung in kaltem Wasser einweichen. Speck in ½ cm große Würfel schneiden. Karotten und gelbe Rübe putzen und schälen. Vom Lauch Wurzeln und grüne Blattenden wegschneiden. Lauch der Länge nach aufschneiden und gut waschen. Gemüse kleinwürfelig schneiden. Zwiebel schälen und fein hacken. Rollgerste auf ein Sieb schütten und gut abtropfen lassen. Speck, Gemüse und Zwiebel in 1 EL Butter anschwitzen, Rollgerste zugeben und gut vermischen. Suppe zugießen und die Rollgerste weichkochen (dauert ca. 20 Minuten). Nach halber Garzeit Obers zugießen und die Suppe auf kleiner Flamme weiterköcheln. Suppe mit Salz, Pfeffer und einem Spritzer Essig würzen. Gekochte, gut abgetropfte Bohnen zugeben und erwärmen. Suppe mit Petersilie bestreut servieren.

Fischsuppe mit Gemüse

Zutaten für 4 Portionen

*2 Forellen (à ca. 20 dag, ausgenommen)**
⅛ l Weißwein
1 l Fischfond
¼ l Schlagobers
¼ l Sauerrahm

Für die Einlage:

1 Karotte
1 gelbe Rübe
10 dag Stangensellerie
1 kleine Zwiebel
1 Pkg. Gartenkresse

Salz, Pfeffer, Zitronensaft, Butter, Mehl

Zubereitung

Forellenfilets in kleine Stücke schneiden und kalt stellen. Karotte, gelbe Rübe und Stangensellerie schälen und in Streifen schneiden. Gemüse in Salzwasser bißfest kochen. Abseihen, abschrecken und gut abtropfen lassen. Zwiebel schälen, fein hacken und in 1 EL Butter anschwitzen, mit Wein ablöschen und die Flüssigkeit kräftig einkochen. Fischfond zugießen und um die Hälfte einkochen. Obers zugießen und die Suppe ca. 10 Minuten köcheln lassen. Sauerrahm mit 1 EL Mehl vermischen und in die Suppe rühren.

**Forellen am besten vom Fischhändler filetieren und entgräten lassen. Fischkarkassen mitnehmen, sie werden für die Zubereitung des Fischfonds benötigt.*

Suppe mit Salz, Pfeffer und Zitronensaft würzen. Kresseblättchen mit einer Schere von den Stielen schneiden. Forellenstücke und Gemüse in die Suppe geben, behutsam vermischen und kurz ziehen lassen. Suppe mit Kresse bestreut servieren.

Fischfond

Fischkarkassen von 2 Forellen am besten mit einer Küchenschere mehrmals durchschneiden und gut wässern. ½ Zwiebel und ca. 5 dag Stangensellerie in Stücke schneiden und mit den Karkassen, 1 Lorbeerblatt, einigen Pfefferkörnern und ca. 1 ¼ l kaltem Wasser zum Kochen bringen. Hitze reduzieren und den Fond ca. ½ Stunden schwach wallend köcheln lassen. Fischfond durch ein feines Sieb gießen.

Zusätzlich empfehlen sich als Einlage

Knoblauch-Croûtons

2 Scheiben Toastbrot entrinden und kleinwürfelig schneiden. 2 Zehen zerdrückten Knoblauch in je 1 EL Butter und Öl anschwitzen. Brotwürfel zugeben, goldgelb rösten und auf einem Sieb gut abtropfen lassen.

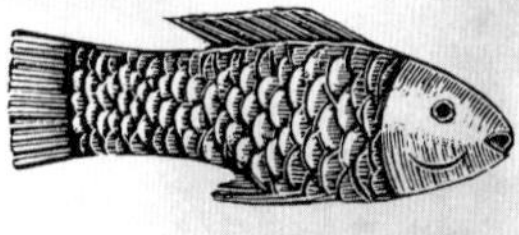

Hühner-Suppentopf mit Nudeln

Zutaten für 4 Portionen

Für den Fond:
1 Bund Wurzelwerk
1 Zwiebel
15 Hühnerflügerln

Für die Einlage:
15 dag geputzter Karfiol
15 dag geputzter Lauch
15 dag Fisolen
4 kleine Karotten
1 gelbe Rübe
2 rote Zwiebeln
5 Zehen Knoblauch
10 dag Suppennudeln
2 Bund Schnittlauch
Salz, Pfefferkörner,
Lorbeerblatt,
Essig, Butter

Zubereitung

Wurzelwerk putzen und waschen. Zwiebel schälen und halbieren.
Ca. 2 1/4 l Wasser mit Wurzelwerk, Zwiebel, Pfefferkörnern und Lorbeerblatt sowie wenig Salz aufkochen.
Hühnerflügerln einlegen und auf kleiner Flamme weichköcheln (dauert ca. 35 Minuten). Hühnerflügerln herausheben und entbeinen.
Suppe durch ein feines Sieb gießen.
Für die Einlage Karfiol in Röschen teilen und den Lauch in 1/2 cm dicke Scheiben schneiden. Fisolen putzen und in 2 cm lange Stücke schneiden. Karotten, gelbe Rübe und Zwiebeln schälen und in gleich große Stücke schneiden.
Fisolen, Karotten, gelbe Rübe und Zwiebel in 2 EL Butter anschwitzen, mit Suppe aufgießen und ca. 10 Minuten kochen lassen. Karfiol zugeben und die Suppe ca. 25 Minuten weiterköcheln.
Mit Salz, zerdrücktem Knoblauch und einigen Tropfen Essig würzen.
Sobald das Gemüse weich ist, Suppennudeln und Hühnerflügerln zugeben und mitkochen. Schnittlauch fein schneiden. Suppentopf vor dem Servieren mit Schnittlauch bestreuen.

Beim Stehachterl

4. Schlemmen im Stehen

Wie genießerisch es sich in Wien leben läßt, kann man auch an den vielen Möglichkeiten ablesen, im Vorübergehen, aber weit von aller Fast-food-Norm entfernt, kleine, feine Imbisse und die passenden Getränke zu ergattern.

Viele Feinkostläden nützen die Chance, ihre vom Einkauf kulinarisch angeregten Kunden zu einem kleinen Gaumenkitzel zu verführen. Das mag der phantasievolle kleine Greißler am Eck sein, dessen Frau im Nebenraum Schinkenkipferln bäckt und noch heiß auf die Theke stellt. Oder der Fleischhauer, der seine Würste oder Mini-Gerichte über die Budel an kleinen Stehtischen serviert. Bei den Delikatessenläden der Innenstadt, dem Meinl am Graben, dem Wild oder dem Stibitz, locken die Menschenfallen mit Lachs oder Austern, raffiniert belegten Sandwiches oder gourmetgerechten Salattellern als Köder. Natürlich gibt es dazu auch die feinsten Getränke.

Die alte Gewohnheit der Wiener, an der Theke ihres Stammbeisels im Vorübergehen ein Steh-Achterl zu trinken und vielleicht ein kleines Gulasch dazu zu essen, hat sich verfeinert. In Vinotheken wie dem »Vis-à-vis« im Durchgang der Wollzeile kann man die besten Flaschenweine glasweise verkosten und dazu edlen Prosciutto oder Käse naschen. Und kleine feine Brötchen bilden die Unterlage für die edlen Champagner- und Sektsorten in der Reiss-Bar beim Neuen Markt.

Eines der ältesten Imbißlokale von Wiens, der bei Trześniewsk, offeriert schmale Schwarzbrotschnitten mit pikanten Aufstrichen, deren Rezeptur streng geheimgehalten wird. Aber ob sie nach Champignons oder Hühnerleber, Speck und Ei oder höllisch scharfen Pfefferoni schmecken – Bier paßt am besten dazu, und als Verdauungshilfe gibt es ein Stamperl Hochprozentigen.

Woher die kleinen feinen Imbisse auch kommen – bei Trześniewski aus Polen –, die ambulanten Schlemmereien der Wiener haben viel Ähnlichkeit mit dem italienischen Lebensstil. Nicht nur die Römer, die Wien in seinen Anfängen formten, hinterließen Spuren. Seit dem Barock spielen Italiener eine große Rolle. Italienische oder von Italien geprägte Architekten gaben damals der Stadt ihr Gesicht. Italienische Musiker, Tänzer, Sänger und Theaterdirektoren befriedigten die Spektakellust der Wiener. Italienisch war im 17. und 18. Jahrhundert die Sprache der guten Gesellschaft. Damals kam jeder zweite Ausländer in Wien aus Italien.

Natürlich hatte das Auswirkungen auf das Alltagsleben der Stadt.

Seidenweber, Rauchfangkehrer, Steinmetze und Messerschleifer waren Italiener – und ihre Nachfahren betreiben diese Gewerbe zum Teil noch heute. Vieles, das mit kulinarischen Genüssen zu tun hatte, war italienisch unterwandert. Die berühmtesten Kaffeehäuser des 18. Jahrhunderts, Taroni am Graben, Milani am

Ein Imbiß beim Trześniewski

Kohlmarkt, Ducati in Schönbrunn, hatten italienische Besitzer. Sie prägten den Kaffeegeschmack der Wiener bis in die Gegenwart. Nirgends außerhalb Italiens wurde der Espresso mit solcher Schnelligkeit angenommen wie in Wien.

Kein Wunder, daß im Wienerischen eine ganze Reihe italienischer Ausdrücke weiterlebt: Das Fuzerl kommt von *futile,* geringfügig. Gspusi von *sposa,* Verlobte. Ballawatsch von *balordaggine,* Tölpelhaftigkeit.

Die Italiener Wiens waren ein wichtiger Teil der bunten Straßenszene. Da zogen die italienischen Essigmänner mit kleinen Fäßchen von Haus zu Haus und versuchten, die Hausfrauen durch Kostproben zu überzeugen. Die G'frorenen-Männer machten mit lautem Geklingel auf ihr Eis aus Granatäpfeln, Pomeranzen, Erdbeeren und Nüssen aufmerksam, das sie aus gekühlten Behältern löffelten, die sie in kleinen Wagen vor sich herschoben.

In der ganzen Stadt, aber auch am Spittelberg oder im Prater waren die Salamutschi-Männer unterwegs. Meist kamen sie aus Trient, trugen Samtrock, Schlapphut und Künstlerkrawatte und riefen ihre harte Salami aus: »Durri, durri.« Sie war in Wien beliebter als die weiche Salami auf Veroneser Art. Die Salamutschi säbelten mit akrobatischer Geschicklichkeit mit ihren Messern soviel hauchdünne Salami herunter, daß ein ganzer Teller damit bedeckt war. Dazu gab es meist auch noch italienischen Käse. Die Mandoletti- und Bomboloni-Krämer durften ihr Mandelgebäck und ihre italienischen Krapfen unter Kaiser Joseph II. nur in den Vorstädten anbieten, weil sich die Zuckerbäcker über die Konkurrenz beschwert hatten. »Wo taten denn die Müllnermeister ihr schlechtes Mehl und die Gewürzkramer ihren Klystierzucker hin, wenn's keine Mandolettiverkäufer gab?« giftelte der Eipeldauer. Aber das Mandolettigeschäft ging so gut, daß sich bald auch die Wiener darum annahmen.

Im Straßenleben des 18. und 19. Jahrhunderts behaupteten sich viele fliegende Händler, die aus allen Teilen der Monarchie in die Hauptstadt kamen. Die Figuri-Männer aus Trient oder Istrien boten Gipsbüsten und Genreszenen an. »Figurine«, riefen sie, »piccolo monete, grande lavoro« – große Arbeit für wenig Geld.

Die Gottscheberer, Händler aus Gottschee in der Krain, hatten in ihren Körben Zuckerzeug, Datteln, Feigenkränze, Orangen und Zitronen. Man konnte bei ihnen auch sein Glück versuchen und »Grad oder Ungrad« spielen, ein einfaches Ziffernspiel, bei dem man einen Feigenkranz gewinnen konnte.

Würstelmann am Markt in Wien 1., Am Hof, um 1905

Flötenspielend kam der Guleffl-Krowot daher, seinem Namen zum Trotz meist ein Slowake, der Kochlöffel, Nudelbretter, Holzpferde und Schlögel verkaufte.

Sein Ruf war: »Gaafte Guleffl, Spillerai!« Kauft Kochlöffel, Spielerei.

Die Bosniaken mit Türkenfez, gewickelten Hosen und Opanken, boten Pfeifenspitzen, Uhren, Ringe, Feuerzeuge, türkische Messer und Dolche zum Verkauf an. Sehr würdevoll, leise, ohne sich aufzudrängen, gingen die Bosniaken durch die Stadt. Sie waren so populär, daß ein dunkles Gebäck nach ihnen benannt wurde. Die Rastelbinder, meist Slowaken, flickten löcherige Töpfe und zerbrochenes Geschirr mit Draht zusammen und boten auch Mausefallen an: »Fanneflicke hoo! Gaafte Mausfalli, Gatzi, Ratzi!« riefen sie.

Die Honigtürken wieder schwangen ihre Glocken und ließen ihre Ware sprechen: weißgelblichen türkischen Honig mit Nüssen und kandierten Äpfeln, Mandeln, Zwetschken.

Der Zwiefelkrowot mit seinem Korb voll verschiedener Zwiebelsorten war der Diskonter unter den Wanderhändlern, er unterbot alle Marktpreise.

Wienerinnen waren die Krapfenbäkkerinnen, die den Bummlern ihr duftendes Gebäck anboten. Geschmalzen waren nicht nur ihre Waren, sondern auch ihre Preise. Zu einer Zeit, als man für zwölf Kreuzer ein komplettes Mittagessen bekam, verlangten sie zwei bis fünf Kreuzer für einen Krapfen. Es gab dic verschiedensten Füllungen - Marmeladen, Nüsse, Weinberln. Cillikugeln hießen sie auch, nach einer bekannten Krapfenbäckerin mit Vornamen Cäcilie.

Der unkomplizierteste Imbiß wurde im Barock zunächst von den Bradlbratern angeboten: Würste. Im Advent konnten sich die Besucher des Christkindlmarkts an den sogenannten Roratewürsten laben.

Heiße Wurst im Stehen zu essen - das gefiel schon den Römern. Ihre Straßen-

Croatische Zwiebel- und Melonen-Verkäufer.

händler trugen einen Bauchladen mit heißem Wasser, in dem Würste schwammen. Aber mit dem Sieg des Christentums gerieten die Würste plötzlich in Verruf. Sie waren das Lieblingsgericht bei den heidnischen Luperkalien, dem Fest zu

Ehren des Hirtengottes Lupercus, gewesen. Und weil diese Feste meist in Orgien übergegangen waren, wurde auch der Festschmaus verfemt. Nach seiner Bekehrung zum Christentum verbot Kaiser Konstantin das Essen von Wurst in allen Teilen des Römischen Reichs. Vor allem die Blutwurst galt als suspekt.

Aber im Mittelalter geriet dieses Verbot wieder in Vergessenheit. Im bäuerlichen Alltag spielte die Wurst als Nebenprodukt des Schlachtens eine wichtige Rolle. Bis 1733 durften die Wiener Fleischhauer auch Wurst machen. Aber dann spaltete sich das Gewerbe der Fleischselcher ab. Sie durften nicht schlachten, aber sie erzeugten Würste und selchten Schinken. Ein Regierungsdekret aus dem Jahr 1764 zählt schon die große Vielfalt der Wurstsorten auf, die in den Selchereien entstanden: da gab es große und kleine Bratwürste, Blunzen und Leberwürste, in Rauch und Luft geselchte Schinken, Augsburger Würste, Salami, Mortadella.

Bradlbraderin. Stich aus dem 18. Jh.

Wieder einmal hatte eine ausländische Spezialität in Wien Wurzeln geschlagen. Um 1736 gab es in Wien neun Wurstmacher, und alle waren Venezianer. Nun nahmen auch die Wiener Selcher die Produktion italienischer Würste auf, während sich die Italiener ausschließlich darauf beschränken mußten.

Wurst aus Österreich hatte einen guten Ruf, und ihr Genuß gehörte untrennbar zum Straßenleben Wiens. »Man darf sich nicht wundern, wenn auf Platzeln der Vorstädte Würste gebraten wurden, deren Gebrause, Geprassel, Gezisch eine gar angenehme Musik ist. Man nahm einen Sechspfennig, reichte ihn hin; die Wurstbraterin nahm eine halbe Glatte – eine glatte Semmel, die in der Form eine 8 ist – machte einen weiten Schnitt hinein, dann nahm sie eine große Leber- oder Blutwurst, wie man wollte, schob sie in die Öffnung der Semmel, goß etwas geschmolzenes Fett darauf und bediente somit die Kunden«, schreibt der Journalist Franz Gräffer 1845.

Genau vierzig Jahre vorher hatte ein aus Frankfurt zugewanderter Fleischhauer und Selcher eine Erfindung gemacht, die den schnellen Schlemmer heute noch erfreut: die Frankfurter Würsteln. Johann Georg Lahner mischte feinfaschiertes Schweine-, Rind- und Kalbfleisch mit Speck, Pfeffer, Knoblauch und Piment, füllte die Masse in Schafssaitlinge, räucherte und kochte sie. In Frankfurt, wo er das Handwerk gelernt hatte, wurden für Würste Bauchfleisch vom Schwein und Speck verwendet. Die viel feineren Wiener Frankfurter gingen als Wiener Würstchen um die Welt, während bei uns noch immer der Name im Gebrauch ist, mit dem Lahner seine Meister in Frankfurt ehrte.

Die Lahners machten mehr als eineinhalb Jahrhunderte Wiener Wurstgeschichte. Grund genug, daß die Frankfurter museumsreif wurden: Das Bezirksmuseum Wien-Neubau widmete ihnen und ihren Erfindern eine hübsche kleine Ausstellung und eine informative Broschüre. 1958 starb der letzte dieser Familie, Leopold Lahner. Er war der originellste und vielseitigste von allen - ein berühmter Schwerathlet, Rekordhalter im Kugelstoßen und Hammerwerfen, Mitbegründer des WAC. 1908 fuhr er als Mitglied der Olympischen Mannschaft nach Athen. »Zwischen Hackstock und Ringermatte ist des Schwerathleten Reich«, definierte er stolz die Reichweite seiner Interessen. Leopold Lahner erfand die Würstel im Schlafrock - in Brotteig eingebackene Einspänner. Anders als die Hot dogs, die keine Haut haben, boten sie das angenehme Erlebnis, die Würstel zwischen den Zähnen zerknacken zu können.

Die Straßen-Auskocherei.

Die Frankfurter gibt es - wie so viele Wiener Gerichte - in einer Nobel- und in einer Volksversion. Doppelt so lang werden sie als Sacherwürstel in der Nobelgastronomie angeboten. Und als normale Frankfurter sind sie die Stars der Würstelstände - neben Klobassen und Käsekrainer, Burenwurst und Leberkäs', Hamburgern, Pulkauer Kartoffelpuffern, Langos, Ölpfefferoni, Silberzwiebeln und Mannerschnitten. Die Wiener Würstelstände sind eine Welt für sich. Harmlose, legere Imbißstuben bei Tag. Und in der Nacht Intensivstation für Ab- und Ausgebrannte, Halt der Schwankenden, Tankstelle für Schmähtandler. Daß sie sich »Kleines Sacher« nennen, bezieht sich wohl auf die Länge der Frankfurter. Nicht aber auf die Bedeutung als rettenden Hafen: Im Sacher gibt es zwar Würstel, aber kein Seelenfutter für die Schiffbrüchigen der Nacht.

Die Seele einer Frau,
der Magen einer Sau,
der Inhalt einer Wurscht
bleibt ewig unerfurscht.

Volksweisheit

Bei der in Amerika üblichen Vielfalt verschiedener Burger ... ist man eigentlich nur ein wenig überrascht, daß hierzulande bei McDonald's in nahezu 20 Jahren noch keiner auf die Idee gekommen ist, die doch wohl deutlich vor aller Augen auf der Hand liegt. Warum, so fragt man sich, gibt es in Wien noch immer keinen »Happs-Burger«?

Tom Appleton

»Macfix und Mcfertig«
Die Presse,
11. März 1995

Räucherlachs-Brötchen

Zutaten für 8 Stück

2 TL Senfkörner
½ Bund Dille
30 dag Gervais
1 MS Senf
Saft von ½ Zitrone
1 Blatt Gelatine
4 dünne Scheiben Räucherlachs
4 Scheiben Vollkornbrot
Salz, Pfeffer, Butter

Zubereitung

Senfkörner in Salzwasser ca. 1 Minute kochen. Abseihen, abschrecken und gut abtropfen lassen. Dillzweige hacken. Gervais gut aufrühren und mit Salz, Pfeffer, Senf und Zitronensaft würzen. Senfkörner und Dille untermischen. Gelatine in kaltem Wasser einweichen, gut ausdrücken, über Wasserdampf schmelzen und mit der Gervaismasse verrühren.

Lachsscheiben flach auflegen, mit Gervaismasse bestreichen, straff einrollen und ca. 20 Minuten in den Kühlschrank stellen. Aus dem Vollkornbrot acht runde Scheiben mit ca. 4 cm Durchmesser ausstechen. Eventuell dünn mit Butter bestreichen. Lachsröllchen mit einem scharfen Messer in gleich dicke Scheiben schneiden. Jedes Brötchen mit Lachsscheiben belegen.

Tip

Besonders appetitlich sehen die Brötchen aus, wenn man sie zusätzlich mit Salatblättern, Oliven und Dillzweigen garniert.

Brötchen mit Olivenaufstrich

Zutaten für 12 Brötchen

12 Scheiben Baguettes
6 dünne Scheiben geräucherter Stör

Für den Belag:
1 EL Kapern
4 Sardellenfilets
½ kg schwarze Oliven
8 Zehen Knoblauch
1 TL gehackter Rosmarin
1 TL gehackter Thymian
6 gehackte Salbeiblätter
⅛ l Olivenöl
Saft von 1 Zitrone
Salz, Pfeffer

Zubereitung

Kapern gut wässern und abspülen. Kapern und Sardellen fein hacken. Oliven entkernen und in kleine Stücke schneiden. Kapern, Sardellen und Oliven in einem elektrischen Zerkleinerer (Cutter) fein pürieren. Masse in eine Schüssel füllen und mit Salz, Pfeffer, zerdrücktem Knoblauch, Rosmarin, Thymian und Salbei würzen. Anschließend das Öl und den Zitronensaft am besten mit einem Schneebesen tropfenweise einrühren, so daß eine dickcremige Masse entsteht. Jede Störscheibe der Breite nach halbieren. Jedes Brötchen mit der Olivenmasse gleichmäßig bestreichen und mit einem Stück vom Stör belegen.

Brötchen mit Beef Tatar

Zutaten für 12 Stück

3 Scheiben Schwarzbrot

Für das Tatar:
40 dag Rindsfilet
1 Zwiebel
1 EL Kapern
3 Essiggurkerln
1 Dotter
1 EL gehackte Petersilie
Salatblätter
Salz, Pfeffer, Senf, Worcestershiresauce, Tabasco

Zubereitung

Vom Fleisch eventuell vorhandene Häutchen und Sehnen wegschneiden. Fleisch kleinwürfelig schneiden und möglichst fein hacken. Zwiebel schälen und kleinwürfelig schneiden. Kapern und Essiggurkerln gut abtropfen lassen und fein hacken. Fleisch mit Zwiebel, Kapern, Gurkerln, Dotter und Petersilie gut vermischen. Masse mit Salz, Pfeffer, Senf, Worcestershiresauce und einigen Tropfen Tabasco würzen.

Jede Brotscheibe in vier gleich breite Streifen schneiden, mit Salat belegen und mit dem Tatar bestreichen.

Tip

Für Tatar muß man nicht unbedingt die teuren Mittelstücke des Rindslungenbratens verwenden. Bestens geeignet sind auch die ein wenig preiswerteren Lungenbratenköpfe.

Tip

Besonders appetitlich sehen die Brötchen aus, wenn man sie zusätzlich mit kleinen Gurkenfächern, halbierten Perlzwieberln, Paprikawürfeln und in Scheiben geschnittenen, sauer eingelegten Maiskölbchen garniert.

Tip

Sollten Sie eine Faschiermaschine besitzen, so können Sie das Fleisch auch durch die feine Scheibe faschieren.

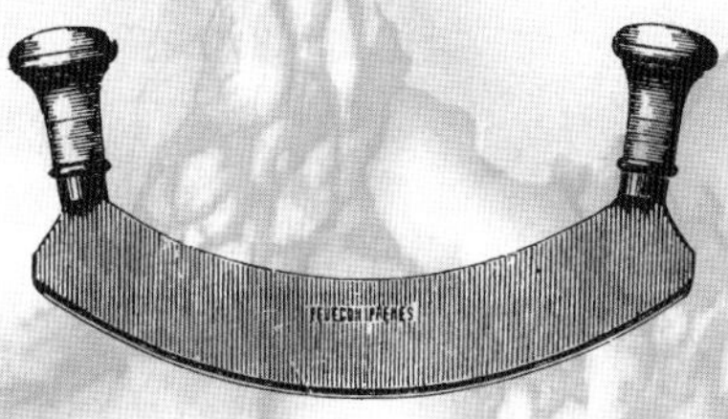

Blutwurst-Erdäpfel-krapferln

Zutaten für 4 Portionen

½ kg Blutwurst
1 kg mehlige Erdäpfel
3 Dotter
2 EL gehackte Kräuter
Salz, Pfeffer, Öl

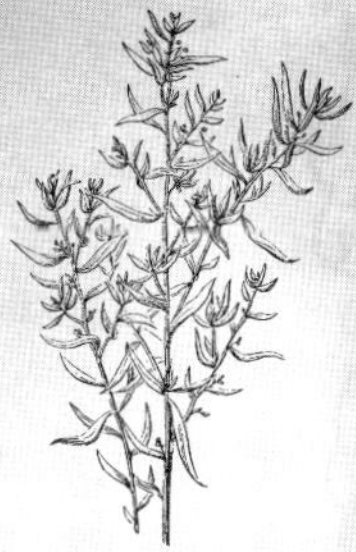

Zubereitung

Von der Blutwurst die Haut abziehen. Wurst in ca. 16 gleich dicke Scheiben schneiden.
Erdäpfel waschen, schälen und auf einer Küchenreibe grob raspeln. Geraspelte Erdäpfel in einem Tuch ausdrücken, in eine Schüssel legen und mit Dottern und Kräutern vermischen. Masse mit Salz und Pfeffer würzen. Wurstscheiben mit so viel Erdäpfelmasse umhüllen, daß diese auf jeder Wurstseite ca. ½ cm hoch haften bleibt. Wurstkrapferln in wenig Öl beidseitig goldgelb backen, aus der Pfanne heben, gut abtropfen lassen und anrichten.
Als Beilage serviert man Salat.

Würstel im Schlafrock

Zutaten für 10 Stück

1/2 Pkg. TK Blätterteig (165 g)
5 Paar Frankfurter Würstel
Mehl, verquirltes Ei zum Bestreichen

Zubereitung

Blätterteig am besten über Nacht im Kühlschrank auftauen lassen. Backrohr auf 200° C vorheizen. Backblech mit Backpapier belegen. Teig auf einer bemehlten Arbeitsfläche aufrollen, Papier abziehen und den Teig mit verquirltem Ei bestreichen. Teig mit einer Gabel mehrfach einstechen und in ca. 2 cm breite Streifen schneiden.
Jedes Würstel quer halbieren und mit je einem Teigstreifen umwickeln. Würstel auf das Blech legen und im vorgeheizten Rohr (mittlere Einschub-Schiene) ca. 15 Minuten backen.
Als Beilage serviert man Salat.

Tip

Als Variante kann man die Würstel, bevor man sie im Teig einrollt, mit dünn geschnittenen Käsestreifen umwickeln.

Cipollata-Spiesschen

Zutaten für 4 Portionen

40 dag Cipollata-Würstchen
je 1 gelber und 1 grüner Paprika
1 kleine rote Zwiebel
5 dag Frühstücksspeck
Salz, Pfeffer, Öl

Zubereitung

Paprika halbieren, von Strünken und Kernen befreien und waschen. Zwiebel schälen. Paprika, Zwiebel und Speck in gleich große Stücke schneiden Würstchen, Paprika, Zwiebel und Speck abwechselnd auf Holzspieße stecken.
Mit Salz und Pfeffer würzen und in wenig Öl beidseitig braten.

Dazu empfiehlt sich

Kräuter-Kraut

Von 3/4 kg Weißkraut den Strunk ausschneiden und das Kraut in feine Streifen schneiden. Kraut in Salzwasser bißfest kochen, abseihen, abschrecken und gut abtropfen lassen.
Für die Kräutermischung 10 dag Fettspeck (grüner Speck) kleinwürfelig schneiden. Von je einem Bund Basilikum und Petersilie die Blättchen abzupfen und fein hacken. Vier Zehen Knoblauch schälen und hacken. Speck, Kräuter und Knoblauch in einem elektrischen Zerkleinerer (Cutter) pürieren und mit Salz und Pfeffer würzen.
Kräutermischung in einem Topf erwärmen, Kraut zugeben, gut vermischen und einige Minuten dünsten. Eventuell mit ein wenig Suppe untergießen.

Buchweizen-Pfannkuchen mit Kaviar

Zutaten für 12 Stück

12 EL Kaviar
1 Becher Sauerrahm

Für den Teig:
1/4 l Milch
2 dag Germ
21 dag Buchweizenmehl
5 dag Butter
4 Eier
Salz, Öl

Zubereitung

Milch ein wenig erwärmen. Germ zerbröseln, in der Milch auflösen und mit 3 EL vom abgewogenen Mehl verrühren und bei Zimmertemperatur 5 Minuten gehen lassen.
Butter zerlassen und vom Feuer nehmen. Eier in Dotter und Klar trennen. Dotter, Butter, restliches Mehl und ein wenig Salz mit der Germmischung zu einem glatten Teig verrühren.
Eiklar zu schmierigem Schnee schlagen und untermischen. Teig 10 Minuten rasten lassen.
In einer Pfanne wenig Öl erhitzen. Teig in kleinen Häufchen einsetzen und zu kleinen Pfannkuchen (Durchmesser ca. 4 cm) backen. Das Backen am besten in mehreren Arbeitsgängen durchführen.
Pfannkuchen auf Tellern anrichten und mit Sauerrahm und Kaviar belegt servieren.

Gemüseburger

Zutaten für 4 Stück

4 Sesamweckerln
2 Paradeiser
4 Scheiben Käse

Für die Gemüse-Laibchen:
35 dag mehlige Erdäpfel
5 dag Karotten
5 dag gelbe Rüben
5 dag Stangensellerie
1 Dotter
6 dag Grieß
2 EL gehackte Kräuter
Blattsalate

Salz, Pfeffer, Muskatnuß, Öl

Zubereitung

Erdäpfel waschen und in Salzwasser weichkochen. Inzwischen Karotten, gelbe Rüben und Stangensellerie putzen, schälen und kleinwürfelig schneiden. Gemüse in Salzwasser bißfest kochen, abseihen und gut abtropfen lassen.
Backrohr auf 150° C vorheizen. Erdäpfel schälen und noch heiß durch die Erdäpfelpresse drücken. Dotter, Grieß, Gemüse und Kräuter untermischen. Masse mit Salz, Pfeffer und geriebener Muskatnuß würzen.

Für die Garnitur Salate zerpflücken, waschen und gut abtropfen lassen. Sesamweckerln horizontal durchschneiden. Paradeiser waschen und in 1 cm breite Scheiben schneiden.
Aus der Erdäpfelmasse gleich große, ca. 1 cm dicke Laibchen formen und in wenig Öl beidseitig braten.
Parallel dazu Sesamweckerln im vorgeheizten Rohr auf der mittleren Einschubschiene/Gitterrost aufbacken.
Laibchen aus der Pfanne heben und gut abtropfen lassen.
Salat und Gemüselaibchen auf die Weckerlböden legen. Gemüselaibchen mit Paradeisern und Käse belegen. Deckel aufsetzen.

Dazu empfiehlt sich

Kräutersauce

1 Becher Crème fraîche mit wenig Milch glattrühren und mit Salz und Pfeffer würzen. Vor dem Servieren 1 EL gehackte Kräuter untermischen.

Strudelsäckchen mit Schinken-Kohlfülle

Zutaten für 12 Stück

4 Blätter fertigen Strudelteig
6 EL zerlassene Butter
1 Bund Schnittlauch

Für die Fülle:
40 dag geputzter Kohl
15 dag Preßschinken
1 kleine Zwiebel
1 Bund Petersilie
¼ l Schlagobers
4 Zehen Knoblauch
Salz, Pfeffer, Öl, Butter

Zubereitung

Kohl in schmale Streifen, Schinken kleinwürfelig schneiden. Zwiebel schälen und fein hacken. Kohl in Salzwasser kurz überkochen, abseihen, abschrecken und behutsam ausdrücken. Petersilienblättchen fein hacken. Schinken und Zwiebel in 1 TL Butter anschwitzen, Kohl einrühren. Obers zugießen und dickcremig einkochen. Masse mit Salz, Pfeffer und zerdrücktem Knoblauch würzen. Petersilie untermischen. Kohlmischung vom Feuer nehmen und auskühlen lassen. Backrohr auf 180° C vorheizen. Ein Strudelblatt auf ein feuchtes Tuch legen und mit zerlassener Butter bestreichen, zweites Strudelblatt darauflegen und ebenfalls mit Butter bestreichen. Teig in 6 Rechtecke schneiden. In die Mitte jedes Teigstückes ein wenig Fülle setzen. Die Teigecken jeweils zur Mitte hochziehen, zusammendrücken und mit einem Schnittlauchhalm zusammenbinden. Restlichen Teig und übrige Fülle ebenso verarbeiten. Säckchen auf ein mit Backpapier belegtes Backblech setzen und im vorgeheizten Rohr (mittlere Einschub-Schiene) ca. 12 Minuten backen.

Dazu empfiehlt sich

Erdäpfel-Schnittlauchsauce

20 dag mehlige Erdäpfel kochen, schälen und durch eine Erdäpfelpresse drücken. Masse mit 1 Becher Joghurt vermischen und mit Salz, Pfeffer und Majoran würzen. 2 Bund Schnittlauch fein schneiden und unter die Sauce mischen.

Gefüllte Champignonköpfe

Zutaten für 20 Stück

Ca. 20 mittelgroße Champignons

Für die Fülle:
¾ kg Jungzwiebeln
10 dag Rundkornreis
⅛ l Weißwein
⅛ l klare Suppe
⅛ l Milch
4 EL Grieß
1 Bund Dille
Salz, Pfeffer, Muskatnuß, Semmelbrösel, zerlassene Butter

Zubereitung

Champignons putzen, waschen, trockentupfen, Stiele behutsam aus den Pilzköpfen drehen (es soll eine Vertiefung entstehen) und fein hacken. Für die Fülle die äußersten grünen Enden der Jungzwiebeln wegschneiden. Die hellgrünen Blattansätze in feine Ringe schneiden, in Salzwasser kurz überkochen, abseihen, abschrecken und gut abtropfen lassen. Zwiebeln klein schneiden. Zwiebel und gehackte Champignonstiele in 2 EL Butter anschwitzen, Reis zugeben und kurz mitrösten. Wein, Suppe und Milch zugießen. Masse mit Salz, Pfeffer und geriebener Muskatnuß würzen und unter ständigem Rühren so lange kochen, bis der Reis weich ist. Zwiebelmasse mit einem Stabmixer fein pürieren,

Grieß einrühren und die Masse noch 2 Minuten köcheln lassen. Währenddessen öfter umrühren. Dillzweige fein hacken. Dill und gut abgetropfte Jungzwiebelringe untermischen. Masse auskühlen lassen. Backrohr auf 180° C vorheizen. Backblech mit Backpapier belegen, Champignonköpfe daraufsetzen und mit der Zwiebelmasse füllen. Champignons mit Bröseln bestreuen, mit zerlassener Butter beträufeln und im vorgeheizten Rohr (mittlere Einschub-Schiene) ca. 20 Minuten backen. Als Beilage serviert man Blattsalate.

Dazu empfiehlt sich

SENFSAUCE

$^{3}/_{8}$ l Bratensaft mit 1 TL Senf und $^{1}/_{16}$ l Schlagobers gut vermischen und 1 Minute köcheln lassen. Parallel dazu 3 EL Senfkörner in Salzwasser weichkochen. Abseihen, abschrecken und gut abtropfen lassen. Senfkörner in die Sauce rühren.

STRUDELSÄCKCHEN MIT SCHINKEN-KOHLFÜLLE

ZUTATEN FÜR 4 PORTIONEN

4 ausgelöste Hühnerbrustfilets
Saft von $^{1}/_{2}$ Zitrone
2 EL gehackte Kräuter
15 dag geschnittener Rohschinken
1 Eiklar
Ca. $^{1}/_{8}$ kg Sesam
Salz, Pfeffer, Ingwer, Sojasauce, Backfett

ZUBEREITUNG

Hühnerfleisch in ca. 2 cm breite Streifen schneiden und mit Salz, Pfeffer, Ingwer, Sojasauce und Zitronensaft würzen. Kräuter untermischen. Fleisch mit Frischhaltefolie zudecken und ca. $^{1}/_{2}$ Stunde marinieren lassen.
Backfett erhitzen. Fleisch gut abtropfen lassen und mit den Schinkenscheiben straff umwickeln. Eiklar ein wenig aufschlagen. Hühnerstangerln durch das Eiklar ziehen, im Sesam wenden und im Backfett goldgelb backen.
Stangerln mit einem Siebschöpfer aus dem Fett heben und gut abtropfen lassen.

Dazu empfiehlt sich

ZITRUSREIS MIT FRÜCHTEN

Backrohr auf 170°C vorheizen. Eine $^{1}/_{2}$ kleine, gehackte Zwiebel mit 1 Tasse Reis in 1 EL Butter anschwitzen, 1 $^{1}/_{2}$ Tassen Wasser zugießen, salzen, aufkochen und zudecken. Im vorgeheizten Rohr (mittlere Einschub-Schiene/Gitterrost) ca. $^{1}/_{2}$ Stunde dünsten. Inzwischen die Schalen von je einer unbehandelten Zitrone und Orange mit einem Messer dünn abheben, in feine Streifen schneiden und in Salzwasser kurz überkochen. Abseihen, abschrecken und gut abtropfen lassen. Einen Bund Schnittlauch fein schneiden. Gegen Ende der Garzeit Schnittlauch, Zitronen- und Orangenstreifen unter den Reis mischen.

zum
Merkner

5.
Im Wirtshaus zu Haus'

Alles kann einem typisch wienerischen Beisel passieren: Aus einem behäbigen Eckwirtshaus am Donaukanal entwickelt sich das nobelste Schlemmerlokal des Landes. Es kann aber auch geschehen, daß prominente Küchenstars eines Tages die Kochhaube auf ihre Kolibris an Orchideenschäumchen draufhauen und ein Beisel aufmachen, in dem es Kavaliersspitz und Kalbsgulasch, Krautfleisch und Grammelknödel im edelsten Originaldesign gibt.

Die Beiselszene Wiens blüht und gedeiht, sie ist so lebendig, wie es nur Totgesagte sein können. Vor etwa zwanzig Jahren ließ ein Beiselsterben das Schlimmste befürchten. Damals beschwor der Schriftsteller und Stadtrat Jörg Mauthe den guten Geist der Wiener Wirtshauskultur, missionierte für die Rückkehr zu stilechter Kost und Möblierung und zu unverfälschter Musik. Bald darauf entdeckten auch die Jungen diesen Lokaltyp, in dem man sich aufs legerste wohl fühlen kann.

Die Wirtshäuser Wiens sind die nach außen gestülpten Wohnzimmer einer Stadt, in der man aus der Wohnungsnot eine Tugend gemacht hat. »Das Beisel ist die Heimat seiner Seele«, sagte Otto Friedländer über die Hingezogenheit der Wiener zu ihren Gasthäusern.

Eng war es schon immer in der Stadt, die so lange ihre Mauern nicht sprengte. Im Barock, als das Beamtenheer der Residenzstadt immer größer wurde, waren die Bürger verpflichtet, Zimmer zur Verfügung zu stellen. Diese Hofquartiere wurden schlecht und unregelmäßig bezahlt, die aufgezwungenen Mieter waren dazu häufig anspruchsvoll und hochnäsig – wahre Kukkucke im fremden Nest. Die Wiener wehrten sich auf ihre Weise, mauerten Räume ab und Fenster zu, aber das nützte meist nichts.

Also flüchteten die Quartiergeber aus der Enge ins Gasthaus, wo sie bei Schicksalsgefährten und tröstenden Getränken ihre Wut loswurden.

Im Biedermeier wird die Wohnungsnot noch ärger. Die rasant wachsende Industrialisierung holt Arbeitswillige aus allen Kronländern in die Stadt. Sie hausen in Elends- und Massenquartieren. Und wieder bleibt nur der Ausweg ins Wirtshaus. Durch die Industrialisierung werden Bier und Branntwein billiger. Sie gelten zu dieser Zeit nicht als Genußmittel, sondern als Stärkung. Noch eine Attraktion haben die Wiener Wirtshäuser: Rauchzimmer. Das Rauchen auf der Straße und in öffentlichen Räumen ist lange Zeit verboten. Nun wird es im 19. Jahrhundert Mode, nicht nur Pfeife, sondern auch Zigarren und später Zigaretten zu rauchen. Sie werden zum Symbol einer bescheidenen Freiheit. Und in den Rauchzimmern wallen die Nebel.

Über Jahrzehnte haben sich die volkstümlichen Wiener Wirtshäuser kaum verändert, und das schien in den siebziger Jahren unseres Jahrhunderts ihr Ende zu bedeuten.

Moderne, zeitgeistige Lokale hatten mehr Zulauf, Beisel galten als muffig und spießig, nicht auf der Höhe der Zeit. Aber dann entdeckte man gerade noch rechtzeitig, daß nicht alles Fortschritt bedeutete, was neu war, und gewann dem alten Beisel unerwartete Reize ab. Seine geradlinige Schlichtheit appellierte an Künstler und Intellektuelle ebenso wie an konservative Wirtshausgeher, die mit gesträubtem Haar vor der *Nouvelle cuisine* geflüchtet waren. Aber diese geschmähte und kurzlebige Küchenmode hatte die leichte, feine Regionalküche im Gefolge. Und davon profitierten schließlich auch manche Beisel, die sich von allzuviel Fett verabschiedeten und die Kochinstruktion des berühmten Architekten Adolf Loos beherzigten: »Einbrenn darf nicht verwendet werden.«

Das »Gasthaus zum Goldenen Schiff« der Schmauswaberl in der Neustiftgasse 13

Mag sein, daß sich auch das höhere Selbstbewußtsein der Stadt im Bekenntnis zu seiner kulinarischen Identität spiegelt. Auf jeden Fall boomen die Beisel seit Beginn der achtziger Jahre, daß es eine Freude ist.

Angefangen hat alles - als gäbe es ein unauslöschliches Gedächtnis der Stadt - in den urältesten Vierteln. Rund um die aus dem neunten Jahrhundert stammende Ruprechtskirche, unweit des Salzgries, wo die Salzschiffe landeten und viele Gasthäuser standen, entwickelte sich um 1980 ein junges Vergnügungsviertel mit Beiseln, Bars, Galerien, einer englischen Buchhandlung und einer Vinothek. Im »Bermudadreieck«, wo man für eine Nacht spurlos versickern konnte, nahm der Beiselboom seinen Ausgang. Er breitete sich in der Nachbarschaft, im Viertel um die Jesuitenkirche und die Alte Universität, weiter aus. Hier standen seit dem Mittelalter viele Wirtshäuser und die Bursenhäuser, in denen die Studenten lebten.

Ein Speisehaus der besonderen Art besaß die berühmte Schmauswaberl. Eigentlich hieß sie Barbara Roman, geborene Wißmayer, und sie hatte das Recht, Reste der Hoftafel aufzukaufen und ihren Gästen zu servieren (siehe auch: »Der Zug zum Höheren«). Ihr legendäres Gasthaus »Zum Goldenen Schiff« führte sie am Spittelberg, heute Neustiftgasse 13. »Da derzähln's, daß hiezt aus den Hofkucheln Kapäuner und Fasaner sogar g'rupfter und g'bradener davon flieg'n, und d' Hasen g'spickter und g'bradener davon laufen und daß d' kälbernen Schlägeln rocher und zug'richter auf'n Schlägelban davon hupfen. Was glaubt der Herr Vetter wohin? Zu der Schmauswaberl auf'n Spittelberg!« schrieb der Eipeldauer.

Der Spittelberg oder das »Krowotendörfl« war eine der ersten Gastarbeitersiedlungen Wiens, mit ursprünglich vor allem ungarischen und kroatischen Bewohnern. Die Siedlung wurde während der Türkenbelagerung zerstört. Von diesem hochgelegenen Teil der Vorstadt begann Kara Mustafa 1683 mit 24 Kanonen die Beschießung der Hofburg.

Nach dem Abzug der Türken wurde das Viertel von einem Bauspekulanten parzelliert und sehr eng verbaut. Der Spittelberg galt als das ungesündeste Viertel der Stadt, es hatte keine Gärten und dunkle Wohnungen. Aber das tat seiner nächtlichen Karriere als Vergnügungsviertel keinen Abbruch. Die Kellnerinnen hatten auch Nebenverpflichtungen, sie brachten die Gäste mit den berühmt frechen Spittelbergliedern in Stimmung, animierten sie zum Trinken, und dann merkte keiner mehr, wie eng und finster die Hinterzimmer waren, in die sie mitunter verschwanden.

Kaiser Joseph II., der inkognito auf den Spittelberg kam, um selbst zu sehen, was ihm seine Polizeiagenten berichtet hatten, wurde erkannt und unter einem Vorwand aus einem Gasthaus geworfen. Eine stolze Inschrift erinnert heute noch daran. Ignaz Franz Castelli, ein Literat des 19. Jahrhunderts, schildert den Spittelberg in seinen Memoiren: »Es gab zu jener Zeit in den Vorstädten kleine, unbedeutende Wirtshäuser, von der gemeinen Klasse ›Beiseln‹ benannt, wo der Wirt hübsche und kecke Mädchen hielt und wo täglich des Abends zwei oder drei Musikanten zum Tanz aufspielten. Da war nun alles dazu eingerichtet, um die Gäste soviel als möglich zu prellen, sie durch Tanz, Trank und frivole Liebkosungen der Mädchen in jene Stimmung zu versetzen, in der man nichts mehr schont und die Börse leert … Zu speisen bekam man in diesen Kneipen nur sehr wenig: Würste, Käse, allenfalls noch Schweinefleisch. Auch Wein wurde nicht ausgeschenkt, nur Bier, und zwar sogenanntes weißes Bier, das aber dunkelbraun war, Mailänder, eine lichtere Gattung, und dann Hornerbier, eine Art Haferbier von grünlichgelblicher Farbe, welches in Krügen abgezogen, sehr stark moussierte und dem Berliner Weißbier ähnlich war.«

Am Spittelberg: »Ein Kaiserlicher Kanonier, eine Bierhaus-Kellnerinn und der Bretzen-Beh'«

Heute ist der Spittelberg ein lebendiges Beisel- und Künstlerviertel. Die lange Zeit vernachlässigten Barockhäuser wurden vor dem Abbruch gerettet und stilgerecht renoviert.

Am Spittelberg gibt es heute die verschiedenartigsten Lokale, die vor allem ein junges, unkonventionelles Publikum anziehen, eine kleine Gasthaus-Brauerei entstand, ein Kino, ein Theater, das die Tradition der Vorstadtpawlatschen weiterführt, Galerien und Boutiquen. Freiluftausstellungen und Kunsthandwerke märkte beleben die Szene. An warmen Sommerabenden findet man in den vielen Schanigärten kaum einen freien Platz.

Wer die gastliche Atmosphäre des Wien von heute genießt, kann sich kaum vorstellen, daß es jemals anders war. Aber die Stadt, am Kreuzungspunkt wichtiger Verkehrswege gelegen und seit dem Mittelalter von Händlern, Kreuzrittern und Diplomaten besucht, hatte bis ins 19. Jahrhundert nur sehr unzulängliche Einkehrmöglichkeiten. Die ersten Quartiere mit Verköstigung befanden sich in Klöstern. »Im Elend« hießen sie. Das bedeutete ursprünglich »Im Ausland«, bekam aber bald seine negative Bedeutung. Der Ruf der Wiener Gasthöfe, die auch Zimmer vermieteten, war bis ins 18. Jahrhundert denkbar schlecht. »Die Gasthöfe und Wirtshäuser in Wien sind für unsere Zeiten oder für solch eine Stadt ohne Bequemlichkeit und Eleganz«, schrieb Johann Pezzl 1780.

Die barocken Beisel galten als teuer und primitiv, die Wirte als linkisch, die Kellner als unverschämt. Sie nahmen keinerlei Rücksicht auf fremde Gäste, leierten die nur Wienern verständlichen Speisenamen herunter und reagierten muffig auf Fragen.

Wer es sich leisten konnte, schlemmte in den eigenen vier Wänden und ging nur wegen der Geselligkeit und der Getränke in Wein-, Bier- oder Kaffeehäuser.

Maria Theresia gewährte Gasthöfen mit Pferdestation das Privileg, sich »Zum römischen Kaiser« zu nennen, was einer Art Gütesiegel entsprach und das Konkurrenzdenken ankurbelte.

Wie es in einem der prominentesten Lokale des barocken Wien, dem »Lothringer Bierhaus« bei der Hofburg, zuging, schildert Joachim Perinet: »Schon der Geruch, der aus dem zu ebener Erde gelegenen Saufwinkel in die Nasen steigt, macht den Gaumen luestern, und man kann den Augenblick kaum erwarten, die Freßlitanei des Kellners zu vernehmen, um sich Speisen anzuschaffen, von denen die Haelfte wohl auf dem Markte, aber nicht in der Kueche vorräthig. Voll heiliger Erwartung sauft man der oft stundenlangen Speisebereitung entgegen und harret auf das Erscheinen eines Schweinebraten oder gespikten Haasen unter dem Gelaerme des Kellners, wie die Juden bei einem Donnerwetter auf die Ankunft des Messias. Nro. 1 Frißt ein Polizeikommissair mit Heißhunger schwarzes Wildpret. Nro. 2 Schlaegt ein Rechtsverdreher eine Taubenpastete in sich. Nro. 3 Sticht ein angehender Medikus, der ohnlaengst einen Plutzer gemacht, ein Paar Pluetzer Horner (Anmerkung: Krüge Bier) aus. Nro. 4 Frißt ein gelehrtes Gamsbiegel das andere. Nro. 5 Zergliedert ein Schauspieldirekteur einen Schaafkopf. Nro. 6 Zerrt ein Theolog an einer langen unausgesottenen Bratwurst. Nro. 7 Verschlingt ein Ausgemergelter eine Porzion Lungenbraten.« Und dann heißt es: »Nro. 9 Laeßt sich ein Aufgeklaerter an einem gebothenen Fasttage seine Eyer im Schmalz, mit Schinken vortrefflich schmecken.«

Perinet verrät mit dieser Schilderung nicht nur das kulinarische Angebot eines gehobenen Wirtshauses, sondern auch die Zusammensetzung des Publikums. Im »Lothringer Bierhaus« verkehrten offenbar die »besseren Leut'«. Handwerker hatten andere Lokale als Lakaien, Studenten verkehrten woanders als Kaufleute.

Luxusrestaurants gibt es noch lange nicht in Wien. In Paris etablierten sie sich bereits nach der Revolution, als die Köche vertriebener oder exekutierter Aristokraten eigene Lokale aufmachten. 1789 gab es in Paris zehn anspruchsvolle Restaurants, zehn Jahre später bereits 500.

In Wien blieb das anspruchsvolle Publikum zu Hause. Die weitgereiste Lady Montagu registrierte befriedigt, daß man ihr bei einer privaten Einladung fünfzig Gerichte auf Silber serviert hatte. Und: »Die Verschiedenheit und der Reichtum der Weine scheint das meiste Erstaunen zu verdienen. Es ist eine Gewohnheit, eine Liste von denselben neben der Serviette auf die Teller der Gäste zu legen. Ich habe zuweilen bis zu achtzehn verschiedene Gattungen, die in ihrer Art alle auserlesen waren, gezählet.«

Langsam hebt sich auch das Niveau der Lokale. Beim »Erzherzog Karl« in der Kärntnerstraße gibt es 1807 schon zum Gabelfrühstück eine Riesenauswahl an »Torten und gesulzten Fischen, Pasteten und Austern und Bachereyen, da wassern einem die Zähn schon, bevor man noch ins Speisezimmer eintritt.«

Das Gabelfrühstück im Gasthaus ist eine sehr wienerische Einführung. Man bekommt Schweinsbraten, Gulyas, Beuschel, faschierte Laberln, Blunzen, Bruckfleisch und Katzeng'schra – ein längst vergessenes Gericht aus Leber, Milz, Schweinernem, mit Zwiebel angeröstet und mit Knoblauch und Majoran gewürzt. Allerdings aß man das Gabelfrühstück meist an Stelle eines Mittagessens. Nur Weinhebers »Phäake« kann wunderbarerweise nach einem Gabelfrühstück bei Tellerfleisch, »Gollasch«, Bruckfleisch oder Beinfleisch und einem Krügerl Bier, erleichtert durch einen »Gesundheitsgang«, gleich sein Mittagessen nachschieben:

Tanzsaal im Gasthaus »Goldene Birne« auf der Landstraße

»ein Hühnersupperl, tadellos,
ein Beefsteak in Madeirasoß,
ein Schweinspörkölt, ein Rehragout,
Omeletts mit Champignons dazu,
hernach ein bisserl Kipfelkoch
und allenfalls ein Torterl noch ... «

Im 19. Jahrhundert gewinnen die Vorstadtwirtshäuser immer mehr an Bedeutung. Es gibt bessere Verkehrsverbindungen und den Wunsch, die enge Stadt zu verlassen und den tristen Alltag zu vergessen. 1841 bestehen innerhalb des Linienwalls bereits 500 befugte Bierleutgeben und 40 Weinkeller. Außerhalb der Linie noch weit mehr. In manchen Außenbezirken sind noch immer alle vier Eckhäuser einer Kreuzung von Wirtshäusern besetzt.

Auf der Landstraße, einer der Vorstädte, in der prachtvolle aristokratische Sommersitze entstehen, entwickeln sich Lokale, die zum gemeinsamen Treffpunkt der bisher so streng getrennten sozialen Schichten werden.

Die »Goldene Birne«, Landstraße 31, war solch ein Schauplatz populärer Lebenslust und gehobener Schicksalsdramen. Der Gasthof, der schon seit 1701 bestand, wurde 1833 völlig umgebaut und bekam einen gutausgestatteten Tanzsaal. Dort spielten die bekanntesten Musiker, darunter auch der junge Lanner, auf. Und hier wurden die beliebten Annenfeste gefeiert. Annentempel wurde der Saal deswegen genannt. Der angeschlossene Gasthof beherbergte unter anderem Honoré de Balzac, der seine Geliebte, die Gräfin Rzewuska, in der Salmgasse besuchte. Von ihm hieß es, er könne sich am Essen geradezu berauschen. Hundert Austern, zwölf Lammkoteletts, eine Ente, zwei Rebhühner, eine Seezunge und zwölf Birnen zu einer Mahlzeit bereiteten ihm keine Schwierigkeiten. Die Brüder Goncourt sagten über ihn: »Balzac aß wie ein Schwein, pfropfte sich den Magen mit schwerem Zeug voll und legte sich mit aufgeblähtem Bauch, halb verrückt, zu Bett.« Hatte er kein Geld, malte er auf den Tisch mit Kreide Teller und schrieb die Namen seiner Lieblingsspeisen hinein.

Auch Beethoven, der einige Zeit in der Ungargasse 5 wohnte und dort seine Neunte vollendete, stärkte sich regelmäßig in der »Goldenen Birne«.

Zwischen dem Gasthof und dem nahen Palais Rasumofsky vollzog sich ein doppeltes Drama. Konstantine Rasumofsky, die Frau des russischen Botschafters in Wien, der auf dem Wiener Kongreß eine so wichtige Rolle gespielt hatte, verliebte sich unsterblich in den griechischen Freiheitshelden Fürst Alexander Ypsilanti. Der Führer der aufständischen Griechen war, von den Türken geschlagen, nach Österreich geflüchtet. Gebrochen und krank zog er in die »Goldene Birne« und wurde bis zu seinem Tod in diesem Gasthof von Konstantine und ihrer Schwester Lulu von Thürheim betreut.

Lulu von Thürheim selbst, eine der Schönheiten, die in der Kongreßzeit umschwärmt, aber nicht geheiratet wurden, stürzte sich als Vierzigjährige in eine aussichtslose Liebe zum Sekretär Rasumofskys, Charles Thirion. Die beiden heirateten heimlich, Thirion vergriff sich an fremdem Geld, um seine Frau standesgemäß erhalten zu können. Der Diebstahl flog auf, und Thirion tötete sich in der »Goldenen Birne«, wo er Lulu so oft heimlich getroffen hatte.

Das schicksalsträchtige Lokal bekam schließlich heftige Konkurrenz durch die Sofiensäle und das Etablissement des

Bierbrauers Anton Dreher. Der Annentempel wurde abgerissen, der Gasthof Anfang des 20. Jahrhunderts gesperrt.

Der »Rote Hahn« auf der Landstraße 40 ist heute ein kleines Hotel mit einem Kettenrestaurant. Noch immer kann man die eingemauerte Türkenkugel sehen, die während der zweiten Belagerung Wiens den Wirt getroffen haben soll. Auch hier waren im 19. Jahrhundert Beethoven und Stifter zu Gast, später die Wiener Maler Schindler und Canon. 1848 verbarrikadierten sich hier Revolutionäre und schossen aus dem Gasthof auf die kaiserlichen Truppen. Das Lokal wurde gestürmt, und Banus Jellačić der General des Entsatzheeres, nahm dann hier sein Mittagessen ein.

Auf der Landstraße 97, wo heute eine große Einkaufspassage steht, schuf Anton Dreher, der Erfinder des Lagerbiers, ein großes Lokal mit Tanzsaal. Die Hoch- und Deutschmeister spielten, Sängerwettbewerbe und Maskenbälle wurden abgehalten, vierundsiebzigmal trat der bekannte Volkssänger Guschelbauer hier auf. Und die jährliche Musterung endete beim Dreher bei viel Bier und Brezeln.

Anton Dreher, der Erfinder des Lagerbiers

Von manchen der Landstraßer Gasthäusern ist nur noch die verklärte Erinnerung an »Rostbraten, so groß und mürb wie Butter« geblieben – wie die Überlieferung etwa von der »Schönen Sklavin« in der Erdbergerstraße 10 berichtet. An das Bierhaus »Zu den sechs Krügen«, das vorher ein Geschirrladen war, erinnert nur noch die Sechskrügelgasse.

Das größte und beliebteste Wirtshausrevier des alten Wien war Neulerchenfeld, das 1890 mit Ottakring zu einem Bezirk zusammengeschlossen wurde. Während Ottakring lange ein reines Weinbauerndorf blieb, entwickelte sich Neulerchenfeld zur Arbeitersiedlung. Heute ist die Gegend um den Brunnenmarkt Wohnviertel türkischer Gastarbeiter.

Im 17. Jahrhundert, als dieses Dorf vor dem Linienwall entstand, war es von Handwerkern und Bauern besiedelt, deren Häuser mit den großen Gärten sich schließlich in Wirtshäuser verwandelten. Der Lokalhistoriker Franz de Paula Gaheis, der mit »Wanderungen und Spazierfahrten in den Gegenden um Wien« zum Pionier der Wiener Heimatkunde wurde, fand einen griffigen Namen für Neulerchenfeld: »Des Heiligen Römischen Reiches größtes Wirtshaus.« Im Biedermeier wurden hier in 200 Häusern 80 Schenken gezählt, auf 4500 Einwohner kamen an Sonntagen 20000 Gäste.

Zu Bier, Wein und handfesten Imbissen bekamen die Gäste auch vielfältige Darbietungen von Akrobaten und Wursteln, Harfenisten und Werkelmännern präsentiert. Von den Bänkelsängern konnte man derbe Volkslieder hören, die oft mit scharfen politischen Anspielungen gewürzt waren. Aber zu ihrem Repertoire gehörten auch Lieder von Schubert und Beethoven. Bratlgeiger raunzten sich in die Herzen der Wirtshausesser, und schließlich versetzte der Walzer auch das Neulerchenfelder Publikum in Rotation. In den großen Tanzsälen, die an die kleinen Wirtshäuser angebaut wurden, spielten Lanner und Johann Strauß, Vater wie Sohn, auf. Angeblich ließ sich Strauß Vater von einem rhythmischen Lied der Sängerin Tinerl zum Radetzkymarsch inspirieren.

Eine Wiener Musik- und Sänger-Gesellschaft »D'Pitzinger«. (M. Pitzinger · C. Schütz, Humorist · Stefanie Pitzinger · Josephine Pitzinger)

Im Wirtshaus »Zur blauen Flasche« spielte Johann Strauß, der Sohn, zum ersten Mal seine Polka »Ligorianer Seufzer«, in der er sich über einen eifernden, äußerst unbeliebten Orden lustig machte. Ein Vertreter der Ligorianer hatte allerdings schon vorher für Heiterkeit in Wien gesorgt. Der deutsche Schriftsteller Zacharias Werner, den ein Zeitgenosse als großen Freund der Spittelberg-Nymphen outete, trat eine Zeitlang als Prediger der Ligorianer auf. Das tat er in recht drastischer Weise. In einer seiner Predigten empörte er sich über das »kleene Stückchen Fleesch«, das schon soviel Unheil über die Welt gebracht hätte. Ausführlich beschrieb er die fluchwürdigen Folgen. »Die Zuhörerschaft schlug scheu den Blick zu Boden«, schildert Friedrich von Schlegel diese Episode. »Plötzlich rief Werner kreischend: ›Soll ich euch das kleene Stückchen Fleesch nennen?‹ Totenstille. ›Soll ich es euch zeigen?‹ Entsetzliche Pause. ›Da seht her, hier ist es!‹ Und Werner reckte seine Zunge heraus.«

In den Neulerchenfelder Wirtshäusern vollzog sich jene Durchmischung der Gäste, die in den Lokalen innerhalb der Stadtmauern viel länger auf sich warten ließ. Das hing auch mit dem wirtschaftlichen Erfolg zusammen. So manche Schenke mit zwielichtigem Publikum wurde zunehmend bürgerlicher. Und der Name »Beisel«, der aus dem Rotwelsch, der Sprache der Gauner und Bettler, stammt und »Haus« bedeutet, bekam eine neue Bedeutung. Heute ist das Beisel ein meist freundliches, populäres Wirtshaus, kommunikativ und leger – mit fließenden Übergängen nach unten und oben.

In der »Blauen Flasche«, Neulerchenfelder Straße 14, einem der ältesten Wirtshäuser dieser Gegend, zeichnete sich dieser Wandel sehr bald ab. Aus einer einfachen Schenke wurde rasch ein Treffpunkt von Handwerkern und Kaufleuten, bekannte Vertreter der Wiener medizinischen Schule wie der Anatom Rokitansky und der Internist Skoda fanden sich in angeregten Gesprächen mit Journalisten, Beamten und Schriftstellern, wie etwa dem

Wirtshausgenie Ferdinand Sauter. Dieser hochbegabte Dichter schrieb seine melancholischen und rebellischen Gedichte auf die Rückseiten fettfleckiger Speisekarten, um sie dann gegen ein Glas Wein einzutauschen. Sein berühmtes »Gassenlied« ist das erste Wiener Gedicht, das die Stadt zum Thema hat.

»Auf der Gassen schaut der Dichter
gern die wechselnden Gesichter,
bringt in Reime die Grimassen,
Auf der Gassen, auf der Gassen.«

Sauter starb 1854 an der Cholera, für seinen Grabstein auf dem Hernalser Friedhof hatte er vorsorglich selbst die Inschrift gedichtet:

»Deshalb Wand'rer, zieh doch weiter,
denn Verwesung stimmt nicht heiter!«

In den Tanzsaal der »Blauen Flasche« zog schließlich jene legendäre Tanzschule Dumser ein, die Helmut Qualtinger später in seinem »G'schupften Ferdl« mit den g'streiften Söckeln so unnachahmlich besang: »Denn beim Dumser draußt in Neulerchenfeld - ist Perfektion!«

Unter den Volkssängern des 19. Jahrhunderts gab es Stars, die es auch zu großem Wohlstand brachten. Ihr Renommee erlaubte es, daß die Wirte fixe Eintrittpreise für ihre Auftritte verlangten. Die unbekannten Sänger mußten dagegen noch mit dem Hut absammeln gehen. Edmund Guschelbauer war einer der berühmtesten Volkssänger. Sein Lied vom » Alten Drahrer«, das er in Frack und Stösser, dem schmalkrempigen Zylinder, sang, war ein Hit. Seine Partnerin Luise Montag, das »Lercherl der Wiener Vorstadt«, war eine Meisterin des »Dudelns«, der wienerischen Kunst des Jodelns. Ihre geläufige Gurgel brachte ihr zwei Villen in Dornbach ein. Aber sie verlor alles, ihre Söhne im Krieg, ihren Lebensgefährten Guschelbauer an eine andere, ihr Vermögen in der Inflation. Und schließlich auch noch ihren Verstand - sie starb 1927 in der Klinik am Steinhof.

Die »Rote Bretzen« wurde wiederum durch ihre Lumpenbälle bekannt, die der Lust am Verkleiden, dem Spiel mit den Standesunterschieden der Wiener sehr entgegenkamen. Der doppeldeutige Titel war in der schillernden Wirtshausszenerie Lerchenfelds durchaus beabsichtigt. Die Polizei hielt allerdings wenig von Lumpen im kriminellen Sinn und bestand auf: »Ball in abgetragenen Kleidern«. Man kann sich vorstellen, zu wieviel Erheiterung diese Änderung beitrug.

Volkssänger Edmund Guschelbauer und Luise Montag, das »Lercherl der Wiener Vorstadt«

Die Lumpenbälle wurden überall in Wien nachgeahmt, aber die von Neulerchenfeld waren die beliebtesten. Im 20. Jahrhundert verlor diese Gegend viel an Anziehungskraft, der Tanzsaal der »Roten Bretzen« wurde zunächst in ein Kino und später in einen Supermarkt umgewandelt.

Die Vorstadtwirtshäuser hatten im sozialen Leben der Stadt eine sehr vielfältige Bedeutung. Man versammelte sich hier nach Taufen, Hochzeiten und Begräbnissen, feierte die Tanzlätitzerln, bei denen sich die Jugend zu Schmaus und Walzerrausch traf, und im Wirtshaus waren auch die Geselligkeits- und Gesangsvereine zu Haus sowie die Kranken- und Sterbevereine, die das soziale Netz in einer wenig sozialen Zeit knüpften. Bei den regelmäßigen Treffen wurde ein festgelegter Betrag in eine gemeinsame Kasse eingezahlt - geleert wurde sie am Ende des Jahres bei einem gemeinsamen Gelage. Soferne - auch das passierte - der Kassier nicht mit dem Spargeld durchgegangen war.

Apollosaal, Eintrittskarte

Auch die junge Arbeiterbewegung traf sich zunächst in Gasthäusern, was sehr umstritten war, weil der Alkoholmißbrauch als einer der Gründe des sozialen Elends galt. »Ein denkender Arbeiter trinkt nicht, ein trinkender denkt nicht«, hieß es. Also formierte sich - zur geringen Freude der Wirte - eine Abstinenzlerbewegung. In Neulerchenfeld beheimatet war auch der erste Arbeiter-Radfahrclub, aus dem sich der ARBÖ entwickelte.

In den reicheren Vorstädten Wiens, dem Brillantengrund zum Beispiel, entstanden schon Anfang des 19. Jahrhunderts prachtvolle Etablissements, die den Begriff der Erlebnisgastronomie vorwegnahmen. Der »Apollosaal« in der Zieglergasse war solch ein Unternehmen, das mit eleganten Restaurants, Tanzsälen und bühnenreifen Inszenierungen verblüffte. Allein 600 000 Gulden sollen die Silberservice der Speisesäle gekostet haben. Fünf Gulden kostete der Eintritt. Achttausend Gäste hatten in den weiten Sälen Platz, 5000 Wachskerzen erhellten ihn. Einer der Säle war wie ein Garten ausgestaltet, mit Lorbeerbäumen, blühenden Sträuchern, Grotten, Teichen, Wasserfällen und Lusthäusern, in denen man Billard spielen konnte. Zu den Besitzern gehörte für einige Zeit auch der bekannte Zuckerbäcker Johann Baptist Höfelmayer von der Tuchlauben, der für ein sensationelles süßes Buffet mit allen Arten von Gefrorenem sorgte. Im Speisesaal wurde unter Kristallustern an Tafeln für zehn bis zwanzig Personen alle Stunden ein elegantes Souper serviert. Das einfachste kostete fünf Gulden - ohne Wein.

In kleinen Salons und Stüberln, die man über eine Treppe erreichte, gab es warme und kalte Imbisse. Die Musik spielte die ganze Nacht, das elegante Publikum tanzte, promenierte, wechselte von einer Gruppe Besucher zur nächsten. Johann Friedrich Reichardt, ein Musiker, schrieb über den »Apollosaal«: »Es hat schon Abende gegeben, wo dieser Lustort mit sieben- bis achttausend Menschen angefüllt war, wovon nicht der zehnte Teil aus Leuten von Stande und der großen Welt bestand. Ganze Bürgerfamilien von geringstem Stande, Ackerbesitzer und Pächter aus den umliegenden Gegenden mit ihren Familien, ja Bediente und Hausknechte füllen die glänzenden, herrlich dekorierten und erleuchteten, von voller Musik durchtönten Säle und Zimmer, besetzten häufig die zahllosen großen und kleinen Tafeln und Büffetts, mit dem schönsten, prächtigsten Silbergerät und den besten, feinsten Speisen und Getränken vollauf angefüllt.« Man hört förmlich den legendären Wiener Ausspruch: »Ja, dürfen s' denn das?«

Im Brillantengrund, wo sich der »Apollosaal« befand, war um diese Zeit der Neureichtum Wiens zu Hause. Unter Joseph II. siedelte sich hier eine florierende Textilindustrie an. Anfang des 19. Jahrhunderts gab es rund 260 Fabriken, deren Besitzer meist alle typischen Eigenschaften von Aufsteigern in sich vereinten. Sie warfen mit dem Geld um sich, beuteten ihre Arbeiter aus und erzogen ihre Kinder und Kindeskinder so, daß die dritte Generation meist in Konkurs ging. Siegfried Weyr, der Chronist des alten Wien, erzählt in seinem »Zauber der Vorstadt« von den Streichen dieser Yuppies einer vergangenen Zeit. »Die Olympischen Spiele des Brillantengrundes bestanden in der Aufzucht echt bayrischer, auf den Mann dressierter Fanghunde, die auf einen Zungenschnalzer einen armen Teufel, einen Hausierer oder Rastelbinder, angingen, ihn am Kragen packten und zu Boden schleuderten, wofür der tödlich Erschreckte einen Silberzwanziger bekam, oder, falls sein Gewand zerriß, er leicht verletzt worden war, ein Guldenzettel genügen mußte.« Jene Jungen vom Brillantengrund, die von

Speisen-Tariff und Weine — **Refraichissement im Apollo-Saal.**

Suppen.	fl.	kr.
Olio	—	12
Eingemachtes.		
Gespickten engl. Lungen-Braten	—	36
Boenstek mit Erdäpfel	—	36
Schwedischer Schlegl	—	45
1/4 Poulard mit Hahnenkam	—	45
Gespicktes Rehfillée	1	—
1/2 Rebhuhn à la Salmi	1	12
Pasteten mit Wildpret	—	42
1/4 Fasan mit Kraut	1	24
1/4 Kapaun mit Kraut	—	48
Braten.		
Kälbernen	—	36
1/2 Poullard	1	6
1/4 Kapauner	—	48
1/2 dtto Steyer'schen	2	15
1/2 Fasan	3	—
1 Rebhuhn	2	—
Gespickten Rehrücken	—	—
1 Waldschnepfe	—	—
Schnitzl mit Schü	—	42
Mehlspeisen.		
2 Krapfen	—	24
Aepfelstrudl	—	36
Lintzer Bretzl	—	40

Fische.	fl.	kr.
Schill mit Erdäpfel	1	12
Hechten in Essig und Oehl	—	54
1 blaue Forelle mit Aspic	1	30
Lax detto	1	18
Wällischen Salat	2	—
6 Austern	—	—
Extra-Forellen	3	—
Kalte Speisen.		
Faschirten Indian	—	—
Straßburger Pasteten	1	30
Schünken mit Aspic	—	40
Veroneser Salami	—	36

Salat.	fl.	kr.
Gransten mit Erdäpfel	—	27
Grünen mit Zeller	—	27
Compotte.		
Maschansker-Aepfel mit Ribisel	—	36
Zwetschken	—	24
Pomeranzen	—	36
Gesaumtes Obers mit spanischen Wind	—	—
Punsch-Sulz	—	—
Pomeranzen-Sulz	—	40
Eis-Torten	1	—

Wein-Tariff.

Weiße Weine.	Halb-Maß Bouteillen	
Klosternenburger, in grüner Bouteille mit rothem Siegel	1	—
Grinzinger, in schwarzer Bouteille mit rothem Siegel	1	30
Alter Nußberger, in schwarzer Bouteille mit schwarzem Siegel	2	—
Weidlinger, in schwarzer Bouteille mit gelbem Siegel	2	30
Schomlauer, in schwarzer Bouteille mit rothem Siegel	1	30
Ruster, in schwarzer Bouteille mit rothem Siegel	1	30
Oedenburger Wermuth	1	—
Extra-Bittersüßer, das Seitel in schwarz. Bouteille mit schwarzem Siegel	1	—
Ausbrüche.	**Groß-Seitel**	
Cokayer	4	—
Ruster	4	—
St. Georger	3	—

Rothe Weine.	Halb-Maß-Bouteillen	
Ofner, in grüner Bouteille mit rothem Siegel	1	12
Ofner-Adelsberger, in schwarzer Bouteille mit schwarzem Siegel	2	—
Erlauer, in schwarzer Bouteille mit gelbem Siegel	2	30
Carlovizer, in schwarzer Bouteille mit schwarzem Siegel	2	30
Ausbrüche.	**Groß-Seitel**	
Meneścher	4	—

Confect.	fl.	kr.
Französische Torte	—	45
Chokolade- dtto.	—	48
Brod-Torte	—	40
Mandel-Torte	—	40
Käse.		
Lineburger	—	27
Barmasan	—	27
Strakin	—	30
Warme Getränke.		
Caffee mit Obers	—	36
dtto. Schwarz	—	27
Chocolade	—	45
dtto. mit Nachguß	1	20
Thee mit Obers	—	36
dtto. mit Limoni	—	36
Barbaras mit Obers	—	36
dtto. mit Limoni	—	36
1 Glas Punsch	1	20
1 Tazerl Confect	1	—
1 Mandel-Bogen	—	12
1 Buisquite	—	12
1 Tortlett	—	15
1 Tazerl Castanien	1	—
1 Preßburger-Zwieback	—	15
Indianer-Krapfen	—	20
Catalani-Brod	—	15
Kalte Getränke.		
Orangade	1	—
Limonade	—	36
Mandel-Milch	—	30
1 Glas Rum u. Arak	—	15
Feine Liqueurre	—	15
Gefrornes	—	36

Dominicus Adami
Traiteur.

Wortgetreue Copie eines Speisezettels des Apollo-Saales im Jahre 1819 unter dem Eigenthümer Joh. Bapt. Höfmayr. Preise in Wiener-Währung (1 fl. W.-W. — 24 kr. C.-Mz. = 42 kr. öst. W.)

Speisezettel des Apollosaales aus dem Jahre 1819

ihrem Vater sagen konnten, daß er ein »Hausherr und ein Seidenfabrikant« war, vergnügten sich auch damit, Fiaker mit Bier abwaschen zu lassen und Hausierern Körbe mit Zuckerwerk abzukaufen, um sie auf die Straße zu leeren und zuzuschauen, wie sich die Buben darum rauften. Andererseits waren sie aber auch dazu imstande, einem armen Geiger eine goldene Uhr zu schenken – und das mit Kette.

Der »Apollosaal«, wo sie mit Vorliebe verkehrten, nahm ein wenig rühmliches

Eine Ballveranstaltung im »Neuen Elysium«

Ende. Die schimmernde Pracht trieb ihre Besitzer in den Ruin, und eine Gesellschaft von Unternehmern machte aus dem Gebäude eine Seifensiederfabrik, in der die Apollokerzen erzeugt wurden. 1876 brannte der Gebäudekomplex aus.

Und so mancher der lustigen Seidenfabrikanten der zweiten oder dritten Generation, dem ein ähnliches Schicksal beschert wurde, fand sich als Entertainer in einem anderen Etablissement wieder: etwa in dem 1840 eröffneten »Neuen Elysium«, das noch erstaunlicher war als die Apollosäle. In einem riesigen Keller in der Annagasse konnte man sich in den phantasievollen Kulissen der fünf Weltteile vergnügen. In Tiroler Scheunen, in denen gejodelt und Zither gespielt wurde, in ägyptischen Harems, asiatischen Tempeln und am Fuß australischer Vulkane wurden Schnitzel und Backhendl, Rostbraten und Gulyas serviert. Dazwischen fuhr man mit kleinen, von Ponys gezogenen Wagen durch Grotten und Palmenhaine, vorbei an feuerspeienden Drachen und Klapperschlangen. In Ottakring oder Meidling geborene »Töchter aus Elysium« geleiteten die freudetrunkenen Gäste zu ihren Tischen, wo Tänzer und Jongleure ihre Künste zeigten und Affen und Papageien sich durch einen künstlichen Dschungel schwangen. »Ein Troubadour, einst ein reicher Hausherr und Fabrikant vom ›Brillantengrund‹ tänzelte zwischen den Speisetischen hindurch, seine Lieder auf der Guitarre akkompagnierend«, heißt es im »Wiener Pitaval«.

1864 muß auch das »Neue Elysium« schließen. Die Lokale, die ihm nachfolgen, spiegeln die traditionellen und die neuen Bedürfnisse der sich ständig erweiternden Stadt.

Noch immer finden die alten Weinkeller ihr Publikum, daneben werden die Cafés aber zusehends eleganter und kulinarisch anspruchsvoller. Casinos – eine Mischung aus Tanz- und Konzertlokal, Café und Restaurant – kommen in Mode. Brauereilokale im Grünen und Ausflugslokale signalisieren die neue Mobilität der Wiener. Und in den Grandhotels mit den feudalen Restaurants leben die Wiener Großbürger ihre Sehnsucht nach aristokratischem Lebensstil aus.

Eines der ältesten Lokale Wiens wird zum ersten Italiener. Der »Grüne Anker« ist ein kurioses Lokal. Es entstand um das Jahr 1780 in der Nachbarschaft des Palais Fürstenberg und jenes legendären Bäkkers, dem angeblich die ersten Kipferln in Wien zu verdanken sind. Es stand in der Grünangergasse, aber ein grüner Anger ergab kein effektvolles Hauszeichen. So wurde ein grüner Anker gewählt. Um 1860, als die großen Ringstraßenbauten entstanden, kamen viele italienische Bauleute, Stukkateure, Mosaikleger und Steinmetze nach Wien. Bei der Köchin des »Grünen Anker« fanden sie Verständnis für ihr kulinarisches Heimweh. Sie tischte ihnen Spaghetti und Piccata Milanese auf, Polenta und Zabaglione. Aber sie vergaß auch nicht auf ihr angestammtes Publikum. Und so trug das Wirtshaus bald zwei Namen: »Grüner Anker« und »Ancora verde«. Das Lokal blieb bis vor wenigen Jahren seinem wienerisch-italienischen Programm verpflichtet, das ein paar Generationen der Familie Glück hochgehalten hatten. Dann wurde es neu übernommen.

Der »Marhold« am Fleischmarkt

Schubert und Brahms hatten hier verkehrt, Kaiser Karl I. traf im Extrazimmer mit Offizieren des Generalstabs zusammen, berühmte Maler, Schriftsteller und Musiker wie Gustav Klimt, Alban Berg und Egon Friedell liebten die wienerische Italianitá des Ancora verde. Und der Schriftsteller Anton Kuh hatte hier eine besondere Begegnung: Als ihm ein Kellner namens Kaibl servierte, schloß er ihn gerührt in die Arme: »Mein geliebtes Kind!«

Eine Reihe sehr alter Lokale überlebte bis heute, einige davon sogar in ihrer ursprünglichen Atmosphäre. Der »Marhold« am Fleischmarkt gehörte bis vor kurzem dazu, seit 1566 bestand hier ein Wirtshaus. Das »Griechenbeisel« aus dem Jahr 1447, in dem angeblich der Liebe Augustin aufspielte, ist heute Touristenattraktion.

Das »Deutsche Haus« im Gebäude des Deutschen Ordens aus dem 17. Jahrhundert ist zu einem eleganten Imbißlokal mit Teehaus umgewandelt worden. Aus dem »Rebhuhn«, einem Lokal aus der Biedermeierzeit, wurde ein Steakhaus. Das »Schwarze Kameel«, wo Beethoven aß, ohne zu zahlen – die Schuldscheine gibt es immer noch –, lebt als Delikatessengeschäft mit Restaurantbetrieb weiter. Nur das Lokal »Zu den drei Hacken«, wo Schubert und Nestroy verkehrten, besteht noch immer als sehr wienerischer Gasthausbetrieb mit hübschem Schanigarten.

In 1500 Gasthäusern, 1200 Restaurants und 700 Caférestaurants leben heute kulinarische Überlieferungen aus dem alten Wien weiter.

Und nirgends schmeckt ein Gulyas so gut wie in Wien, wo es ganz anders zubereitet wird als in Ungarn, seinem Ursprungsland. Gulyas heißt im Ungarischen eigentlich »Rinderhirte« und bezeichnet auch eine paprizierte Suppe mit Rindfleischstücken. Das Rezept dafür kam Anfang des 19. Jahrhunderts vermutlich über Preßburg nach Wien. Und weil die deutschsprechenden Preßburger »Hulz« statt Holz sagten, vermuten Dialektforscher, daß die Wiener Gulyas zu »Gollasch« korrigierten.

Ronacher-Plakat anno 1890

Mit seinem Namen veränderte sich auch das Rezept. Das dünne Gulyas wurde in Wien mollig. Vor allem durch den gallertigen Rindswadschinken, der die Grundsubstanz bildet, durch viel Zwiebel und die leichte Mehlbeigabe, die für einen dicklichen, würzigen Saft sorgen. Der geschmackgebende Paprika ist eines der wenigen exotischen Gewürze, das schnell den Weg in die populäre Küche fand. Paprika kam als Spanischer oder Türkischer Pfeffer in den Handel. Er stammt aus Westindien, wurde aber auch in Indien entdeckt. Als Gulyaswürze war er unentbehrlich. Ab dem 19. Jahrhundert machte das Gulyas Wirtshauskarriere. Es wird um so besser, je größere Mengen man davon kocht, und es schmeckt aufgewärmt besser als frisch.

Viele Wiener Wirte waren auch Fleischhauer und sorgten dafür, daß die besten Stücke in die eigene Küche kamen. Und weil am Donnerstag immer Schweinemarkt war und die Händler danach mit gutgefüllten Brieftaschen ins Wirtshaus gingen, wurde der Donnerstag in Wien zum Nobeltag. Typisch für die Wiener Gasthausküche sind die Gerichte aus Innereien: Leber, Bries und Hirn werden gerne wie Schnitzel gebacken, aber auch gebraten oder gedünstet. Das Beuschel aus Herz und Lunge, in einer cremigen Sauce mit pikanten Gewürzen, ist das Testgericht für die Seriosität eines Beisels. Wenn Koch oder Köchin die Lunge nicht ordentlich von den Blutgefäßen säubern oder gar Teile des Schlunds, zwecks Vermehrung der Materie, mitverwenden, dann sind sie ihre Stammgäste bald los. Auch Gerichte der Beiselküche können in Gourmetlokalen Karriere machen – das Salonbeuschel bei den »Drei Husaren«, der Schweinsbraten mit Erdäpfelknödel im »Steirereck«, das ultimative Kalbsschnitzel mit Erdäpfelsalat im »Korso«.

Im goldblonden Wiener Schnitzel überlebte der Luxus des alten Byzanz, edle Speisen mit Blattgold zu verzieren. Gold bedeutete nicht nur Reichtum, man schrieb ihm auch gesundheitsfördernde Kräfte zu. Mit den Mauren kam dieser Brauch nach Andalusien, spanische Invasoren reichten ihn nach Italien weiter. Irgendwann wurde das Blattgold durch die Panier aus Ei und Bröseln ersetzt. Auch den Venezianern wurde der Luxus, Marzipan zu vergolden, 1514 vom Rat der Stadt verboten.

In Mailand lernte Feldmarschall Radetzky, der 1848 in die Stadt kam, um die Revolution gegen Habsburg niederzuschlagen, das panierte Kotelett kennen. Es beeindruckte ihn so sehr, daß er in einem politischen Lagebericht an den Grafen Attems, den Flügeladjutanten Kaiser Franz Josephs, auch über dieses Gericht schrieb. In Wien wurde es interessiert aufgenommen und verändert: Statt Koteletts nahmen die Wiener Köchinnen Kalbsnuß, statt Weißbrotbrösel Semmelbrösel, und um die Panier haltbarer zu machen, kam eine zarte Schicht Mehl als erste Lage auf das Fleisch. Hausfrauen und Wirtshausköchinnen entwickelten Finessen, um die Panier locker zu souffIieren und im richtigen Goldton zu halten. Ob Petersilienerdäpfel oder Erdäpfelsalat die richtige Beilage sind, ist für den wahren Schnitzelfan heute kein Diskussionsthema mehr – beides ist willkommen, solange es nur keine Pommes frites sind.

Die ersten Vorboten der Fast-food-Schnitzel waren die Schwemm-Schnitzel. Sie wurden im populären Teil der Gasthäuser gegessen, meist im Stehen. Häufig wurde Schweinefleisch dafür verwendet. Auch das traditionelle kalte Schnitzel mit Gurkensalat aus dem Einsiedeglas als Bade- oder Ausflugsproviant war ein Schritt in Richtung Schnitzelsemmel aus dem Schnellimbiß.

In den ehrwürdigeren Beiseln Wiens wird das Schnitzel noch mit der gebührenden Hochachtung paniert, ausdrücklich im Pfandl in frischem Fett und nicht in einer überstrapazierten Fritteuse herausgebacken. Das Schnitzel, das über den Teller hängt, findet noch immer viel Beifall, nicht nur bei Wienern. Beim »Figlmüller«, wo sich viele Touristen einfinden, übersteigen sie das sonst übliche Riesenformat noch bei weitem.

Geflügel ist von alters her ein wichtiger Bestandteil der Wiener Küche. »Mit einem ganzen Huhn und Wein stärkt sich die Wienerin für den Kirchgang«, beobachtete schon im Mittelalter der Minnesänger Heinrich von Neustadt. Und der Eipeldauer beschwerte sich über die »Wirtshaus-Spatzen, die auf dem Zettel als Hähnl stehen und die 36 Kreuzer kosten.« Das Backhendl, das von der Paniertechnik des Schnitzels profitierte, gab einer ganzen Epoche den Namen. Woher dieses Gericht kommt, glaubte 1850 der Satiriker Märzrot zu wissen: »Im nüchternen Zustand beschäftigt sich der Lerchenfelder mit Nichtstun und Trinken. Seine Heimat Lerchenfeld, der Erfindungsort der gebackenen Hendln mit grünen Erbsen, hat auch mit den Zeiten den Typus der Klassizität verloren.«

Saal des Etablissement Gschwandner in der Hernalser Hauptstraße 41, 1894

Aber das Hendl, das es das ganze Jahr gab, war im Empfinden der Wiener die Soubrette; die Hochdramatische war die Gans, die ihre Verehrer aufgewühlt und zerschmettert zurückläßt, als hätten sie den ganzen Ring des Nibelungen an einem Abend gehört.

Die Gans wurde zelebriert, wenn die Tage kürzer und die Angst vor den alten Dämonen, die Wotan in den Leib der Gänse bannte, um die Ernte zu sichern, größer wurde. Das Christentum funktionierte das heidnische Erntedankfest in den Martinstag um, und ein frommer Augustinerpater zerbrach sich den Kopf über diese kulinarischen Zusammenhänge. »Sagt mir einer: Reim dich oder ich friß dich, reime sich die Gans mit dem Martinitag, wie sie wolle, ich isse sie dennoch, das ist ein alter Brauch und Gewohnheit und alte Gebräuch muß man nit abkommen lassen.«

Im Land um Wien vergnügte man sich, wenn der Wein in den Fässern war, mit der Lesgans. In Wien selbst wurde die Lichtgans daraus. Am ersten Tag, an dem die Handwerker bei künstlichem Licht arbeiten mußten, gab ihnen der Meister einen Festschmaus, in deren Mittelpunkt der Gansbraten stand.

Fleischer-Stand. Nach einer Zeichnung von Johann Christian Brand, 1775/76

Bald übernahmen auch die Wirte den Brauch, ihren Gästen Martinigansl zu servieren und dazu den Staubigen, den noch nicht ganz vergorenen, trüben Wein.

Wer es gerne ein bißchen leichter hat, hält sich an ein Geflügel mit viel Geschichte, das eigentlich erst in unserer Zeit populär wurde: den Truthahn. Aus seinem mageren Fleisch werden heute gerne Schnitzel gemacht. Und es ist schade, daß die farbigen, lustigen Namen, die dieses ungewöhnliche Geflügel einmal hatte, längst in Vergessenheit geraten sind: Welscher Hahn. Kalikuttische Henn. Schusterpockerl. Jesuitenvogel. Und: Indian. Nein, ausgerechnet: Pute hat sich durchgesetzt.

Die alten Namen erinnern an die Herkunft der Truthühner aus Süd-Texas, von wo sie die Spanier nach Europa brachten. Der Jesuit Alexander Garaldini schickte das erste Exemplar an Papst Leo X.

Das dekorativ-häßliche Tier paßte wunderbar in die Menagerie der Pfaue, Kraniche, Schwäne, Albatrosse und Adler, die die Renaissancetafeln schmückte. Lange Zeit blieb der Truthahn den Reichen vorbehalten. Karl VI., der für die von ihm angebetete Gräfin Althann intervenierte, bekam als Dank von ihr »zwei indianische Hennen«. In alten Wiener Kochbüchern kann man nachlesen, daß man ihn mit Semmeln, Eiern, Pignoli, Zitronat und Weinberln füllte. Im Wirtshaus bekommt man ihn erst jetzt, seitdem kluge Züchter begonnen haben, das riesige Tier zerlegt in den Handel zu bringen.

Dafür wanderten im Biedermeier Vögel in die Bratpfanne, die wir heute nicht anrühren würden. In Lerchenfeld gab es noch im Biedermeier einen Vogelmarkt, der von den Zunftgenossen Papagenos, den Vogelfängern, beliefert wurde. Die besten Sänger wurden in Käfigen verkauft, die anderen bereicherten die Kost der umliegenden Wirtshäuser.

Aber das war wohl ein armseliger Ersatz für das Backhendl, das den Schriftsteller Jean Charles zu einer besonderen Hymne inspirierte. »Der Wienbesucher«, schreibt er, »schwingt sich auf den Fittichen eines Backhuhnes in jene hohen Regionen, wohin kein irdischer Schmerz zu dringen vermag, sondern wo das raumlose Freudenreich der Mehlspeisen beginnt.« Backhendln sind zwar nicht mehr in Mode, was aber nichts an ihrer Beliebtheit geändert hat.

Der Maximiliankeller in der heutigen Mahlerstraße

So hält sich in den Wiener Beiseln das Bewährte neben dem vorsichtig erprobten Neuen. Und die Beiseln selbst sind in ständiger Veränderung. Neue Formen des Beisels entstehen, alte geraten vorübergehend in Vergessenheit., aber immer wieder kommt eine neue Generation, die ihren eigenen Beiseltyp formt.

In den letzten Jahren, als das alte Allgemeine Krankenhaus abgesiedelt wurde, begann in den schönen grünen Höfen des von Joseph II. ausgebauten Spitals eine improvisierte Beisel- und Kulturszene zu wuchern. Sie wurde von jungen und älteren Gästen angenommen. Nun wird der alte Bau zu einer Außenstelle der Wiener Universität umgebaut, die Beiseln an ihrem Rand werden fix etabliert und sollen das ganze Jahr offenstehen – für Studenten, Professoren, Anrainer, Stadtbummler.

Heimito von Doderer kann beruhigt sein. Seinem Wirt im Gasthaus »Zur Stadt Paris«, den er auch in einer Erzählung verewigte, sagte er einmal vorausschauend: »Franz, halt mir die Beiseln, damit sie überleben, sie sind das Rückgrat der Intelligenz.«

Bei mir z'Haus
Bin i nia z'Haus
Aber im Wirtshaus
Bin i wia z'Haus.

Wiener Schnitzel

Zutaten für 4 Portionen

4 Kalbsschnitzel (à 18 dag)
10 dag griffiges Mehl
2 Eier
¼ kg Semmelbrösel
1 Zitrone
Salz, Backfett

Zubereitung

Schnitzel behutsam klopfen und beidseitig salzen. Fleisch in Mehl wenden, gut abschütteln, durch die Eier ziehen und in den Bröseln panieren. Backfett erhitzen, Schnitzel einlegen und schwimmend goldgelb backen.
Schnitzel aus dem Fett heben, gut abtropfen lassen und auf Küchenkrepp trockentupfen. Für die Garnitur Zitrone in Spalten oder Scheiben schneiden. Schnitzel mit Zitrone garniert anrichten. Als Beilage serviert man Petersilienerdäpfel, Reis oder Erdäpfelsalat.

Tip

Bestes Fleisch
Echte Wiener Schnitzel sind aus Kalbfleisch. Am besten eignen sich Teile vom Kalbsschlegel (Schale, Nuß und Fricandeau).

Perfekter Schnitt
Es ist wichtig, daß die Schnitzel immer quer zur Faser vom ganzen Stück geschnitten werden, sonst werden sie nach dem Backen trocken und zäh.

Richtiges Klopfen
Schnitzel sollten immer behutsam geklopft werden, dazu verwendet man die ungerippte Seite eines Fleischklopfers oder ein Platiereisen (das ist ein Patscher mit glatter Fläche).

Das Panieren
Zum Panieren immer griffiges Mehl verwenden, dadurch wird die Panier lockerer. Eier nur kurz verquirlen und nicht mit Milch oder Wasser strecken. Schnitzel in den Bröseln nur wenden und nicht fest drücken.

Backfett
Klassischerweise sollte man die Schnitzel in heißem Schmalz backen. Als Alternative verwendet man am besten Pflanzenöl.

Schön gewellt
Die für das Wiener Schnitzel typischen Wellen entstehen (diesen Vorgang nennt man »soufflieren«) am leichtesten, wenn man die Pfanne samt Schnitzel während des Bratens immer ein wenig rüttelt.

Grenadiermarsch

Zutaten für 4 Portionen

½ kg speckige, gekochte Erdäpfel
¼ kg Teigwaren
1 Zwiebel
1 kleiner Bund Petersilie
¼ l Sauerrahm
2 Eier
15 dag geriebener Käse
Salz, Pfeffer, Majoran, Öl, Butter, Semmelbrösel

Zubereitung

Erdäpfel schälen und in ca. ½ cm dicke Scheiben schneiden. Teigwaren in Salzwasser bißfest kochen. Abseihen, abschrecken und gut abtropfen lassen. Zwiebel schälen, halbieren und in dünne Scheiben schneiden. Petersilienblättchen fein hacken.
Erdäpfel in wenig Öl goldbraun anbraten, Zwiebel zugeben und kurz mitrösten. Teigwaren und Petersilie untermischen. Mit Salz, Pfeffer und Majoran würzen. Auflaufform mit Butter ausstreichen und mit Bröseln ausstreuen. Sauerrahm mit Eiern und Käse verquirlen. Erdäpfelmischung in die Form füllen, mit der Rahmmischung übergießen und im vorgeheizten Rohr (mittlere Einschubschiene/Gitterrost) goldgelb überbacken.
Als Beilage serviert man Salat.

Kalbsbeuschel

Zutaten für 4 Portionen

*1 Kalbslunge**
und 1 Kalbsherz
(zusammen ca. $1\frac{1}{2}$ kg)
1 Bund Wurzelwerk
3 Zwiebeln
2 TL Kapern
6 Essiggurkerln
4 Zehen Knoblauch
2 Sardellenfilets
$\frac{1}{4}$ l Weißwein
$\frac{1}{2}$ l Schlagobers
Schale von
1 unbehandelten Zitrone
1 Bund Petersilie
Salz, Pfeffer, Essig, Senf,
Lorbeerblatt, Pfefferkörner,
Butter, Mehl

Zubereitung

Vom Beuschel (Lunge) und Herz Schlund, grobe Sehnen und Fett wegschneiden. Beuschel in kaltes Wasser legen, damit alles Blut sauber ausgeschwemmt wird. Zwischendurch öfter das Wasser wechseln. Wurzelwerk waschen und putzen. Zwiebeln schälen. Wurzelwerk und eine Zwiebel in grobe Stücke schneiden. In einem ausreichend großen Topf ca. 4 l Wasser mit Wurzelwerk, Zwiebel, einem Lorbeerblatt sowie einigen Pfefferkörnern aufkochen. Gewässertes Beuschel und Herz zugeben und ca. 50 Minuten zugedeckt weichkochen.

**Beim Kauf der Lunge sollte man folgendes beachten: Lungen mit vielen blutunterlaufenen Stellen sind ungünstig für die Verarbeitung.*

Weiches Beuschel aus dem Sud heben und in eiskaltes Wasser legen. Erfahrungsgemäß dauert das Herz ca. 15 Minuten länger, bis es weich ist. Nach dieser Zeit auch das Herz herausheben und abschrecken. Beuschelfond abseihen und beiseite stellen.
Vom Beuschel die Haut abziehen. Beuschel und Herz in feine Streifen schneiden. Kapern, Gurkerln, Knoblauch, Sardellenfilets und restliche Zwiebel fein hacken. Ca. 6 dag Mehl in 6 dag Butter anschwitzen, gehackte Mischung zugeben und kurz mitrösten. Mit Wein und einem Spritzer Essig ablöschen, mit 1 l Beuschelfond aufgießen und aufkochen. Obers zugießen und die Sauce ca. 3 Minuten köcheln lassen. Sauce mit Salz, Pfeffer, 1 EL Senf und ein wenig abgeriebener Zitronenschale würzen. Geschnittenes Beuschel zugeben und auf kleiner Flamme ca. $\frac{1}{4}$ Stunde ziehen lassen. Vor dem Anrichten Petersilie fein hacken und einrühren. Als Beilage serviert man Semmelknödel.

Tip

Eine ganz besondere geschmackliche Note erhält das Beuschel, wenn man es vor dem Servieren mit wenig Gulaschsaft beträufelt.

Erdäpfelgulasch

Zutaten für 4 Portionen

1 kg mehlige Erdäpfel
20 dag Braunschweiger Wurst
$\frac{1}{2}$ kg Zwiebeln
2 EL edelsüßes Paprikapulver
$1\frac{1}{2}$ l klare Suppe
6 Zehen Knoblauch
Salz, Pfeffer, Majoran,
Kümmel, Öl, Essig

Zubereitung

Erdäpfel schälen, in 3–4 cm große Stücke schneiden. Wurst zuerst in $\frac{1}{2}$ cm dicke Scheiben und dann in gleich große Stücke schneiden. Zwiebeln schälen, halbieren und in $\frac{1}{2}$ cm dicke Scheiben schneiden. Wurststücke in wenig Öl anschwitzen, Zwiebel zugeben und goldgelb rösten. Zwiebel vom Feuer nehmen und ein wenig abkühlen lassen.
Paprikapulver einrühren, mit einem Schuß Essig ablöschen und mit Suppe aufgießen. Gulaschansatz aufkochen, Erdäpfel zugeben und mit Salz, Pfeffer, Majoran, gemahlenem Kümmel und zerdrücktem Knoblauch würzen. Gulasch auf kleiner Flamme so lange köcheln, bis die Erdäpfel weich sind (dauert ca. $\frac{1}{2}$ Stunde).

Tip

Eine besondere geschmackliche Note erhält das Erdäpfelgulasch, wenn man zum Anbraten des Zwiebels Schmalz verwendet. Zur Abrundung kann man auch zwei Lorbeerblätter im Ansatz mitkochen und vor dem Servieren entfernen.

Schweinsbraten

Zutaten für 5 Portionen

Ca. 3/4 kg ausgelöstes Schweinskarree (am besten mit Schwarte)
8 Zehen Knoblauch
3/8 l klare Suppe
1/4 l Bier
Salz, Pfeffer, Kümmel, Öl

Zubereitung

Backrohr auf 200° C vorheizen. Ca. 3 cm hoch Wasser in eine Pfanne füllen und auf dem Herd zum Kochen bringen. Karree mit der Schwarte nach unten einlegen, ca. 1 Minute kochen, mit kaltem Wasser abspülen und mit einem Küchentuch trockentupfen.
Fleisch mit Salz, Pfeffer, Kümmel und zerdrücktem Knoblauch würzen.
Schwarte in wenig Öl anbraten, Fleisch wenden und im vorgeheizten Rohr (mittlere Einschubschiene/Gitterrost) ca. 1 Stunde braten.
Während des Bratens öfter mit ein wenig Suppe und Bier untergießen.
Fleisch mit einer zweizinkigen Gabel anstechen. Sobald klarer Saft austritt, ist der Braten gar. Fleisch vor dem Anschneiden einige Minuten rasten lassen.
Bratrückstand mit restlicher Suppe und Bier aufgießen und aufkochen. Saft durch ein Sieb gießen.
Schweinsbraten in Scheiben schneiden und mit dem Saft anrichten.

Speck-Krautsalat

Von 1 kg Kraut den Strunk ausschneiden und das Kraut in feine Streifen schneiden. 1 Zwiebel schälen und fein hacken. 1/4 kg Frühstücksspeck zuerst in Scheiben und dann kleinwürfelig schneiden. Zwiebel und Speck in 2 EL Schmalz anschwitzen, Kraut zugeben, mit 4 EL Essig ablöschen und mit ca. 1/4 l klarer Suppe aufgießen. Kraut mit Salz, Pfeffer und 1 EL Kümmel würzen und zugedeckt ca. 8 Minuten dünsten, vom Feuer nehmen und ziehen lassen. Vor dem Servieren 1 EL gehackte Petersilie untermischen.

Tip

Besonders appetitlich sieht der Schweinsbraten aus, wenn man die Schwarte vor dem Braten mit einem scharfen Messer kreuzweise einschneidet.

Semmelknödel

1 Zwiebel schälen, fein hacken und in 2 EL Öl anbraten. Zwiebel vom Feuer nehmen, mit 1 EL gehackter Petersilie und 30 dag Semmelwürfel (getrocknet) vermischen. 3 Eier und 1/8 l Milch gut versprudeln und mit Salz, Pfeffer, geriebener Muskatnuß würzen. Eiermilch über die Semmelwürfel gießen und 8 dag glattes Mehl zugeben. Knödelmasse gut durchmischen und ca. 1/4 Stunde ziehen lassen. Aus der Masse gleich große Knödel formen und in kochendes Salzwasser legen. Hitze reduzieren und die Knödel zugedeckt im schwach wallenden Wasser 10 Minuten garziehen lassen.

Tip

Anstelle von Schweinskarree kann man natürlich auch den traditionellen Schopfbraten für die Zubereitung von Schweinsbraten verwenden.

Gefüllte Paprika mit Paradeissauce

Zutaten für 4 Portionen

4 mittelgroße Paprika
1/2 l Paradeissauce

Für die Fülle:

1 kleine Stange Lauch
10 dag Champignons
1 Zwiebel
10 dag geschnittener Preßschinken
30 dag Faschiertes
1 Ei
4 dag Semmelbrösel
1 EL gehackte Petersilie
5 Zehen Knoblauch
Salz, Pfeffer, Majoran, Senf, Öl

Zubereitung

Von den Paprika die Kappen wegschneiden und die Kerne entfernen. Paprikaschoten und die Deckel gut auswaschen und in Salzwasser ca. 1 Minute überkochen. Abseihen, abschrecken und gut abtropfen lassen.
Vom Lauch Wurzeln und grüne Blattenden wegschneiden. Lauch der Länge nach aufschneiden, gut waschen.
Champignons putzen, waschen und abtropfen lassen. Zwiebel schälen. Lauch, Champignons, Zwiebel und Schinken kleinwürfelig schneiden. Gemüse-Schinkenmischung in 2 EL Öl anschwitzen und so lange rösten, bis sämtliche austretende Flüssigkeit verdampft ist. Gemüse vom Feuer nehmen und auskühlen lassen. Faschiertes mit Ei, Bröseln, Petersilie und dem Gemüse gut vermischen. Mit Salz, Pfeffer, Majoran, 1 TL Senf und zerdrücktem Knoblauch würzen. Paprika mit der Masse füllen und mit den Deckeln verschließen. Mit der Öffnung nach oben dicht nebeneinander in einen Kochtopf setzen. Mit Paradeissauce untergießen und zugedeckt bei mittlerer Hitze ca. 1/2 Stunde dünsten.
Als Beilage serviert man Erdäpfel oder Reis.

Krautfleckerln

Zutaten für 4 Portionen

3/4 kg Weißkraut
1/4 kg Teig-Fleckerln
1 Zwiebel
10 dag Frühstücksspeck
10 dag Schweineschmalz
1/4 l klare Suppe
1 EL gehackte Petersilie
Salz, Pfeffer, Kümmel, Zucker

Zubereitung

Kraut putzen und den Strunk ausschneiden. Kraut in ca. 1 1/2 cm große Würfel schneiden, salzen, gut vermischen und ca. 10 Minuten ziehen lassen. Inzwischen Fleckerln in Salzwasser bißfest kochen, abseihen, abschrecken und gut abtropfen lassen. Zwiebel schälen. Zwiebel und Speck kleinwürfelig schneiden und in Schmalz anschwitzen.
1 EL Zucker untermischen und bis zur leichten Braunfärbung mitrösten.
Gut ausgedrücktes Kraut zugeben, mit Suppe aufgießen und mit Salz, Pfeffer und gemahlenem Kümmel würzen. Kraut zugedeckt weichdünsten. Gegen Ende der Garzeit Fleckerln und Petersilie untermischen.

Faschiertes Butterschnitzel

Zutaten für 5 Portionen

$^3/_4$ kg Kalbs-Faschiertes
(am besten von der Schulter)
2 Eier
10 dag Semmelbrösel
$^1/_{16}$ l Kaffeeobers
Salz, Pfeffer, Muskatnuß,
Öl, Butter

Zubereitung

Faschiertes mit Eiern und Bröseln gut vermengen und mit Salz, Pfeffer und geriebener Muskatnuß würzen. Zum Schluß das Obers untermischen. Aus der Masse fünf gleich große, ovale, ca. 1 cm hohe Schnitzel formen und in wenig heißem Öl beidseitig auf kleiner Flamme braten. Gegen Ende der Garzeit ein wenig Butter zugeben und die Butterschnitzel unter öfterem Begießen fertigbraten.

Als Beilage serviert man Erbsenreis (Risipisi).

Dazu empfiehlt sich

CHAMPIGNONSAUCE

30 dag Champignons putzen, waschen und je nach Größe vierteln oder sechsteln.
1 kleine Zwiebel schälen, kleinwürfelig schneiden und in 1 EL Butter anschwitzen.
Champignons zugeben, mit einem Schuß Weißwein und $^1/_8$ l klarer Suppe aufgießen. Flüssigkeit wenig einkochen.
$^1/_4$ l Schlagobers zugießen und die Sauce cremig einkochen. Champignonsauce mit Salz, Pfeffer und Zitronensaft würzen. Vor dem Servieren eventuell 1 EL gehackte Kräuter untermischen.

Reisfleisch

Zutaten für 4 Portionen

$^3/_4$ kg Schweinsschulter
2 Zwiebeln
15 dag Frühstücksspeck
1 EL scharfes Paprikapulver
1 EL Paradeismark
2 Zehen Knoblauch
30 dag Langkornreis
2 EL geriebener Käse
Salz, Pfeffer, Kümmel, Öl

Zubereitung

Fleisch zuputzen und in ca. 2 cm große Würfel schneiden. Zwiebeln schälen und fein hacken. Speck kleinwürfelig schneiden. Fleisch in ca. 4 EL Öl rundum anbraten, herausheben und beiseite stellen.
Im Bratrückstand Zwiebel und Speck goldgelb rösten. Hitze reduzieren, Paprikapulver und Paradeismark einrühren, sofort mit $^1/_4$ l Wasser aufgießen und gut verrühren.
Fleisch zugeben und mit Salz, Pfeffer, zerdrücktem Knoblauch und Kümmel würzen. Ragout auf kleiner Flamme ca. 8 Minuten köcheln.
Reis zugeben, mit 0,4 l Wasser aufgießen, gut verrühren und zugedeckt ca. 20 Minuten weichdünsten.
Zum Servieren Reisfleisch in nasse Schöpfer drücken, auf Teller stürzen und mit Reibkäse bestreuen.
Als Beilage serviert man eine Paprikasauce und Salat.

Tip

Besonders appetitlich sieht das Reisfleisch aus, wenn man es zusätzlich mit kurz überkochten Paprikawürfeln vermischt.

Fleisch-Knödel

Zutaten für 16 Knödel

Für den Teig:
½ kg griffiges Mehl
0,3 l Wasser
2 EL Öl

Für die Fülle:
40 dag gekochtes Selchfleisch
40 dag Braunschweiger Wurst
1 Zwiebel
2 EL gehackte Kräuter
3 Zehen Knoblauch
Salz, Pfeffer, Majoran

Zubereitung

Mehl, Wasser, Öl und eine Prise Salz zu einem glatten Teig verarbeiten. Teig zu einer Rolle formen, in Klarsichtfolie wickeln und ca. ½ Stunde rasten lassen. Für die Fülle Fleisch und Wurst in kleine Stücke schneiden und faschieren. Zwiebel schälen und fein hacken. Fleisch- Wurstmischung mit Zwiebel und Kräutern vermischen und mit Salz, Pfeffer, Majoran und zerdrücktem Knoblauch würzen. Aus der Masse für die Fülle ca. 5 dag schwere Kugeln formen.
Vom Teig gleich große Scheiben abschneiden, mit Fülle belegen und zu glatten Knödeln drehen. Salzwasser aufkochen, Knödel einlegen und auf kleiner Flamme ca. 12 Minuten köcheln lassen. Knödel mit Siebschöpfer herausheben und gut abtropfen lassen. Als Beilage serviert man Sauerkraut.

Tip

Ungekochte Fleisch-Knödel kann man gut einfrieren. Dazu die Knödel auf ein gut bemehltes Brettchen (sollte in das Tiefkühlfach passen) setzen und im Tiefkühlfach anfrieren. Danach in Tiefkühlsäckchen geben, gut verschließen und im Tiefkühlfach aufbewahren.

Tip

Fleisch-Knödel eignen sich auch bestens als Einlage in einer klaren Suppe.

Leberknödel-suppe

Zutaten für 6 Portionen

Ca. 1 ½ l klare Rindsuppe
1 Bund Schnittlauch

Für die Knödel:
½ Zwiebel
1 EL gehackte Petersilie
4 Scheiben altbackenes Toastbrot
15 dag Rindsleber
2 Eier
3 Zehen Knoblauch
Salz, Pfeffer, Majoran, Öl

Zubereitung

Zwiebel schälen, kleinwürfelig schneiden und in wenig Öl anschwitzen. Petersilie zugeben und vom Feuer nehmen. Auskühlen lassen. Toastbrot kleinwürfelig schneiden und in einem elektrischen Zerkleinerer (Cutter) feinst zerkleinern (ersatzweise auf einer Küchenreibe raspeln). Leber in kleine Stücke schneiden und im Cutter in zwei Arbeitsgängen feinst pürieren (ersatzweise feinst faschieren). In eine Schüssel füllen und mit 1 ganzen Ei und 1 Dotter vermengen. Ausgekühlte Zwiebelmischung einrühren und die Masse mit Salz, Pfeffer, Majoran und zerdrücktem Knoblauch würzen. Weißbrot in die Lebermasse rühren und ca. ½ Stunde im Kühlschrank rasten lassen. Inzwischen Salzwasser aufkochen. Sollte die Lebermasse zu weich sein, ein wenig Semmelbrösel untermischen. Gleich große Knödel formen, ins kochende Wasser legen und auf mittlerer Flamme ca. 10 Minuten köcheln lassen.
Vor dem Servieren Schnittlauch fein schneiden. Suppe aufkochen und in Tassen schöpfen. Knödel einlegen und die Suppe mit Schnittlauch bestreut servieren.

Torten-Tempel Demel

6.
Die weitgereisten Mehlspeisen

Ganz einfach ist das mit den Wiener Mehlspeisen. Mit den Marillenknödeln zum Beispiel. Man braucht dafür nur saftige Marillen, guten Erdäpfelteig, Wasser zum Kochen, Butter, Brösel und Zucker. Nur - wenn man es genau nimmt - war ziemlich viel Weltgeschichte nötig, damit die Marillen aus China, die Erdäpfel aus Westindien und der Zucker aus dem Golf von Bengalen in Wien ankamen. Und dann mußte noch jene böhmisch-wienerische Köchin mit der byzantinischen Seele geboren werden, die aus all diesen weit hergeholten Grundstoffen Marillenknödel formte.

Von all den kosmopolitischen Gerichten, die in Wien Wurzeln schlugen, sind die Mehlspeisen am weitesten angereist. Und am spätesten angekommen. So wie wir sie heute kennen und mögen, gibt es sie erst seit knapp 200, manche erst seit 150 Jahren. Weil ihr wichtigster Bestandteil, der Zucker, erst seit dieser Zeit einer größeren Bevölkerungsschicht zugänglich ist. Um 1770 betrug der jährliche Zuckerverbrauch in Österreich ein Viertel Kilo, in Wien allerdings schon zwei Kilo. Heute liegt er bei rund dreißig Kilo.

Zucker war durch Jahrhunderte ein höchst elitäres und exotisches Produkt. Es kam aus Tausendundeiner Nacht und wurde auch in Europa noch sehr lange Zeit in orientalischer Üppigkeit dargeboten.

In Indien wuchs das süße Rohr. Die Perser entdeckten, wie man seinen Saft raffiniert und gaben ihm die Bezeichnung Kand, die heute noch in Kanditen weiterlebt. Konditor hingegen leitet sich vom lateinischen Wort condire - zubereiten - ab.

Die Orientalen liebten den Zucker - er ersetzte ihnen den im Islam verbotenen Alkohol. Daß man auch nach Zucker süchtig werden kann, entdeckten moderne Ernährungswissenschaftler.

Zucker schmeckt nicht nur gut, er ist auch bildsam. Mit Hilfe von Tragant, dem gummiartigen Saft der Astragal-Pflanze, lassen sich aus ihm dekorative Gebilde formen, die festliche Tafeln schmückten. Die Tische orientalischer Fürsten bogen sich geradezu unter der Last spektakulärer Zuckerkonstruktionen. Für das Beschneidungsfest eines türkischen Prinzen schufen Zuckerarchitekten einen Tiergarten mit 19 Leoparden, 17 Löwen, 9 Elefanten, 25 Geiern, Bäumen, Springbrunnen und Vögeln - so schwer, daß ihn 12 Athleten schleppen mußten.

Für eine Festtafel des Kalifen al-Zahir wurden im 11. Jahrhundert 73 000 Kilo Zucker verbraucht, an denen allerdings das Volk und die Bettler mitnaschen durften.

Als der Zucker in Europa auftauchte, hatte er genau jenes Flair, auf das die Snobs aller Zeiten begeistert reagierten:

Er war exotisch, rar und teuer, und er eignete sich zur neiderweckenden Präsentation. Daß er nach unserem Begriff gut schmeckt, war eine zusätzliche Erkenntnis. Im Mittelalter wurde, ohne daß jemandem etwas abging, viel weniger süß gegessen. Honig schmeckt weniger intensiv und wurde auch relativ sparsam verwendet. »In der Karibik gab es die Gewohnheit, Senf in den Kaffee zu geben. Und würzte man in Nordskandinavien den Kaffee nicht mit Salz statt mit Zucker? Man kann Bier zuckern oder bitter machen und Butterbrote gesalzen oder gezuckert essen. Kaffee, Tee und Schokolade kamen zu einer Zeit als Getränk der europäischen Oberschichten in Gebrauch, als die reichliche Verwendung von Zucker höchsten Prestigewert besaß«, schreibt der Wiener Wirtschaftssoziologe Roman Sandgruber in seinem lesenswerten Buch »Bittersüße Genüsse«.

Zucker kam zunächst erst in kleinen Mengen in den Westen. Das Zuckerrohr verbreitete sich zwar auch in den südlichen Mittelmeerländern, aber industriell konnte es erst vermarktet werden, als Christoph Kolumbus Westindien entdeckte. Im feuchtheißen Klima gedieh das »Indische Rohr« hervorragend. Zucker wurde zum ersten Industrieprodukt der Neuzeit. Und zum Auslöser des organisierten Sklavenhandels. Schiffsladungen junger kräftiger Afrikaner wurden auf die Westindischen Inseln gebracht, um eine Arbeit zu tun, die sonst niemand zu leisten vermochte. Die bis zu acht Meter hohen Rohre mußten geschnitten, in die Mühle gebracht, zerkleinert und bei Raumtemperaturen bis zu 60 Grad Celsius raffiniert werden. Die Zuckerarbeiter waren schlecht ernährt, meist bekamen sie statt ihres Lohns Rum, den sie verkaufen sollten. Daß sie ihn oft selbst tranken, um ihr Los zu vergessen, beschleunigte ihren Untergang. »Es gibt kein Faß Zucker, an dem nicht Blut klebt«, schrieb der Dominikaner Jean Baptiste Labat. Auf den Plantagen rechnete man mit einem toten Sklaven auf zwei Tonnen Zucker.

Aber diese Hintergründe des Prestigeprodukts Zucker kannten nur wenige, und die machten sich keine Gedanken darüber. Erst Anfang des 19. Jahrhunderts entstand ein Bewußtsein für diese menschenverachtende Produktionsweise. Eine englische Porzellanfabrik warb für ihre Zuckerdosen mit dem Hinweis auf indischen Zucker: »Er wird nicht von Sklaven gemacht!«

Die ersten Europäer, die den Zucker als Teil der Erlebnisgastronomie entdeckten, waren die Venezianer. Ihr Reichtum stammte zum größten Teil aus dem Handel mit dem Orient, Byzanz war ihr wichtigster Partner – bis sie es sinnlos zerstörten. Dogen und Patrizier schmückten ihre Tafeln zuerst mit Landschaften, allegorischen Szenen, Tempeln und Burgen aus Zucker und Tragant. In späteren Jahrhunderten ersetzten Tafelaufsätze aus Porzellan die Zuckergebilde – die Motive blieben gleich.

Die Cornaro, eine Patrizierfamilie, der auch Catarina, die Königin von Zypern, entstammte, wurden durch den Zuckerhandel schwerreich. Ihre Abnehmer waren europäische Fürstenhäuser, zu deren

Hofpersonal bald auch die Zuckerbossierer gehörten, Künstler mit leichten Händen, die bezaubernde Gebilde aus dem leicht vergänglichen Material schufen.

Zu den reichsten und kultiviertesten Höfen Europas gehörte im ausgehenden Mittelalter das Herzogtum Burgund. Seine Repräsentanten förderten den Handel und die schönen Künste. Brügge war Burgunds dynamischer Hafen, ein frequentierter Verkehrsweg führte von Venedig über Augsburg nach Brügge.

Konfektaufsatz für Kaiser Maximilian von Mexiko, Herend 1864/65

Große Maler wie Jan van Eyck oder Hans Memling malten den Burgundern nicht nur Bilder und Altäre mit den elegantesten Engeln, die man sich nur vorstellen kann, in Samt, Damast und Brokat gekleidet. Sie inszenierten auch die Feste der Herzöge und entwarfen ihr Tafeldekor. Der Hof von Dijon, der mit allen Luxusgütern der Welt versorgt war, verfiel in einen wahren Zuckertaumel.

Früchte und Gewürze wurden kunstvoll kandiert und verziert, der berühmte Burgunderwein nach der Mode der Zeit mit Ingwer und Zucker gewürzt.

In dieses Schlemmerland geriet der gerade achtzehnjährige österreichische Erzherzog Maximilian, als er um Maria von Burgund, die Tochter Karls des Kühnen, warb. Er kam aus der denkbar kargen Hofhaltung der Burg von Wiener Neustadt, wo er als Sohn Friedrichs III. aufgewachsen war. Den Vater umgab die Aura des Versagers, er konnte sich gegen den Ungarnkönig Matthias Corvinus nicht durchsetzen, er galt als Zauderer und Kleinkrämer, der sich aus Luxus nichts machte. Maximilians Mutter, die portugiesische Prinzessin Eleonore, die von einem hellen, heiteren Hof kam, fühlte sich in Wiener Neustadt wie in der Verbannung. Auf Maximilian mußtc daher der Glanz Burgunds, der auch auf seine schöne junge Braut zurückstrahlte, wie die Einlösung eines Versprechens aus Kindertagen gewirkt haben.

Als Maximilian nach Österreich zurückkehrte, befanden sich Künstler aller Art in seinem Gefolge, darunter auch die unvergleichlichen »Zuggermacher« von Dijon. Sie haben der Eßkultur der Habsburger eine neue Richtung gegeben und auf dem Umweg über die Hofküche schließlich auch den bürgerlichen Geschmack geformt.

Auch Maximilians Enkel, Ferdinand I., hielt viel von Süßigkeiten. Er holte Zuckerkünstler aus den Niederlanden und Spanien, wo er seine Kindheit verbracht hatte, an den Wiener Hof.

Bis Ende des 16. Jahrhunderts war Zucker die Handelsware der Apotheker. Sie verwendeten ihn, um bittere Pillen und schaurige Tränke schmackhafter zu machen. Neben Kräutern und Wurzeln wurden bis zur Aufklärung recht scheußliche Dinge ohne ersichtliche medizinische Wirkung verabreicht. Menschenfleischextrakt zum Beispiel für das Wundermittel Theriak, das gegen alle Krankheiten wirken sollte. Angeblich wurden Mumienteile dafür verwendet, man munkelte auch von heimlich abgeschnittenen Erhängten, dann wieder von harmlosen Hasen und Karnickeln, die den Menschenfresserkult unter dem Deckmantel der Wissenschaft am Leben erhielten. Fleisch wurde mit Baldrian und Natternwurz, Bibergeil, Kampfer, Safran, Wacholderöl und reichlich Zucker gemischt. Auch Husten- und Purgiersäfte, Magenelixiere und Gallentränke wurden mit Zucker bekömmlicher gemacht. Und es gab Zucker-Rosath, ein Fondant mit Rosenwasser, das wohl eher das Naschbedürfnis gestillt, als das »Engegefühl in der Brust« geheilt haben wird.

Die Apotheker erkannten, daß ihre Geschäfte florierten, wenn sie ihren teuren Süßigkeiten medizinische Wirkung zuschrieben. Eingebildete Kranke waren immer gute Kunden. Lange Zeit genossen die Apotheken für ihre Geschäfte auch höchste Protektion. Bereits 1432 hatte Herzog Albrecht V. verfügt, daß kein ausländisches Konfekt nach Wien gebracht werden dürfe, damit den Apothekern kein Schaden entstünde. Aber am Ende der Renaissance öffneten die ersten Zuckerbäcker Wiens ihre Läden. Kandierte Früchte, Marzipan, Husten-Zelten, Rosoglio-Likör, Dinge, die bisher nur aristokratische Tische geziert hatten, wurden nun den wohlhabenden Bürgern zugänglich. Und damit auch das Vorrecht auf ewig schmerzende Zähne, wie sie der Konfektliebhaber Leopold I. hatte – oder schwarze Stummel, wie sie Elisabeth I. von England besaß.

Die Zuckerbäcker hatten jedoch eine Einschränkung zu beachten: Sie durften kein Mehl verwenden. Es ist nur eine Vermutung, aber sie ist nicht ganz von der Hand zu weisen: Vielleicht wurden die Wiener Mehlspeisen so leicht und fein,

Zuckerbäcker-Küche. Stich aus dem Jahre 1694

weil die Zuckerbäcker diese Regel zwar durchbrachen, aber nur sehr, sehr vorsichtig. Mehl ist bei einer guten Mehlspeise die kleinste Zutat.

Auf die Dauer ließen sich jedoch Mehl und Zucker nicht auseinanderhalten.

Die Krapfen- und Beugelbäcker entdeckten, daß sie auf den bisher üblichen Honig verzichten konnten. Und die Zuckerbäcker wollten ihr Repertoire mit feinen Torten und Kuchen erweitern. Zu ihrem Berufsbild gehörte aber noch lange Zeit die Kunst des Bossierens, die Bildhauerei aus Zucker. Speziell im Biedermeier gedieh sie ganz üppig und auf eine witzige, zeitbezogene Weise. Der Konditor Höfelmeyer war berühmt dafür, daß er aus Zucker und Tragant populäre Schauspieler in ihren besten Rollen und modebewußte Damen in ihren schönsten Roben nachbildete – die Seitenblicke einer behäbigen Zeit gingen in die Auslage des Konditors, wenn man wissen wollte, was es Neues bei den »schönen Leuten« gab. Die Zuckerkünstler sorgten aber auch dafür, daß man sich innerhalb der guten Gesellschaft, zu der immer mehr reiche Bürger gehörten, feudale Geschenke machen konnte. So wurde als Neujahrsgabe 1804 ein »Verwunschenes Zauberschloß« angeboten, eine Zuckerburg mit Türmen und Zinnen, Zauberern und Burgfräulein, »Mandoletten, Biskuits, Krapfen und Schinken zur Restaurierung des Magens«, dazu kleine Flaschen mit Malaga, Tokaier, Grinzinger. Bereits 1581 hatte der fürstliche Mundkoch Max Rumpolt in seinem Kochbuch ein »Schloß, gemacht von Zucker und alles darein, was in ein Schloß gehört« beschrieben. Nun war es auch für Bürger erreichbar geworden.

Die Zuckerbäcker machten Karriere – nicht nur in ihren eigenen Läden, sie belieferten Unterhaltungslokale, Ballsäle und ließen die »Bacherey-Feen« mit ihrem Korb süßer Sachen von einem Heurigen zum anderen gehen. Manchmal begegnet einem heute noch bei den Heurigen in Perchtoldsdorf ein Mann, der aus seinem Korb in Schokolade getunkte Früchte verkauft.

Auch in den Altwiener Weinkellern gab es ein reiches Angebot an Zuckerbäckerwaren. Einer, der es besonders gut verstand, sein Publikum kulinarisch und künstlerisch zu unterhalten, war der Hoftraiteur Jahn, in dessen Lokal in der Himmelpfortgasse Soireen und Bälle stattfanden. Jahn war für seine Torten berühmt, die er in kunstvoller Arbeit zu Triumphpforten formte. Während seiner üppigen Bankette ließ er rotlivrierte Tafelmusiker aufspielen. Beethovens Quintett für Fortepiano und vier Bläser wurde hier zwischen Donauwels in Aspik und Orangentorte à la Trajansbogen uraufgeführt.

Die größte Karriere von allen machte ein Wiener Zuckerbäcker, dessen Namen man heute in der ganzen Welt als Schöpfer einer Torte kennt: Franz Sacher. Diese Torte von genial-einfachem Design, die vom optischen Kontrast zwischen dem Schokoladebraun von Teig und Glasur und dem Weiß des Schlagobers lebt und von der Harmonie von flaumig-süßem Teig und der pikanten Marillenmarmelade, gelang ihm mit sechzehn Jahren. Er war damals Kochlehrling im Haus des Fürsten Metternich und sollte für ihn etwas ganz Besonderes komponieren. Das Rezept seiner Torte begleitete ihn durch einige aristokratische Häuser und schließlich ins »Adelige Casino« von Preßburg, wo er Küchenchef war. Der Erfolg seiner Kreation ermöglichte es ihm, sich selbständig zu machen. Er eröffnete in der Wiener Weihburggasse ein Traiteurgeschäft, wo es den besten Kaviar, die frischesten Austern, die edelsten Weine gab. Und – Sachertorte. Franz Sacher war das, was man heute als Caterer bezeichnen würde – er richtete große Essen außer Haus aus. Und verstand es dabei immer wieder, seine Torte als Höhepunkt eines Essens zu präsentieren.

Die edle Mehlspeis wurde schließlich zum Fundament einer Familienkarriere. Sein Sohn Eduard gründete gleich hinter der Oper das Hotel Sacher, das zum Anziehungspunkt für Aristokraten, Magnaten, die große Halbwelt und das selbstbewußte Großbürgertum wurde.

Das Sacher hatte seine Zeit in der Endphase der Monarchie, und es ging der Familie verloren, als die Gesellschaft dieser Zeit abtreten mußte. Der letzte Sachererbe fand mit dem berühmten Rezept Zuflucht in der Konditorei Demel und verursachte damit einen über Jahrzehnte dauernden Rechtsstreit um die Bezeichnung »Original-Sachertorte«. Die neuen Besitzer des Sacher reklamierten sie für sich, beim Demel wähnte man sich auch im Recht, war doch die Sachertorte im Original immer mit der Marillenmarmelade unter der Glasur hergestellt worden – wie im Demel – und nicht in der Mitte – wie jetzt im Sacher. Ein endloser Rechtsstreit ernährte die Anwälte, brachte Richter zur Verzweiflung und amüsierte das Publikum dieses Spektakels. Das Hotel Sacher bekam recht, der Demel erzeugt aber noch immer Sachertorte, die Wiener Feinspitze sind geteilter Meinung, und die österreichische Literatur wurde um ein köstliches Essay von Friedrich Torberg reicher: »Sacher und Wider-Sacher«. Darin ergreift er ganz eindeutig Partei für die Demel-Sachertorte. Aus rein logischen Gründen, betont er, wirklich ganz objektiv. Weil ihm Sachertorte nämlich in keiner Fasson schmeckte.

Es ist kein Zufall, daß zur Zeit, als die Sachertorte erfunden wurde, also zu Anfang des 19. Jahrhunderts, auch noch andere Hochleistungen der Konditorkunst erfolgten. Schokolade, die im Barock nur getrunken wurde, wird plötzlich als sehr brauchbare Zutat feiner Cremes, Glasuren und Teige entdeckt.

Davon profitieren nicht nur die fürstlichen Köche, sondern auch die Zuckerbäcker, die sich auf eine besondere Spezialität konzentrieren: auf das Eis. Wieder einmal hatte eine chinesische Erfindung Wien erreicht und einen wahren Kult verursacht.

Die Chinesen hatten nicht nur den Einfall gehabt, Früchte mit Schnee zu verbinden, sie erfanden auch die erste Intensivkühlung, indem sie Schnee mit Salpeter mischten. Marco Polo soll das Rezept dafür nach Venedig gebracht haben. Unabhängig von ihm begannen die Neapolitaner damit, zuckrigen Fruchtschnee zu fabrizieren. Mit den Arabern war ein köstlich kühlendes Gericht nach Europa gekommen, das sich Sherbet, später dann Sorbet nannte, ein Wassereis mit Früchten, das, zwischen den vielen Gängen gegessen, Erfrischung und Erleichterung verschaffte. Die italienischen Cafetiers brachten diese Mode nach Wien, und sie wurde begeistert aufgenommen. Süß und kalt, und das im Sommer: Sorbets wurden eine wahre Sensation. Die sinnlich aufgeladene Atmosphäre des Wiener Rokoko mit ihrer Mischung aus Libertinage und Keuschheitskommission bot den richtigen Nährboden für eine Delikatesse, die soviel erotische Assoziationen heraufbeschwor. Wer sie nicht selbst entdeckte, dem wurde sie von wetternden Asketen nahegebracht.

Eis und Sorbet waren ein beliebtes Produkt mondäner Cafés. Einer, der es mit den erfolgreichen Italienern aufnehmen wollte, war Ludwig Dehne, der 1785 am Michaelerplatz, vis-à-vis vom alten Hofburgtheater, seinen Gefrorenen-Salon eröffnete. Im eleganten Haus des Herzogs von Arenberg, in nächster Nähe der Hofburg und der Adelspalais von Kohlmarkt und Herrengasse. Die Klientel war höchst anspruchsvoll, doch der Salon blühte – während der Kongreßzeit sammelte sich ein internationales Publikum in den Dehne-Salons. Der Sohn des Firmengründers machte sich einen Namen als phantasievoller Konditor und durfte sich Hoflieferant nennen. Eine große Auszeichnung, schließlich beschäftigte die Hofküche selbst ausgezeichnete Zuckerbäcker. Dehne bekam auch das Monopol auf das Burgtheaterbuffet, für das er die berühmten Burgtheaterkrapferln erfand. Sie bestanden aus mürbem Linzerteig, und erst einer von Dehnes Nachfolgern verriet, daß sie eigentlich die geniale Restlverwertung eines erlesenen Materials waren. Die gaumenbetörenden Mehlspeisen waren ein wichtiger Teil des Theatererlebnisses. Und zur Unterhaltung gehörte natürlich auch der Gaumenschmaus.

Daß einer der »Numeros«, wie die Buffetverkäufer genannt wurden, Ferdinand Raimund war, der auf diese Weise als junger Mensch dem Theater nahe sein wollte, ist auch ein kleines, sehr wienerisches Spektakel. In Livree, mit federgeschmücktem Tschako, balancierte er sein Tablett mit Mehlspeis, Limonaden und Mandelmilch durch die Menge, mit einer Nummer, die ihn von den anderen Verkäufern unterschied.

Er blieb nur kurz eine Nummer unter vielen und verabschiedete sich bald in Richtung Vorstadtbühne, wo er als Schauspieler engagiert wurde. Vorher beendete er seine Arbeit beim Zuckerbäcker pflichtbewußt: Wie aufgetragen, vergoldete er noch dreißig Nüsse. »Diese dreißig Nuß sind meine letzte Buß«, soll er dazugeschrieben haben.

Ans Burgtheater kam er nicht, weder als Schauspieler noch als Autor – und das hat er sein ganzes Leben nicht verwunden. Der Wiener Literaturkritiker Kurt Kahl hält das für ein Glück: »Unsere Literatur wäre wohl um ein paar zauberhafte Stücke ärmer und etliches falsches Pathos reicher.«

Eisverkäufer, um 1930

Die Konditorei Dehne, die immer gute Beziehungen zu den Schauspielern des Burgtheaters pflegte, wurde zu einer Fortsetzung der Bühne, die von den Wienern auch als Instanz für elegante Umgangsformen verstanden wurde. So wurde bei Sorbet und Rosoglio jener Anschauungsunterricht fortgesetzt, der auch Burgtheaterbesuche so lehrreich machte. »Schau dir die Habsburger an, Pepi«, sagte dort ein theaterbegeisterter Vater seinem Sohn, »so mußt du gehn und stehn, wenn du zum Theater kommst. Kein Mensch kann so stehn wie ein habsburgischer Erzherzog.« Der Pepi lernte seine Lektion und wurde als Josef Kainz ein angebeteter Star des Burgtheaters.

Das Theater und noble Lokale wie der Dehne schlugen Brücken zwischen den streng voneinander getrennten sozialen Schichten Wiens. Nicht nur ihr Publikum frönte dem in Wien so beliebten Zug zum Höheren. Auch die Dehnes selbst begannen ihren sozialen Aufstieg. Ein Sohn wurde Landtagsabgeordneter und Schloßbesitzer, die Töchter heirateten in alteingesessene Patrizierfamilien ein. Und der Vater kaufte in Hütteldorf jene schöngelegenen herrschaftlichen Gründe, die heute noch den Namen Dehnepark tragen.

Aber bei so viel familiärem Höhenflug mußte jemand gefunden werden, der das Zuckerbäckerhandwerk weiterführte. Und das war ein Geselle, der dem Haus den heute noch bestehenden Namen gab: Christoph Demel. Er und seine Söhne bauten die Firma weiter aus. Und als das Burgtheater und auch das alte Dehnehaus am Michaelerplatz abgerissen wurden, übersiedelte die Firma auf den Kohlmarkt 14.

Das Lokal bekam jene wunderbare Einrichtung von Portois und Fix, die heute so gerne fotografiert wird. Auch die riesigen Mischmaschinen, in denen Demel seine eigene Schokolade rührte, überlebten bis in unsere Tage.

Der liebenswürdig distanzierte Ton der Serviererinnen wurde zur akustischen Kennmarke des Unternehmens. Seit jeher sprechen die in strenges Schwarz gekleideten Serviererinnen die Gäste in der dritten Person an. »Haben schon gewählt? Werden noch einen Wunsch haben?«

Ach ja, haben schon gewählt und sind wunschlos glücklich bei Huhn mit Bries, Creme Grenoble und Annatorte, so weich und schmelzend wie für eine Kinderjause in sehr feudalem Haus. Bis in die siebziger Jahre gab es noch jene Tortentempelhüterinnen, die mit liebevoller Gouvernantenstrenge über demelgerechte Artigkeit wachten. »Sind ungeduldig? Bei uns haben schon Erzherzöge gewartet.«

Und um wieviel eher noch Gäste, die sich ganz anders benahmen. Die Lust am Epochenverschleppen, die in Wien so hoch entwickelt ist, feierte im Demel melancholische Feste. Das Ende der Monarchie erschütterte die Kathedrale des guten Wiener Geschmacks in ihren Grundfesten, aber es zerstörte sie nicht. Unerschütterlich bewies der Demel seine Loyalität zum nicht mehr bestehenden Kaiserhaus, hätschelte seine verarmten Repräsentanten und snobbte die Neureichen. Anton Kuh schildert das in einer brillanten Skizze: »Die Servierdamen sind noch immer freundlich, ehrbar und würdig wie Schwestern eines adeligen Damenstifts ... In ihren Gesichtern steht die Bekümmernis über die neue Zeit, die mit Prinzen, Baronen, Lebemännern und alleinstehenden Damen aufzuräumen droht. Was ist die Welt ohne die Annehmlichkeiten des Dienens und Dankens, ohne die beglückende Folie der Nobligkeit, ohne das Jovialitätstrinkgeld aus gräflichem Mund? Die Demel-Fräulein gehören enger und inniger zur Hautevolee als der Xandi Kinsky, der Dolfi Starhemberg und der Tatschkerl Auersperg. Sie tragen auf ihren Blusen unsichtbare Erinnerungsmedaillons an Altösterreich. Das geliebte, unvergeßliche Land findet hier die letzte, kulinarische Ruhestatt.«

Einen Weltkrieg und ein paar Nachkriegsjahre später schrieb Gerhard Bronner die umwerfend komische Kabarettnummer »Pizzi K. und Kato oder die Demelinerinnen«, in der unter anderem Helmut Qualtinger im schwarzen Kleid mit Schürzchen auftrat und sang:

»Wir sind die letzten Hüterinnen
Einer echten Wiener Tradition,
Und wir fungieren hier als
Priesterinnen
Einer fast vergeß'nen Religion ... «

Immer wieder brach eine Welt zusammen, aber eine neue stieg aus der Asche, und ihre Repräsentanten versuchten es – auch dank Demel-Creme du Jour und Fragilités – sich darin ähnlich zu benehmen wie die Vertreter der alten Welt.

Im warmen, geschützten Klima des Demel hielten sich nicht nur nostalgische Etikettevorschriften, sondern auch viele Geschichten, die längst Arabesken der österreichischen Geschichte geworden waren.

In den Antiquitätengeschäften rund um den Graben werden jene köstlichen Cotillon-Geschenke als Trouvaille gehandelt, die einmal zum Demel-Alltag gehört hatten. Jedes Jahr wurden hier für den Ball bei Hof und für den Hofball jene Zuckerln gemacht, die den Gästen auch als Geschenk mitgegeben wurden. Als Damen-

Eine der phantasievollen Schaufensterdekorationen des Café Demel

spende wurden sie in Miniatur-Helme, -Tschakos und -Dreispitze gefüllt, die von August Klein, Ritter von Ehrenwalten, als Nachbildung militärischer Kopfbedeckungen entworfen wurden. Auch der ständige Kontakt zum Hof hinderte Karl Demel nicht, jedesmal in ein hitziges Nervenfieber zu verfallen, wenn er vor Weihnachten in die Hofburg beordert wurde, damit der alte Kaiser seine süßen Geschenke bei ihm bestellen konnte.

Demel war auf seine Weise auch in die kirchlichen Feste eingebunden. Nach der Fronleichnamsprozession traf sich die Wiener Gesellschaft hier bei Jourweckerln mit Ganslebermousse und Sherry. Und der Pfarrer von St. Michael bekam traditionsgemäß eine besonders schöne Torte. Die Prominenz hatte ihre Stammtische – die Fürstin Pauline Metternich ebenso wie Katharina Schratt. Aber auch die gesellschaftlich akzeptierten Lebedamen hatten ihren »Kokottentisch«, an dem sie strahlend ihre Erfolgstrophäen – die neuesten Pariser Roben und kostbaren Schmuck – präsentierten und von den Aristokratinnen mit schrägem Blick gemustert wurden, wie Federico Berzeviczy-Pallavicini, der schillerndste und amüsanteste Demel-Besitzer, in seinen Erinnerungen erzählt. Der international anerkannte Designer, Schüler von Josef Hoffmann und Eduard Wimmer, heiratete in den dreißiger Jahren in die Demeldynastie ein. Sieben Jahre führte er das Haus allein. Ihm sind unzählige kleine und große Entwürfe zu danken, die aus dem Demel auch optisch ein Juwel machen. In seiner Ära gab es Schaufensterinszenierungen von nie wieder erreichtem Charme und Witz. Er ließ kokette Christkindln auf goldenen Hutschpferden reiten und ein paillettenschimmerndes Katzentrio aus einer Loge schauen, sein Nikolo trug Ethno-Look, und die mit Fasanen und Wildschweinköpfen gekrönten Pasteten wären einer Renaissancetafel würdig gewesen. In seinem Buch hält er auch den unnachahmlichen privaten Tonfall der Demel-Damen fest, eine Mischung aus handfester Bosheit, sanftem Snob-Appeal und wienerischer Autoritätsgläubigkeit.

Als Federico Berzeviczy den Demel verkaufte, kam das für viele dem neuerlichen Untergang einer Welt gleich.

Aber auch diese Episode ging vorüber, und Traditionalisten hatten es ja gleich gewußt, daß einer wie Udo Proksch, der Schweinehirt als erlernten Beruf angab und auf Kaiserbilder in der Beletage schoß, schließlich kein gutes Ende nehmen konnte. So war es denn auch – wenn auch aus anderen Gründen.

Der Demel hat auch das überlebt. Legenden haben in Wien ein zähes Leben.

Der Demel ist keineswegs die einzige Konditorei, die die Tradition der Zuggermacher weiterträgt. Eine ganze Reihe von ihnen ist mit der Geschichte der Stadt verwachsen. Und immer wieder entzücken sie Künstler und Genies. Nicht nur der Demel, dem Friedrich Torberg in seinem Feuilleton »Urbis conditor – der Stadtzuckerbäcker« huldigt. Auch die Konditorei Gerstner, die im Biedermeier darauf spezialisiert war, reich und köstlich geschmückte Christbäume zu verkaufen, hat einen literarischen Zeugen: Franz Grillparzer. Er bekam 1866 von Frau von Littrow, einer Dame der Gesellschaft, solch einen Baum und bedankte sich auf seine Weise dafür: »Ich saß trübsinnig und einsam in meinem Lehnstuhl. Es hatten mir zwar meine Hausfräuleins einen kleinen Weihnachtsbaum bereits gespendet, welcher freilich durch die Liebe und Anhänglichkeit unschätzbar wurde, aber das war vorbei. Da wird ein Riesenbaum gebracht, behängt mit allen Gütern der Welt. Und

Mein eigenes geprüftes

Kochbuch

vierter und letzter Theil,

enthaltend

eine ganz neue Sammlung der ausgesuchtesten, niedlichsten und besten Speisen: von verschiedenen Gattungen Suppen, Fleischspeisen, Zuspeisen an Fleischtägen, Pasteten, Teigen, Mehl- und Fastenspeisen, Fischen, Köchen, Wandeln, Torten, Backereyen, gesulzten Speisen, Sulzen und Säften.

Eingerichtet

für alle Gattungen der Stände, durchgehends neu, selbst verfaßt, und in Druck herausgegeben

von

Maria Anna Rudisch.

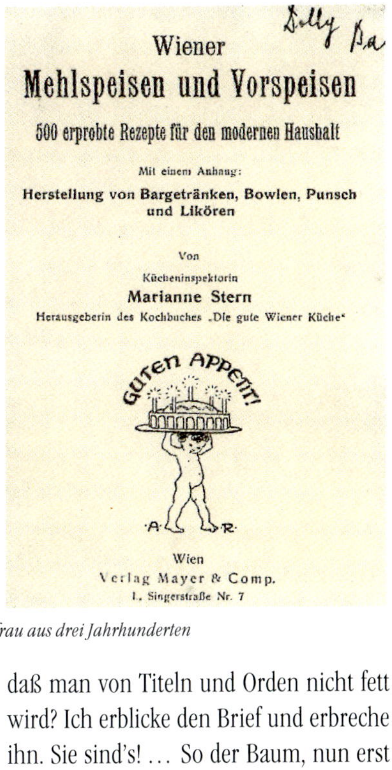

Wiener

Mehlspeisen und Vorspeisen

500 erprobte Rezepte für den modernen Haushalt

Mit einem Anhang:

Herstellung von Bargetränken, Bowlen, Punsch und Likören

Von

Kücheninspektorin

Marianne Stern

Herausgeberin des Kochbuches „Die gute Wiener Küche“

GUTEN APPETIT!

A R

Wien

Verlag Mayer & Comp.

I., Singerstraße Nr. 7

Kochbücher der Wiener Hausfrau aus drei Jahrhunderten

von wem? Sollte es die Austria sein, deren Bild wir täglich auf den Banknoten verehren? Oder der Minister, der eingesehen, daß man von Titeln und Orden nicht fett wird? Ich erblicke den Brief und erbreche ihn. Sie sind's! … So der Baum, nun erst die Früchte: Zuckerwerk, Äpfel, Teebrot, wie es Goethe zu essen pflegte, der mitunter etwas Schlechtes schrieb, aber nie etwas Schlechtes aß ... «

Im 19. Jahrhundert hatten die Wiener Konditoren Weltruf, und einige von ihnen machten auch internationale Karriere: Kranzler in Berlin, Rumpelmayer in Paris.

Wien ist auch heute noch ein ergiebiger Boden für kulinarische Karrieren. Die Neigung, Bewährtes zu erhalten, steht der Erneuerung nicht im Weg.

Mit unirdisch leichten, flaumigen Teigen und wolkenzarten Cremes revolutionierte der Konditor Karl Schuhmacher die Patissierkunst unserer Zeit. Daß er sein Talent im Umkreis einer neu entdeckten Heilquelle in Oberlaa entfaltete, schließt an den guten Brauch an, ein heilsames Bad mit kulinarischen Wonnen zu beschließen. Schuhmacher, der sich vor kurzem in den Ruhestand zurückzog, hat sein Können an unzählige junge Zuckerbäcker weitergegeben, einige davon führen die Kurkonditorei Oberlaa, die längst auch ein Stadtquartier hat, weiter. Und wer darüber lacht, daß man in Wien zur Kur in eine Konditorei gehen kann, der soll erst einmal probieren, welche selentherapeutische Wirkung Schuhmachers Himbeer-Weincreme-Schnitten, mollige Jausenkuchen wie der »Bürgermeister« oder sein Grand-Marnier-Konfekt haben.

Zuckerhutform und Zuckerbrecher, vor 1930

Über zweihundert Jahre gingen die Wiener meist zum Italiener, wenn sie hervorragendes Eis essen wollten. Die Wiener Italiener, die meist aus dem Dolomitengebiet kamen, entwickelten einen eigenen Stil, der oft genug auch in ihrer eigenen Heimat bewundert und kopiert wurde. Zu den bekanntesten Wiener Italienern zählten schon im 18. Jahrhundert die Cafetiers Milani und Tarone, die hervorragendes Eis und Sorbets servierten.

Auch heute gibt es eine ganze Reihe von italienischen Eisdynastien. Und einen Wiener, der als der ungekrönte Eiskönig gilt, Karl Tichy. Seit dreißig Jahren mischt er die immer raffinierter werdenden Eisvariationen. 25 verschiedene Geschmacksrichtungen serviert er in seinem glitzernden Eispalast am Reumannplatz und dazu fünfzig Spezialitäten: Torten, Busserln, Schneebälle und seine berühmten Eismarillenknödel, für die er sogar ein Patent hat.

Alle diese Eismacher und Konditoren sind die Nachfahren feudaler Zuckerkünstler – die Mehlspeisköchinnen, die den wienerischen Alltag mit mollig-süßer Kost begleiten, haben dagegen ihre eigene Geschichte.

Eigentlich ist Napoleon an allem schuld. 1806 blockierte er die englischen Häfen, um die Insel von ihrem Handelsgut abzuschneiden. Aber: »Britannia rules the waves!« – so leicht ließen sich die Briten nicht in ihrem ureigensten Element schlagen. Sie revanchierten sich mit einer Blockade europäischer Häfen, die nun Europa isolierte. Und plötzlich wurde das Leben ziemlich bitter - der Zucker der Antillen blieb draußen, vor der Tür Europas. Ein wahrer Segen für die Zuckergoscherln - sie wußten es nur noch nicht. Denn nun wurde eine alte Erfindung wieder interessant. 1747 hatte der Berliner Apotheker Sigmund Marggraf damit begonnen, aus Runkelrüben Zuk-ker zu gewinnen. Sein Schüler, der Chemiker Franz Achard, setzte das Experiment fort. Es gab sogar eine kleine schlesische Fabrik, die diese Erfindung in die Praxis umsetzte, allerdings ohne großen Erfolg.

Nun dachte man anders. Allerdings nur, bis Napoleon geschlagen war - dann lieferten die bis dahin ausgesperrten Rohrzuckerplantagen zu Dumpingpreisen nach Europa, um das Geschäft wieder anzukurbeln. Erst als sich die Preise in den dreißiger Jahren normalisierten, wurde der Rübenzucker wirtschaftlich genutzt. Im Marchfeld, wo die Runkelrübe gut gedeiht, entstand eine der größten Zuckerraffinerien Europas.

Noch immer wurde der Zucker so gehandelt, wie es die Perser getan hatten: in Hutform. Der harte Kegel mußte mühsam zerschlagen und zerkleinert werden, was immer wieder Verletzungen verursachte. Der Zuckerfabrikant Jakob Christoph Rad, der miterlebte, wie seine Frau blutend an einem Zuckerhut scheiterte, entwickelte 1842 den Würfelzucker. Er war handlich, ließ sich gut portionieren, das Tee- und Kaffeezeremoniell wurde durch ihn attraktiver. Silberschmiede formten hübsche Zuckerzangen. Ein zeitgenössischer Kommentator entdeckte noch einen weiteren Vorteil: Man konnte die Dienstleute besser kontrollieren. Das war die Zeit der mit Schlüssel versperrten Zuckerdosen.

Expeditionshalle in der »Anker«-Brotfabrik, um 1930

Mit der industriellen Verarbeitung sanken die Zuckerpreise und stieg der Verbrauch. Die Konditoren konnten aus dem vollen wirtschaften, aber auch bei den Armen machte der Zucker Karriere, weil nichts so schnell und billig sättigte wie Zucker. Kaffee und Tee, gezuckert und mit Branntwein versetzt, ersetzten so manche Mahlzeit. Der Wirtschaftshistoriker Roman Sandgruber schreibt dazu: »Während Zucker im bäuerlichen Haushalt noch lange ein sparsam verwendetes Gut blieb, gewann er für die Arbeiterhaushalte in mehrfacher Hinsicht Bedeutung als Nahrungsmittel, als Statussymbol, wenn auch innerhalb eines höchst beschränkten Warenkorbs, und als stimulierendes Genußmittel, das im langen, monotonen Arbeitsalltag willkommene Unterbrechung brachte: das Zuckernaschen, von Außenstehenden vielfach als Verschwendung mißverstanden, wurde zur zeittötenden Droge des Industriealltags.«

Der leicht und billig verfügbare Zucker schuf aber auch neue Gerichte. Bäuerliche Speisen gewannen, mit Zucker zubereitet, in städtischen Küchen neue Finessen. In der zweiten Hälfte des 19. Jahrhunderts dehnte sich Wien weit über die alten Grenzen aus, aus den Kronländern kam sehr viel Zuzug. Die Frauen und Töchter von böhmischen, ungarischen und polnischen Handwerkern und Arbeitern verdienten sich als Haushaltshilfe ihren Unterhalt und bereicherten die wienerische Speisekarte mit neuen Gerichten. Die meisten Mehlspeisen, die wir als typischen Bestandteil unserer Küche ansehen, wurden zu dieser Zeit verfeinert und eingebürgert.

Nicht nur der Zucker war daran beteiligt, auch die Verfeinerung des Mahlprozesses, der nunmehr die verschiedensten Mehlsorten ermöglichte. Mit diesem Grundmaterial wurden aus einfachen bäuerlichen Getreidegerichten anspruchsvolle Mehlspeisen. Bis ins 19. Jahrhundert war Germ das einzige Treibmittel, nun kommt auch das Natronbackpulver dazu, das feinporigere Teige schafft.

Und schließlich wird durch den Sparherd das Mehlspeiskochen und -backen einfacher und das Ergebnis besser. Schmarrn und Dalkerln, Knödel und Nockerln, Tatschkerln und Nudeln waren ein Teil der bäuerlichen Küche, der vor allem in bürgerlichen Fastengerichten weiterlebte. Im »Wienerisch bewährten Kochbuch« aus dem Jahr 1785 werden Koche (die Vorläufer des Puddings) und Obstspeisen unter »Verschiedene Fische« eingeordnet. Ursprünglich aß man diese Gerichte kaum gesüßt.

Anders als die Zuckerbäckerei ist die Mehlspeisküche eine Erfindung der Frauen. Meist blieben sie anonym. Es soll zwar eine legendäre Cäcilie Krapf gegeben haben, der man die Erfindung dieses beliebten Faschingsgebäcks zuschreibt – tatsächlich aber gehören Krapfen zu den ältesten Gebäckformen, die auch schon die Römer kannten. Der Name scheint schon im Mittelalter auf: krapho bezeichnet etwas Gekrümmtes. Im bäuerlichen Bereich, wo es zu bestimmten Zeiten viel Butter gab, leistete man sich auch den Luxus, ein Gebäck darin herauszubacken. Die Marmeladekrapfen waren eine städtische Erfindung, mit Zucker kamen sie erst im Biedermeier in Berührung. Dann wurden sie allerdings so populär, daß eine Zeitung berichtete, im Fasching 1815 hätten die Wiener acht bis zehn Millionen Krapfen gegessen. Wie das erhoben wurde, bleibt allerdings im dunkeln. Ein einziger Gasthof rühmte sich, 350 000 Krapfen in einer Faschingssaison gebacken zu haben.

Eine Wienerin war eine so begeisterte Krapfenesserin, daß sie das Gebäck als Hauszeichen wählte. Darunter stand:

»Vernarrt in diesen
Faschingsleckerbissen,
stellt sie wie eine Krone ihn,

auf einem samtnen,
goldverbrämten Kissen
als Zeugen ihrer Freßsucht hin.«

Ebenso alt wie die Krapfen waren die Palatschinken – von Nicht-Wienern gerne als Palat-Schinken mißverstanden. Dabei geht der Name auf den lateinischen Ausdruck für Kuchen: placenta zurück. Als Mutterkuchen ist uns dieses Wort immer noch geläufig. Der Fladen, der damit bezeichnet wird, hat in Österreichs Nachbarländern ganz ähnliche Namen. In Tschechien heißt er palacinka, im Ungarischen palacsinta. In Rumänien kennt man

ihn als placinta. Der eingewienerte Name taucht erst im 19. Jahrhundert auf, ähnliche Gerichte gab es schon vorher als Pfannkuchen oder Eierkuchen. Die berühmte Mehlspeise der »Drei Husaren«, die Husaren-Pfannkuchen, sind also keineswegs eine Konzession an deutsche Gäste, sondern ein Rückgriff auf den viel älteren Namen. Die üppigsten Füllungen der Palatschinken verdanken wir den einstigen Kronländern. Ungarns prominentester Gastronom und Begründer des heute noch bestehenden Restaurants im Budapester Stadtwäldchen, Karoly Gundel, füllte die Palatschinken als erster mit Nüssen und Schokolade und garnierte sie mit Schlagobers. Von ähnlich orientalischer Üppigkeit ist die von ihm kreierte Palatschinkentorte, die abwechselnd mit Nuß- und Topfenfülle und reichlich mit Barack vergeistigter Marillenmarmelade gefüllt wird. Da ist die klassische, mit Marillenmarmelade oder Topfen gefüllte Wiener Palatschinke geradezu ein Essen für Asketen.

Eine der kosmopolitischsten Wiener Mehlspeisen ist zweifellos der Strudel. Er begleitete zunächst die Araber, die hinter der Fahne des Propheten bis Nordafrika und Spanien vordrangen und hier ihre hohe Kultur hinterließen. Sie brachten den Zucker mit und ließen sich ein Gebäck aus papierdünnem Teig, mit Rosenwasser und Orangenöl parfümiert, schmecken. Pastilla wurde es in Nordafrika und Spanien genannt, pastis oder croustade in Südwestfrankreich. Diese ersten Strudel wurden nicht nur süß genossen, sondern auch mit gewürztem Hühnerfleisch gefüllt.

Als die Araber sich aus Europa zurückzogen, hinterließen sie die Algebra, die Alhambra, die Alchemie und neben vielen wissenschaftlichen und literarischen Zeugnissen auch den Strudel, der über Jahrhunderte auf diese Region beschränkt blieb. Sein Schicksal geriet erst wieder in Bewegung, als sich die Türken auf den Weg machten, die Fahne des Propheten in den Westen zu tragen. Und überall, wo sie Station machten, auf dem Balkan, in Ungarn, hinterließen sie ihr kulinarisches

Besatzungskind – den Strudel. Es ist kaum anzunehmen, daß bei ihrem überstürzten Abzug nach der zweiten Belagerung Wiens auch noch Strudel als Beutegut geborgen wurden. Dazu war die Hinterlassenschaft von 15 000 Zelten, allen Feldkassen, juwelengeschmückten Waffen und Tausenden Kamelen zu spektakulär, als daß man auf unscheinbare Teigstücke geachtet hätte. Aber in Ungarn, wo die Türken 145 Jahre geherrscht hatten, ehe sie 1586 vertrieben wurden, hatten sich viele ihrer Lebensgewohnheiten fest etabliert.

Und so wird es wohl auch eine ungarische Köchin gewesen sein, die den Wienern den Strudel nähergebracht hat. Noch dazu war das ungarische Mehl mit seinem hohen Anteil an Kleber besonders geeignet für einen dünnen, elastischen Teig. So dünn mußte er sein, daß die Köchin einen darunterliegenden Liebesbrief lesen konnte.

Von Budapest aus machte der Strudel auch internationale Karriere. Rétes – so heißt Strudel auf ungarisch – tauchte im 19. Jahrhundert sogar unter dieser Bezeichnung auf der Speisekarte des Hotel Ritz in Paris auf.

In Wien entwickelten sich die unglaublichsten Möglichkeiten, Strudel saftig zu füllen: mit Fleisch, Schinken, Schwammerln, Krebsen, Grieß, Erdäpfeln, Mohn, Nüssen, Topfen, Fisch, Gemüse, Obst und vielen anderen guten Dingen.

Der wichtigste Erneuerer der Wiener Küche unserer Zeit, Werner Matt, erfand eine besonders zarte Variante: Rund ausgestochene Strudelblätter werden gebacken und schichtweise mit Beerenobers zusammengesetzt. Ohne Strudel geht es nicht, auch in der Sprache ist er sehr bildhaft präsent: »Man zieht sich wie ein Strudelteig«, um zum Beispiel unangenehmen Neuerungen auszuweichen, und muß sich danach furchtbar »abstrudeln«, um mit den anderen Schritt zu halten.

Ein exotisches Gewächs, über das noch an anderer Stelle berichtet wird, machte in der Wiener Mehlspeisküche Karriere: der Erdapfel. Ohne Erdäpfel, botanisches Beutegut der Spanier aus dem Reich der Inkas, wären wir um viele gute Gerichte ärmer. Erdäpfel machen die altbewährten Knödel abwechslungsreicher, die Mohnnudeln kerniger und viele Kuchenteige saftiger. Natürlich gibt es Glaubenskriege, ob die Marillen- und Zwetschkenknödel, die Kirschen- und Erdbeerknödel mit Erdäpfel-, Topfen- oder Brandteig am besten schmecken. Auf jeden Fall ist der Erdäpfelteig ein typisch böhmisch-wienerisches Produkt und Relikt eines Krieges zwischen Joseph II. und dem Alten Fritz, in dem wenig gekämpft und viel requiriert wurde. Vor allem Kartoffeln, die dieser Auseinandersetzung auch den Namen »Kartoffelkrieg« gaben.

Über die österreichischen Soldaten mögen Berichte über die bisher wohl bekannte, aber wenig genutzte Pflanze ins Land gekommen sein. Die böhmischen Köchinnen, die daraus Mehlspeisen kochten, brachten dann die kulinarischen Fakten nach.

Viel ist passiert, bis die Mehlspeisen zu ihrer Höchstform fanden. Aber alle weltgeschichtlichen Ereignisse, die dazu beitrugen, hätten nichts genützt, wäre das Beutegut von Eroberungen und Kriegen nicht in die richtigen Hände gefallen.

Apfelstrudel

Als erschtes gibt ma's Mehl aufs Brett.
A Löfferl Öl - net zuviel Fett! -
a lauwarms Wasser, net zu kühl,
ein Ei - ma kriagt des bald ins Gfühl -
an Essig, wirklich nur a bisserl,
und Salz natürlich, nur a Priserl,
dann mischen, kneten, bis d'schachmatt,
und bis der Teig ganz seidenglatt.

Dann deckst a warmes Reindl drauf.
Jetzt nimmt das Schicksal seinen Lauf.
Der Teig muaß rasten, sagn ma, rund
a halbe bis dreiviertel Stund.
(Zum Strudlteig braucht ma Geduld.
Und wird nix draus, bist selber schuld.)

Dann tuar a saubers Tuach ausbreiten,
mit Mehl bestaubn. Ziag in die Breiten
den Teig und ziag ihm in die Läng,
recht locker, ausn Handgelenk,
ziag weiter, bis ma durch ihm siecht.
Nur reißen, reißen soll er nicht!
Reißt ihr der Teig fürn Strudel ein,
dann kanns ka guate Köchin sein!
Jetzt kommt die Fülle, des is leicht:
mit Butter, flüssiger, bestreicht
ma'n Teig, streut Brösel drüber fein,
dann Äpfel - saure müassens sein -
klein hobeln, Zucker und an Zimt,
und Weimberln,
daß der Gschmacken stimmt.
Dann rollst ihm zsamm, aufs Blech
a Fett,
am Strudel aa, mehr brauch ma net.
Jetzt in die Röhrn a halbe Stund,
anzuckern - der zergeht im Mund!

Vorausgesetzt, er ist geglückt,
dann schau ihm stolz an und entzückt.

Is nix draus wurn, dann hau ihm weg,
und kauf an fertigen bein Bäck!

Trude Marzik
Das g'wisse Alter

CHOCOLAT

Topfen-Palatschinken

Zutaten für 5 gebackene Palatschinken

Für den Teig:
1/8 l Milch
8 dag glattes Mehl
2 Eier
2 EL Öl
Zitronenschale
1/2 TL Vanillezucker
Salz
Öl zum Backen

Für die Fülle:
3 Eier
8 dag Butter
6 dag Staubzucker
Schale von 1/2 unbehandelten Zitrone
20 dag Topfen (10% Fett)
5 dag Kristallzucker
6 dag Rosinen

Für den Überguß:
1/8 l Milch
1/8 l Sauerrahm
2 Eier
5 dag Staubzucker

Salz, Vanillezucker, Staubzucker, Maisstärkemehl (Maizena), Butter

Zubereitung

Grundrezept für Palatschinkenteig:

Mehl mit ein wenig Milch, den Eiern und dem Öl gut verrühren. Teig mit etwas abgeriebener Zitronenschale, 1/2 TL Vanillezucker und einer kleinen Prise Salz verfeinern. Restliche Milch nach und nach unterrühren, so daß ein dünnflüssiger Teig entsteht.
Teig ca. 20 Minuten rasten lassen. Aus dem Teig gleich große Palatschinken backen.

Backrohr auf 170°C vorheizen. Auflaufform mit Butter ausstreichen.
Für die Fülle Eier in Dotter und Klar trennen. Warme Butter mit Staubzucker, 1 TL Vanillezucker, 2 TL Stärkemehl, einer Prise Salz und abgeriebener Zitronenschale cremig aufrühren. Dotter und Topfen nach und nach untermischen. Eiklar mit Kristallzucker zu schmierigem Schnee schlagen. Schnee und Rosinen behutsam unter die Topfenmasse heben. Palatschinken überlappend in einer Reihe auflegen, so daß eine zusammenhängende Fläche entsteht. Topfenmasse auf die Palatschinken streichen oder mit einem Dressiersack aufspritzen. Palatschinken zu einer langen Rolle einrollen. Rolle in 10 Stücke schneiden und in die vorbereitete Form schichten.
Für den Überguß Milch, Sauerrahm, Eier, Staubzucker und 1 TL Vanillezucker gut verrühren. Topfenpalatschinken ins vorgeheizte Rohr (mittlere Einschub-Schiene/Gitterrost) schieben und ca. 1/2 Stunde backen. Nach halber Garzeit mit dem Überguß begießen und fertigbacken.
Palatschinken vor dem Servieren mit Staubzucker bestreuen. Als Beilage serviert man eine Vanillesauce.

Gebackene Pofesen

Zutaten für 4 Portionen

16 Scheiben Toastbrot
12 dag Preiselbeermarmelade

Für das Vanilleobers:
1/4 l Kaffeeobers
2 TL Vanillezucker
Schale von 1 unbehandelten Orange, 3 Eier
Salz, Staubzucker, Backfett

Zubereitung

Aus den Toastbroten mit einem Ausstecher Ø 8 cm Scheiben ausstechen. Die Hälfte der Scheiben auf einer Seite mit Marmelade bestreichen und mit den restlichen Scheiben zusammensetzen. Obers mit einer kleinen Prise Salz, Vanillezucker und abgeriebener Orangenschale gut versprudeln. Eier verquirlen und in eine kleine Schüssel füllen. Backfett erhitzen. Pofesen in das Vanilleobers tauchen (das Brot darf dabei nicht aufweichen), durch die Eier ziehen, sofort ins Backfett legen und goldgelb backen. Pofesen mit einem Siebschöpfer aus dem Fett heben, gut abtropfen lassen und mit Staubzucker bestreut servieren.
Als Beilage serviert man Kompott.

Tip

Anstelle der Preiselbeermarmelade kann man auch Ribiselmarmelade oder Powidl zum Füllen der Pofesen verwenden.

Weintrauben-Strudel

Zutaten für 8 Portionen

Für den Strudelteig:
30 dag glattes Mehl
4 EL Öl
3/16 l Wasser

Für die Fülle:
3/4 kg Weintrauben
3 Eier
7 dag Kristallzucker
1 TL Vanillezucker
5 dag glattes Mehl
5 dag geriebene Walnüsse
Salz, Zimt, zerlassene Butter, Staubzucker, Mehl, Öl

Zubereitung

Mehl auf eine Arbeitsfläche sieben. In die Mitte des Häufchens eine Mulde drücken. 3 EL Öl, eine Prise Salz und ca. 3/4 vom Wasser in die Mulde geben und mit dem Mehl zu einem glatten Teig verkneten. Wasserzugabe hängt von der Mehlqualität ab.
Teig zu einer Kugel formen. Oberfläche mit restlichem Öl bestreichen. Teig auf einen bemehlten Teller setzen und ca. 1 Stunde rasten lassen. Trauben waschen, abzupfen und gut abtropfen lassen. Eier in Dotter und Klar trennen. Dotter mit einem Drittel des Zuckers, einer Prise Salz und Vanillezucker zu cremiger Konsistenz aufschlagen. Eiklar mit restlichem Zucker zu schmierigem Schnee schlagen. Mehl mit 1 MS gemahlenem Zimt vermischen. Ein Drittel des Schnees in die Dottermasse rühren. Restlichen Schnee, Nüsse und Mehlmischung unter die Dottermasse heben. Teig auf einem mit Mehl bestaubten Tuch möglichst dünn ausrollen. Handrücken bemehlen. Mit den Handrücken unter die Teigränder greifen und den Teig zu den Tischkanten hin hauchdünn ausziehen. Strudelteig mit zerlassener Butter beträufeln. Nußmasse auf einem Drittel des Teigs auftragen. Weintrauben auf der Fülle verteilen. Strudel einrollen und verschließen. Strudel auf ein befettetes Backblech setzen, mit zerlassener Butter bestreichen und im vorgeheizten Rohr (mittlere Einschub-Schiene) ca. 1/2 Stunde backen.
Vor dem Servieren Strudel mit Staubzucker bestreuen und in gleich große Stücke schneiden.

Wäschermädeln

Zutaten für 4 Portionen

12 kleine, reife Marillen
3 EL Marillenbrand
3 dag Staubzucker
15 dag Roh-Marzipan

Für den Backteig:
2 Eier
1/4 kg glattes Mehl
3/8 l Wein

Salz, Backfett, Staubzucker

Zubereitung

Marillen waschen und trockentupfen. Kerne am besten mit einem Kochlöffelstiel aus den Marillen drücken. Marillen in eine Schüssel legen, mit Marillenbrand beträufeln und mit Staubzucker bestreuen. Früchte behutsam vermischen, mit Frischhaltefolie zudecken und ca. 20 Minuten ziehen lassen.
Für den Backteig Eier in Dotter und Klar trennen. Mehl, Wein, Dotter und eine kleine Prise Salz zu einem glatten Teig rühren. Eiklar zu schmierigem Schnee schlagen und behutsam unter die Masse heben. Teig ca. 10 Minuten rasten lassen. Marzipan in 15 gleich große Stücke schneiden. Marillen aus der Marinade heben, gut abtropfen lassen und je ein Stück Marzipan anstelle der Kerne in die Marillen setzen. Backfett erhitzen.
Marillen in den Teig tauchen, ins heiße Fett setzen und goldgelb backen. Marillen mit einem Siebschöpfer aus dem Fett heben, gut abtropfen lassen, anrichten und mit Staubzucker bestreuen.

Dazu empfiehlt sich

MARILLENSAUCE

30 dag Marillen waschen, entkernen und vierteln. Ca. 1/16 l Wasser, 5 dag Kristallzucker, 3 EL Zitronensaft und ein Stück Zimtrinde gut vermischen. Marillen zugeben und so lange kochen, bis die Marillen gut weich sind. Zimtrinde entfernen und die Marillen mit einem Stabmixer feinst pürieren.

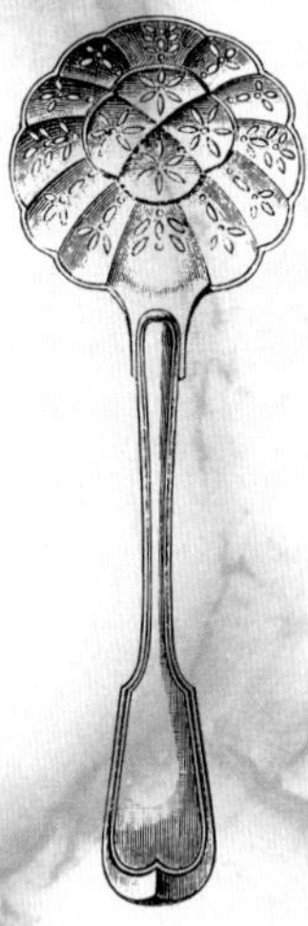

Germknödel

Zutaten für 4 Portionen

0,2 l Milch
2 dag Germ
1/2 kg glattes Mehl
10 dag Butter
2 Eier
2 Dotter
2 EL Staubzucker
1 TL Vanillezucker
Schale von
1/2 unbehandelten Zitrone
30 dag Powidl
10 dag geriebener Mohn
10 dag Staubzucker
Salz, Mehl, zerlassene Butter

Zubereitung

Milch ein wenig erwärmen und ca. 10 EL davon abmessen. Germ darin auflösen und mit ein wenig Mehl zu einem Brei (Dampfl) rühren. Dampfl mit ein wenig vom abgewogenen Mehl bestreuen, warm stellen (höchstens 40° C) und gehen lassen, bis sich das Volumen verdoppelt hat und die Oberfläche Risse zeigt. Butter zergehen lassen und mit Eiern, Dottern, restlicher Milch, Zucker, 1 Prise Salz, Vanillezucker, abgeriebener Zitronenschale und dem Dampfl gut verrühren. Restliches Mehl nach und nach einrühren, Masse zu einem glatten, aber festen Teig abschlagen (am besten in einer Küchenmaschine). Teig zudecken und an einem warmen Ort ca. 25 Minuten aufgehen lassen.
Teig nochmals durchschlagen, auf eine bemehlte Arbeitsfläche legen und ca. 1/2 cm dick ausrollen. Teig

zu zwei gleich dicken Rollen (Ø ca. 5 cm) formen.
Teig in acht gleich große Stücke schneiden und auf einer bemehlten Arbeitsfläche flachdrücken. In die Mitte jedes Teigstückes ein wenig Powidl setzen. Teig über dem Powidl falten und zu Knödeln formen.
Ein Backblech mit Mehl stauben. Knödel daraufsetzen, mit Mehl stauben, mit einem Küchentuch bedecken und an einem warmen Ort ca. 20 Minuten aufgehen lassen.
In einem Topf reichlich Salzwasser aufkochen. Knödel einlegen , zudecken und auf kleiner Flamme ca. 1/4 Stunde garziehen lassen. Nach halber Garzeit die Knödel wenden.
Mohn mit Staubzucker vermischen. Knödel mit einem Siebschöpfer aus dem Wasser heben. Gut abtropfen lassen, auf Tellern anrichten, mit zerlassener Butter übergießen und mit der Zucker-Mohnmischung bestreuen.

TIP

Ungekochte Germknödel lassen sich gut einfrieren. Dazu die Knödel auf ein bemehltes Brettchen (sollte in das Tiefkühlfach passen) setzen und im Tiefkühlfach anfrieren. Danach in Tiefkühlsäckchen geben, gut verschließen und im Tiefkühlfach aufbewahren.

Topfennockerln mit Butterbröseln

ZUTATEN FÜR 4 PORTIONEN

1/4 kg Topfen (10% Fett)
3 dag zerlassene Butter
Schale von
1/2 unbehandelten Zitrone
1 Ei
1 Dotter
5 dag Weizengrieß

Für die Butterbrösel:
15 dag Semmelbrösel
12 dag Butter
1 MS gemahlener Zimt
2 EL Kristallzucker
1 TL Vanillezucker

Salz, Staubzucker

ZUBEREITUNG

Topfen durch ein Sieb streichen und mit Butter, abgeriebener Zitronenschale, Ei, Dotter und einer Prise Salz gut verrühren.
Grieß untermischen. Masse mit Frischhaltefolie zudecken und im Kühlschrank ca. 1 Stunde kalt stellen.
Salzwasser aufkochen.
Aus der Masse gleich große Nockerln formen, ins Wasser legen und auf kleiner Flamme zugedeckt ca. 10 Minuten garziehen lassen.
Inzwischen für die Butterbrösel Brösel in Butter unter Zugabe von Zimt, Kristallzucker und Vanillezucker auf kleiner Flamme anrösten.
Vom Feuer nehmen, umleeren und beiseite stellen.
Nockerln mit einem Siebschöpfer herausheben, gut abtropfen lassen und in den Butterbröseln wälzen. Nockerln auf Tellern anrichten und mit Staubzucker bestreut servieren.
Als Beilage serviert man Zwetschkenröster.

TIP

Das Formen der Nockerln gelingt leichter, wenn man dazu einen Suppenlöffel verwendet. Löffel dabei öfter in warmes Wasser tauchen.

Mohr im Hemd

Zutaten für 5 Portionen

3 Eier
5 dag Butter
1 Pkg. Vanillezucker
5 dag Kochschokolade
6 dag Kristallzucker
6 dag feingeriebene Haselnüsse
*3 dag süße Brösel**
Salz, Staubzucker, Butter

Zubereitung

Auflaufförmchen mit Butter ausstreichen und mit Staubzucker ausstreuen. Backrohr auf 200° C vorheizen.
Eier in Dotter und Klar trennen. Warme Butter mit Vanillezucker und ganz wenig Salz cremig aufrühren. Parallel dazu Schokolade über Wasserdampf schmelzen. Dotter nach und nach in den Butterabtrieb rühren, geschmolzene Schokolade untermischen. Eiklar und Zucker zu cremigem Schnee schlagen. Schnee, Nüsse und Brösel in die Schokolademasse rühren.

**Werden zumeist aus Biskuitabschnitten hergestellt. Biskuit trocknen lassen, in kleine Stücke brechen und in einem Cutter feinst mahlen. Anstelle von Biskuit kann man auch Biskotten verwenden.*

Masse ca. $^{3}/_{4}$ hoch in die Förmchen füllen. Förmchen in ein Geschirr stellen und soviel kochendes Wasser zugießen, daß sie zur Hälfte im Wasserbad stehen. Geschirr mit den Aufläufen ins vorgeheizte Rohr (mittlere Einschub-Schiene/Gitterrost) schieben und ca. $^{3}/_{4}$ Stunde backen.
Aufläufe aus dem Rohr nehmen, auf Teller stürzen und eventuell mit geschlagenem Obers garnieren.

Dazu empfiehlt sich SCHOKOLADESAUCE
10 dag Kochschokolade grob hacken. $^{1}/_{8}$ l Wasser mit 5 dag Kristallzucker und 1 Pkg. Vanillezucker aufkochen. Vom Feuer nehmen und mit Schokolade und 2 EL Rum so lange verrühren, bis sich die Schokolade aufgelöst hat. Schokoladesauce mit einem Stabmixer kurz aufschlagen und abkühlen lassen.

Tip

Förmchen nach dem Ausstreichen und Ausstreuen in den Kühlschrank stellen, dadurch bleibt die Zuckerschicht besser haften und die Aufläufe lassen sich nach dem Backen leichter stürzen.

Mini-Schaumrollen

Zutaten für 22 Stück

1 Pkg. TK Blätterteig (330 g)

Für die Fülle:
$^{1}/_{4}$ l Schlagobers
2 EL Staubzucker
Mehl, Eier zum Bestreichen, Staubzucker, Öl

Zubereitung

Blätterteig am besten über Nacht im Kühlschrank auftauen lassen.
Backrohr auf 200° C vorheizen. Teig auf einer leicht bemehlten Arbeitsfläche auflegen, mit verquirltem Ei bestreichen und in ca. 1 $^{1}/_{2}$ cm breite Streifen schneiden.
Zum Aufrollen benötigt man zylindrische, konische Metallformen. Formen mit wenig Öl einstreichen. Teig von der schmalen Seite der Form beginnend zur breiter werdenden Seite überlappend einrollen. Teig mit verquirltem Ei bestreichen, auf ein mit Backpapier belegtes Blech setzen und im vorgeheizten Rohr ca. $^{1}/_{4}$ Stunde goldgelb backen. Teigrollen aus dem Rohr nehmen, auskühlen lassen und behutsam von den Formen lösen.
Vor dem Servieren Obers mit Staubzucker steif schlagen und mit einem Dressiersack in die Teigröllchen füllen. Schaumröllchen mit Staubzucker bestreuen.

Sachertorte

Zutaten für 1 Torte
(12 Stück)

6 Eier
18 dag Kochschokolade
18 dag Butter
15 dag Staubzucker
15 dag Kristallzucker
18 dag glattes Mehl

Für die Glasur:
20 dag Marillenmarmelade
Schokoladeglasur
(Siehe nachfolgendes Rezept)

Salz, Vanillezucker, Kristallzucker, Butter, Mehl

Zubereitung

Springform (∅ 24 cm) mit Butter ausstreichen und mit Mehl ausstreuen. Backrohr auf 190° C vorheizen. Eier in Dotter und Klar trennen. Schokolade über Wasserdampf schmelzen. Warme Butter cremig aufrühren, geschmolzene Schokolade untermischen. Staubzucker, 2 TL Vanillezucker und eine kleine Prise Salz zugeben. Masse gut cremig aufrühren. Dotter nach und nach einrühren. Eiklar mit Kristallzucker zu schmierigem Schnee schlagen. Ein Drittel des Schnees mit der Dottermasse verrühren. Restlichen Schnee und das Mehl abwechselnd unterheben. Masse in die Form füllen, zum Rand hin hochstreichen und im vorgeheizten Rohr (mittlere Einschub-Schiene/Gitterrost) ca. 20 Minuten anbacken. Nach dieser Zeit die Hitze auf 160° C reduzieren und fertigbacken (dauert ca. 40 Minuten). Während des Backens sollte das Rohr geschlossen bleiben. Torte aus dem Rohr nehmen, mit Kristallzucker bestreuen, stürzen und in der Form auskühlen lassen. Torte aus der Form lösen und in der Mitte horizontal durchschneiden. Marmelade glattrühren. Einen Tortenboden mit ca. 3 EL Marmelade gleichmäßig bestreichen und so zusammensetzen, daß die glatte Seite nach oben zeigt. Restliche Marmelade aufkochen und die Torte damit gleichmäßig rundum einstreichen.

Tortenoberfläche mit einer Palette oder Teigkarte glattstreichen und auskühlen lassen. Schokoladeglasur herstellen. Torte mit der Glasur überziehen und fest werden lassen (dauert ca. 1 Stunde). Vor dem Servieren Torte in Stücke schneiden und am besten mit geschlagenem Obers servieren.

Tip

Das Aufschneiden der Torte gelingt leichter, wenn man das Messer nach jedem Schnitt in heißes Wasser taucht.

Schokoladeglasur

1/8 l Wasser mit 20 dag Kristallzucker bei starker Hitze ca. 5 Minuten kochen. Vom Feuer nehmen und abkühlen lassen. Inzwischen 15 dag Kochschokolade über Wasserdampf schmelzen und mit dem noch warmen Zuckerwasser nach und nach verrühren, so daß eine dickflüssige Glasur entsteht. Die Glasur sollte vor dem Aufstreichen lippenwarm sein.

Musikfilme und Multi-Kulti-Küche am Rathausplatz

7.
Spectacles müssen sein

Wer hätte das im opernverliebten Wien gedacht! Dort, wo man Primadonnen und Startenöre anbetet, setzt ein Ballett, »Giselle«, bei 30 Grad im Schatten 12 000 Menschen in Bewegung.

Die Fans kunstvoller Spektakel strömen allerdings auch in Legionsstärke herbei, wenn am selben Ort Karajan die Krönungsmesse dirigiert, Bernstein die Fünfte Mahler probt, »La Bohème« oder »Wiener Blut« auf dem Programm stehen.

Objekt der wienerischen Begierde ist ein Fest besonderer Art: das Musikfestival am Rathausplatz. Musikfilme in prominenter Besetzung werden hier gezeigt, flankiert von einem kulinarischen Großaufgebot.

Rund um die Sitzreihen und die Riesenleinwand, die nach Einbruch der Dunkelheit zu flimmern beginnt, gruppieren sich zwei Dutzend Imbißstände mit einem europareifen Angebot: Paella und Weißwürste, Quiche Lorraine und Pischinger Ekkerln, Austern und Stelzen, Calamari und Saumaisen, Fish and Chips und Burenwurst, Rioja und Obstler, Heuriger, Eistee, Champagner und bayerisches Bier. 90 000 Gläser und 25 000 Teller rotieren zwischen Genießern und der Waschanlage. Rund um den Platz und im nahen Rathauspark geben sich Neugierige und Fans inmitten von Knoblauch- und Fischdüften, beschwingt von animierenden Getränken, einem erlesenen Kunstgenuß hin.

Eine Mischung, die nur säuerlichen Puristen mißfällt. Ein Erfolg, der inzwischen in vielen anderen Städten kopiert wird. Vielleicht auch eine Lösung für marode Kunsttempel, schlugen Satiriker angesichts der glücklichen Menschenmassen vor. Auf jeden Fall eine urwienerische Art, sich mit Schmaus und Spektakel zu vergnügen.

Die Geschichte Wiens ist überreich an Festen voller Überschwang und Schlemmerglück, auf denen sich elitäre und populäre Kultur ebenso durchdrangen wie die Rituale Europas und des Morgenlandes.

Das begann schon mit den Hochzeiten der Babenberger, deren byzantinische Prinzessinnen Exotik, Luxus, Augenlust und Gaumenschmaus in die junge Residenzstadt brachten.

Als Herzog Leopold VI. 1203 die byzantinische Prinzessin Theodora heiratete, stand Wien tagelang staunend vor einer nie gesehenen Prachtentfaltung. Aus allen Richtungen kamen die Gäste in die Stadt, vor jeder Herberge wurden ihre Banner und Schilde aufgepflanzt. Boten mit kostbaren Geschenken für die Gäste eilten umher, Gewänder, Pelze und Schmuck konnten von den Neugierigen noch vor der Übergabe bestaunt und kritisiert werden. Hunderte Köche bereiteten das mehrtägige Gelage vor. Gesprächsstoff genug für die kleine, überschaubare Stadt. Dreimal erfolgte das feierliche Aufgebot, ehe der prunkvolle Brautzug sich in Bewegung setzte. Im Mittelpunkt die schöne Braut in ihren kostbaren Gewändern. Nach der Hochzeitsmesse erfolgte wieder ein Umzug durch die Stadt, dem sich Musikanten, Gaukler und Tänzer anschlossen. Was für ein Augenfutter für die Wiener, die gerade erst begonnen hatten, sich als Bewohner einer Residenzstadt zu fühlen.

Renate Wagner, die dieses und viele andere Feste unglaublich plastisch in ihrem Buch »Würde – Glanz und Freude« schildert, ortet einen anonymen Gast bei dieser Hochzeit: den Autor des Nibelungenliedes. Er soll dieses Fest zum Vorbild für seine Schilderung der Hochzeit Kriemhilds mit Etzel genommen haben.

Die Wiener waren noch jahrhundertelang Zaungäste von Fürstenhochzeiten, Trauerfeiern und Herrschergeburtstagen. Siegesfeiern haben sie nicht allzu viele miterlebt, die Habsburger heirateten lieber, als Kriege zu führen.

Mit ihren vielen ausländischen Frauen und deren Gefolge kommen immer wieder neue Nuancen des Feierns, neue Aromen des Genießens in die Stadt. Nicht nur die burgundische Zuckerbäckerkunst wirkt formend auf die Wiener Küche (siehe: »Die weitgereisten Mehlspeisen«). Nach der Heirat Maximilians I. mit Maria von Burgund werden auch die raffinierten Inszenierungen großer Feste übernommen. Staunend hatte man schon über die Hochzeit von Marias Vater berichtet. Karl der Kühne ließ bei seiner Vermählung mit Margarethe von England einen haushohen Baumkuchen auftragen. Auf eine Berührung des Herolds sprangen zwei vergoldete Löwen heraus und besangen zweistimmig, in betörendem Belcanto, die Schönheit der Braut.

Mit den ausländischen Bräuten kam auch ungewöhnliches Tafelaccessoire in Gebrauch. Wahrscheinlich waren es die aus Byzanz stammenden Babenbergerinnen, die die Serviette einführten. Ursprünglich waren sie aus Samt und wurden nach Gebrauch weggeworfen.

Die Gabel, eigentlich ein Küchengerät, soll über die byzantinische Frau des venezianischen Dogen Orseolo II. nach Mitteleuropa gekommen sein. Die Prinzessin ließ sich von ihren Dienern alle Gerichte vorschneiden, ehe sie mit goldener Gabel zu essen begann. In Österreich wurde die Gabel relativ früh heimisch, schuld daran waren wohl die aus Spanien importierten Halskrausen, die man mit der Gabel besser vor Patzern schützen konnte. In Frankreich wurde die Gabel noch am Hofe Ludwigs XIV. abgelehnt. Seine Schwägerin, Lieselotte von der Pfalz, schrieb: »Ich habe mich zeit meines Lebens nur meines Messers und meiner fünf Finger bedient.«

Zu Ehren ausländischer Bräute wurden Feste veranstaltet, die sich oft über Monate hinzogen. Den Höhepunkt der Spektakelfreude erlebte Wien bei der Hochzeit Kaiser Leopolds I. mit Margarita Teresa, die Velázquez mehrfach als »kleine Infantin« porträtiert hatte. Nach der Eheschließung in Madrid – in Abwesenheit des Bräutigams – zog die kleine Infantin 1666 in einer langen Reise zu Schiff und in der Kutsche nach Wien, wo die Ehe mit Leopold I. in der Augustinerkirche bestätigt wurde. Die Tafel danach dauerte von neun Uhr abends bis ein Uhr nachts. Kunstvolle Schaugerichte, Pasteten, Fisch, Wild, venezianische Konfitüren und italienischer Wein sorgten für Aufsehen. In den folgenden Wochen jagte ein Fest das andere. Komödien und Ballette wurden aufgeführt, Feuerwerke überstrahlten die Nächte. Aus der ganzen Monarchie wurde Wild zusammengefangen und in den Donauauen zur großen Jagd freigelassen. Schlittenfahrten, Rosseballette und Maskenbälle wechselten mit enormen Schauessen unter Teilnahme von Hof und Volk. »Zuaschaun kann i net« – das sangen die Wiener erst viel später.

Die Krönung der vielen Feste war die Aufführung der Hochzeitsoper »Il Pomo d'Oro«. Sie erzählte die alte Geschichte vom goldenen Apfel, den die Göttin der Zwietracht unter die Götter schleudert und der der Schönsten überreicht werden soll. Paris soll sich zwischen der Göttermutter Juno, der klugen Pallas Athene und der schönen Aphrodite entscheiden. Er gibt den Apfel Aphrodite, erntet die Wut der übergangenen Göttinnen und bekommt als verhängnisvolles Geschenk die schöne Helena. Was daraus folgt, ist der Trojanische Krieg.

Die Inszenierung dieser Oper wurde zu einem Triumph barocker Bühnenzauberei. Lodovico Burnacini, Architekt und Theatermagier, ließ Maschinen rotieren, Stürme wüten, Dämonen und Genien schweben, Furien aus der Hölle fahren, salamandrische Wesen aus dem Feuer steigen, gewappnete Amazonen tanzen und den erlösenden Deus ex machina erscheinen. Er löst den Streit der Göttinnen um den Preis für die Schönste auf devot-diplomatischem Weg. Ein staatstragender Adler holt den goldenen Apfel auf sein Geheiß zurück. Wer ihn bekommt? Paris verleiht ihn natürlich der Kaiserin, der kleinen Infantin von einst.

100 000 Reichstaler kostete diese Monsterinszenierung, zehnmal mehr als die am Wiener Hof sonst üblichen Hochzeitshuldigungen. Immerhin war ein absoluter Star beteiligt. Lodovico Burnacini war ein Vielfachgenie, dessen Familie schon in der zweiten Generation die Künste der Architektur und des Theaterwesens betrieb. Er hatte sie bei seinem Vater Giovanni in Mantua gelernt und kam nach Wien, wo er den Leopoldinischen Trakt der Hofburg baute und das Schloß Favorita restaurierte. Nach seinen Plänen entstanden das Opern- und Komödienhaus und die Pestsäule. Außerdem war er noch kaiserlicher Mundschenk.

Der unglaubliche Luxus fürstlicher Hofhaltung war ein treibender Faktor der Weltwirtschaft. Immer wieder Neues, Exotisches mußte aufgetischt werden. Das kam jenen Produkten zugute, die nach der Entdeckung der Neuen Welt zunächst als kuriose Bereicherung botanischer Gärten, später als Lebens- und Genußmittel nach Europa verschifft wurden. Und schließlich die Ernährungsgewohnheiten des Volkes beeinflußten.

Die Kartoffel ist ein typisches Beispiel. Der spanische Eroberer Pizarro hatte sie aus Peru mitgebracht. Später segelten Sir

Walter Raleigh und Francis Drake auf Pizarros Spuren in die Neue Welt und hielten Nachlese. Sie brachten Königin Elisabeth I. gleichfalls Kartoffeln mit. Entdeckt hatten sie sie aber nicht. Schon vor ihnen hatte Pedro Cieza de Leon, ein Waffengefährte Pizarros, die »Knolle mit dem Kastanienfleisch« dem Papst überreicht. Der übergab sie durch einen Legaten dem Botaniker Charles de l'Ecluse, der sich nach der Mode der Zeit Clusius nannte. Und der ließ sie in seinem Wiener Versuchsgarten Wurzeln schlagen. Unter das Bild, das er von der Pflanze malen ließ, schrieb er: »Kleine Trüffel (Taratoufli), erhalten von Philippe de Sivry zu Wien, am 26. Januar 1588.«

Der verpflichtende Name »Trüffel« sorgte aber erst nach einer Weile für den richtigen Gebrauch der exotischen Pflanze. Fürs erste wurden die giftigen Früchte statt der bekömmlichen unterirdischen Knollen gekostet. Schließlich landete die Knolle auf festlichen Fürstentafeln. Höchst kompliziert zubereitet. Erst wurde sie in Wasser, dann in Wein unter Zugabe kostbarer Gewürze gekocht, dann durch Fleischsuppe gezogen und zu Rind- oder Hammelfleisch serviert. Aus der Vielzahl der Gewürze, die damals nur den Reichen zugänglich waren, läßt sich ersehen, an welche Zielgruppe sich dieses Rezept wandte.

Aber plötzlich war alles anders. Der Dreißigjährige Krieg verwüstete ganze Landstriche, Dörfer wurden ausgerottet, die vor Hunger halb wahnsinnigen Überlebenden wurden zu Kannibalen. Da wurden die spanischen Söldner, die mit den Österreichern gegen die protestantischen Fürsten kämpften, zu Lebensrettern. Die Spanier hatten in ihrem Proviant batatas mit, Knollen, die die Bauern nicht kannten, die ihnen jedoch beim Überleben halfen. Die Getreidevorräte waren erschöpft oder verbrannt, also pflanzten die Bauern Kartoffeln an. Man ißt sie, um zu überleben, weiß nicht, daß sie an den Fürstenhöfen als Delikatesse gelten, und hat wenig Lust, aus der Kartoffel etwas zu machen, das den Gaumen befriedigt. In dieser Zeit wird das Image der Kartoffel als Armeleute-Essen geprägt. In den Kirchen werden »Knollenpredigten« gehalten, um das widerstandsfähige und nahrhafte Gemüse zu verbreiten, was sie den Bauern nicht lieber macht. Und als schließlich Friedrich II. von Preußen die Bauern dazu verdonnert, ihre Äcker mit Kartoffeln zu bestellen, ist ihr Renommee endgültig beim Teufel. Wann immer es möglich ist, wandern die Knollen in den Schweinestall und, zum Schinken veredelt, auf den Tisch. Demonstrativ setzt sich der Alte Fritz auf den Balkon des Kommandantenhauses von Brieg und zeigt seinen Preußen, daß Kartoffeln kein Futter für Schweine, sondern Speise des Königs sind. Es hilft nichts. Erst als sich die böhmischen Köchinnen der ungeliebten Knolle annehmen, nimmt ihre Geschichte eine positive Wendung in Richtung Österreich (siehe: »Die weitgereisten Mehlspeisen«).

In Frankreich versuchte es der Apotheker Parmentier mit psychologischen Mitteln. Zunächst schrieb er eine langatmige Abhandlung über den Nährwert der Kartoffel. Dann ging er zur Praxis über, machte Brot daraus und kochte eine schmackhafte Suppe, die heute noch seinen Namen trägt. Niemand wollte die Kartoffeln. Aber dann zog er eines Tages einen hohen Zaun um seinen Kartoffelacker und brachte ein Schild an: »Betreten, Berühren, Entwenden der Kartoffeln bei Strafe verboten!«

Daraufhin wurde das Feld so schnell geplündert, daß Parmentier gerade noch ein paar Saatkartoffeln retten konnte. Der zweite Siegeszug der Knolle begann. Aus dem Fürstenessen wurde eine beliebte Volksnahrung.

Konfektaufsatz, Porzellan und feuervergoldete Bronze, August Breul, Paris 1850/51

Sehr viele Genußmittel gingen den gleichen Weg: Zucker, Tee, Kaffee, Schokolade, exotische Gewürze. Und was die Unmengen betrifft, die einst an feudalen Tafeln verschlungen wurden – sie signalisierten Prestige und Machtentfaltung; die beautiful people von heute hingegen essen gezielt und selektiv, der Bauch als Statussymbol hat ausgedient.

Wie das »gewöhnliche« Essen an einer fürstlichen Tafel im Barock aussah, verrät Gabriele Praschl-Bichler in ihrem Buch: »Alltag im Barock«.

»Erster Gang: klare und gebundene Suppen, eingedickte Kartoffelsuppe, legierte Hühner- und Pilzsuppen etc., Artischockensuppe und Fischsuppe.

Zweiter Gang: Schinken, Ragout, Zungen, Würste, Wildbretpasteten, Frikassee (damals eingemachtes Fleisch).

Dritter Gang: Großer Braten. Fasan, Rebhuhn, Indian, Hasen, Kaninchen, Gebratenes, alles mit Zitronen, Orangen und Oliven garniert.

Vierter Gang: Kleiner Braten. Schnepfen, Lerchen, Gartenammern, Drosseln und andere kleine Vögel.

Fünfter Gang: Fische, besonders Lachse, Forellen, Hechte, Karpfen, Fischpasteten, Krebsgerichte, Schildkrötenfrikassee.

Sechster Gang: Eiergerichte, Gebackenes mit Eiern, Sülze, Flammeris.

Siebenter Gang: Obst, Gebäck, Käse.

Achter Gang: Süßigkeiten, Konfekt, getrocknetes Obst, kandierte Früchte, Marzipan, Gebilde aus Zucker, Tragant und Makronen, verschieden gefärbt und zu kostbaren Tortenaufsätzen und Aufbauten gemodelt.

Dazu trinkt man heimische, deutsche, ungarische und italienische Weine.«

Das war wie gesagt ein gewöhnliches Mahl, kein Festessen.

In der ersten Regierungszeit der jungen Maria Theresia wird noch mit größter Üppigkeit gefeiert. Verliebt und übermütig tanzt die Kaiserin mit ihrem »Mäusl« Franz Stephan von Ball zu Ball. Sie liebt Maskenfeste, sie ist »nie so content, als wenn sie sich also verstellt, daß man sie nicht kannte«. Bereits zur Jausenzeit besucht sie einen Nachmittagstanz in einem Adelspalais, kehrt in die Hofburg zurück, um mit Franz Stephan zu essen. Dabei trägt sie bereits das bäuerliche Gewand, in dem sie anschließend auf einem Maskenfest im Ballhaus am Michaelerplatz auftaucht. Darüber wirft sie dann einen Domino, um den Ball in der Mehlgrube mitzumachen. Die Mehlgrube, auf dem Platz des heutigen Hotels Ambassador, war seit dem Mittelalter Mehldepot, dann Tanzsaal, in dem der Adel »Ahnenbälle« veranstaltete. Nur wer über die ausreichende Anzahl von Ahnen verfügte, hatte Zutritt. Schließlich wurde aus der Mehlgrube ein bürgerliches Lokal mit Konzerthaus. Wurde Maria Theresia der Tanz in der Mehlgrube zu fad, ging's wieder zurück ins Ballhaus, wo bis zur Aschermittwochfeier um neun Uhr durchgetanzt wurde. Anschließend kehrte sie zu ihren Amtsgeschäften zurück. Ein Pensum, das manches Partygirl von heute ziemlich alt ausschauen ließe.

Zu Maria Theresias Zeiten waren Schlittenpartien in Mode. In vergoldeten, inkrustierten Schlitten glitt die Hofgesellschaft durch das nächtliche Wien, ihnen voraus: Fackelträger, Läufer, Lakaien. Kostbare Felldecken umhüllten die Gäste, Diener reichten heißen Gewürzwein. Vor allem die Damen hatten innere Erwärmung nötig, sie fuhren mit weit offenen Mänteln durch das frostklirrende Wien – jeder sollte ihr schönes Dekolleté, den kostbaren Schmuck bewundern. Ein Fest nach dem Herzen Maria Theresias, der es immer zu heiß war.

Wie viele Habsburger war Maria Theresia hochmusikalisch, hatte eine geschulte Stimme, die sie gerne hören ließ. Und sie war eine begeisterte Theatergeherin. »Spectacles müssen sein«, beschloß sie und ließ den Wienern auch während des Siebenjährigen Krieges ihr Theater.

Ihren wirkungsvollsten Auftritt hatte sie am 19. Februar 1768, als sie den direkten Zugang der Burg zur Kaiserloge des Hofburgtheaters benützte, um dem Publikum mitten in der Vorstellung zu verkünden: »Kinder, der Poldl hat an Buam!« Der Poldl war ihr Sohn Leopold, aus dem Buam wurde der spätere Kaiser Franz II. Mit sicherem Gespür für die von ihr so geliebten Spektakel hatte sie sich für die Nachricht vom Weiterbestand der Habsburger die wichtigste Nahtstelle zwischen Hof und Volk ausgesucht: das Burgtheater.

Aus der übermütigen jungen Kaiserin, die auch – souverän im Herrensattel – in Damencaroussells mitritt, wurde später eine durch zuviel Arbeit und Enttäuschung streng gewordene Matrone, die die Faschingsfreude der Wiener gehörig dämpfte. Ihren Zorn über die Seitensprünge Franz Stephans ließ sie nicht an ihm, sondern an den jungen hübschen Frauen aus, denen sie mit dem Zollstock der Keuschheitskommission die Ausschnitte zumessen ließ. Welche Folgen ihre Prüderie hatte, schrieb Johann Kaspar Riesbeck 1783 in seinen »Briefen eines reisenden Franzosen«: »Vielleicht ist Wien die

Martin van Meytens, »Das Frauen-Carossel«, Höhepunkt des Wiener Faschings von 1743

einzige Stadt, die eine besondere Keuschheitskommission hat. Noch vor wenigen Jahren gingen die Spione dieser sonderbaren Kommission den jungen Leuten bis in die Häuser nach, und man mußte sich's gefallen lassen, daß sie mitten in der Nacht in die Schlafzimmer einbrachen und die Betten visitierten. Einige von den Keuschheitsspionen standen mit Nymphen im Vertrag, die junge Leute in die Häuser lockten und dann nach der getroffenen Verabredung von den Mouches in flagranti überfallen wurden. Der junge Mensch mußte sich, um nicht vor die Kommission geführt zu werden, rein ausplündern lassen, und der Mouche und die Nymphe teilten dann die Beute heimlich unter sich.«

Als Franz Stephan starb, hörte Maria Theresia nicht mehr auf zu trauern und drosselte damit die Festesfreude. Die Zeit der höfischen Opulenz war damit vorbei. Mit Kaiser Joseph II. begann die Zeit der kargen, spartanischen Habsburger.

Langsam entwickelte sich eine eigene bürgerliche Festkultur, unabhängig vom Glanz des Hofs. Noch immer werden aber kirchliche Feste mit großem Pomp und mit Einbeziehung des Volks gefeiert. Und noch immer halten sie ein kulinarisches Unterfutter bereit.

Das beginnt zu Ostern, wo in der Karwoche fast theatralische Heilige Gräber in den Kirchen aufgebaut wurden, kostbar ausgestattet, manche von hohem künstlerischen Wert. Bis in unsere Zeit hat sich der Brauch erhalten, mit Kindern einige dieser Gräber zu besuchen. Der mystische Pomp, die romantischen Christusdarstellungen waren zu unwirklich, um traurig zu stimmen. Joseph II. setzte in seinem Reformeifer auch bei diesen kirchlichen Inszenierungen an. »Die Wiener gehen nicht zum Grab Christi, sie vergleichen eine Grabdekoration mit der anderen und kritisieren sie wie die Ausstattung eines Zauberstücks«, schrieb ein kritischer Geist dieser Zeit. Aber wie in so vielem resignierte der Kaiser auch hier vor der frommen Spektakellust und ließ die Gräber unangetastet. Bis in die Zwischenkriegszeit hielt sich der Brauch der »Guckeier«, hohler Zuckereier mit einem Loch, durch das man eine kleine Auferstehungsszene aus Papier betrachten konnte.

Mit duftendem Mandelbrot wurden in der Monarchie am Gründonnerstag die Ärmsten Wiens beschenkt. Man suchte zwölf von ihnen als Vertreter der Apostel aus, dann wurden sie in den Zeremoniensaal geladen, wo sich der Kaiser vor jedem demütig niederkniete, um ihm die Füße zu waschen. Die Becher, aus denen er das Wasser leerte, blieben den zwölf Armen mitsamt einem Geldbetrag als Geschenk. Meist waren es kunstvoll getriebene Zinnbecher mit dem Doppeladler, der Jahreszahl und der Initiale des Kaisers. Sie sind heute eine begehrte Rarität auf dem Antiquitätenmarkt. Und Exponate der Silberkammer in der Hofburg.

Bescheidene Festesfreude kommt aus dem ländlichen Bereich der Vorstädte.

Die Wiener holen sich von ihren Verwandten jenseits des Linienwalls das »Antlaß-Ei«, das erste am Gründonnerstag gelegte Ei, das wundertätig sein soll. Die bäuerlichen Verwandten mischen es den Tieren ins Futter, graben es im Hof ein oder werfen es übers Dach. Es soll vor Donner und Blitz schützen. In den Dörfern um Wien ist noch nicht in Vergessenheit geraten, daß der Donnerstag dem Donnergott geweiht ist. Opfergaben sollen ihn beschwichtigen. Die Wiener schlagen ihr Antlaß-Ei in die Siebenkräutlsuppe – auch das bringt Glück. Zum Spinat am Gründonnerstag bekehren sie sich erst später.

Mochten auch die alternde Kaiserin und ihr strenger Sohn dem Pomp abhold sein, die Kirche sorgte für feierliche Zeremonien, die das Gemüt wie die Schaulust befriedigten. Bis heute ist die Fronleichnamsprozession ein stimmungsvolles Erlebnis, das mit ausgestreutem Gras und Blumen den Frühling in die Stadt holt. In der Monarchie muß Fronleichnam ein unglaublich prunkvolles Fest gewesen sein, das weltliche und kirchliche Würdenträger in ihren schönsten Gewändern vereinte: Seit dem frühen Morgen läuten die Glocken. In den Vorstädten brechen die Handwerker mit ihren schimmernden Prozessionsfahnen in Scharen zum Stephansdom auf. In der Stadt werden Altäre aufgeschlagen, Heiligenbilder aufgestellt, grüne Zweige verteilt. Militärmusik klingt auf, dann kommt die ganze Vielfalt an Uniformen des Vielvölkerreiches; am liebsten sehen die Wiener die Ungarn mit ihren unglaublich reichen, exotischen Uniformen, die Leibgarden mit Pantherfellen, die Magnaten in Zobelpelz und Reiherstoß, die Generäle in Rot mit goldenen Verschnürungen. Schließlich kommen die Erzherzöge zu Pferd.

Dann folgt das große Warten. Aber die Wiener haben vorgesorgt, haben Körbe mit Fleisch, Brot und Wein mit und vertreiben sich die Zeit, bis es wieder weitergeht. Und dann ist es soweit. Die Zünfte marschieren auf, danach kommen Waisenkinder, Mönche in Kutten und Meßgewändern, Pfarrherren, Bürgerregimenter, Ritter des heiligen Vlieses, Dekane und Rektoren. Weihrauchduft erfüllt die Stadt, silbrige Glockenklänge verschweben: Unter einem goldschimmernden Baldachin kommt der Klerus, in der Mitte der Erzbischof mit der strahlenumkränzten Monstranz. Und ganz zuletzt, zu Fuß, demütig, der Kaiser.

Das waren die Spektakel, die den Wienern am besten gefielen: prächtig und berührend. Da hatte jeder was davon, und nachher, im Wirtshaus, wo man seinen Durst gehörig stillte, gab es genug darüber zu reden.

Das eine oder andere blieb hängen, wenn die eigenen Feste gefeiert wurden. Alles soll seine Fasson haben, auch wenn man diese Grenzen vor allem braucht, um sie in höchster Festesfreude zu durchbrechen.

Höhepunkt der populären Frühlingsspektakel im alten Wien war der Brigittenkirchtag. Franz Grillparzer hat dieses Fest in seiner Novelle »Der arme Spielmann« verewigt. Man feierte in der Brigittavorstadt, rund um die Kirche. Zelte und Holzbuden zogen sich bis zum Prater. Mit einem Gottesdienst und einer Prozession zum Dank für die Abwehr von Feindesgefahr begann er. Und dann entfaltete sich das Fest mit Schmaus und Tanz. Riesenfässer waren innen als Tanzsaal ausgestaltet, Ringelspiel, Marionetten, Menagerien, Taschenspieler und Wachsfigurenkabinette sorgten für Unterhaltung. Wanderhändler boten Erfrischungen an. Bürgerfamilien kamen mit großen Körben, die sie an schattigen Plätzen öffneten. Heraus kamen Hendl und Brot, Gugelhupf und Wein für ein Picknick. Wer es sich leisten konnte, ging in die Wirtshäuser, die die sonderbarsten Namen trugen: »Zur melancholischen Wanze«, »Zur wahnsinnigen Schlafhaube«, »Zum unsterblichen Knödel« und »Zur desperaten Blunzen«. Die Mädchen trugen ihre schönsten Kleider und ihren besten Schmuck. »Wann die Staner echt san, muß die Jungfrau falsch sein«, tuschelte es hinter ihnen drein. Acht Tage dauerte oft der Nachkirtag, und kaum war er vorbei, ging der Wirbel des Annenfestes los, in dem alle Annerln von Wien gefeiert wurden.

Im Sommer verlagerte sich die Festesfreude noch mehr in die Vorstädte sowie in die nähere und weitere Umgebung. Erst im Winter gingen die städtischen Feste weiter und erlebten zu Weihnachten ihren Höhepunkt. Weihnachten war schon im mittelalterlichen Wien sehr eng mit kulinarischen Geschenken verbunden. Die Babenbergerherzöge bekamen von den Frauen Wiens süßes Brot – »Weisat« hieß das damals. Diese brachten ihre liebevoll geformten, in schöne Tücher gehüllten Striezel oder Zöpfe in die Burg, als Erinnerung an die Geschenke der Hirten, die zur Krippe nach Bethlehem gekommen waren. Auf dem Krippenmarkt, der sich vom Graben bis zum Stephansplatz ausdehnte, brauchen.« Die weihnachtliche Krippenstadt wurde so groß, daß sie schließlich auf den Platz Am Hof übersiedeln mußte. Noch immer brachte der Nikolo den Kindern die Geschenke, bis Henriette von Nassau, die Frau Erzherzog Karls und einzige protestantische Erzherzogin Österreichs, 1816 in der Weilburg bei Baden den ersten Christbaum entzündete. Fast gleichzeitig

Großer Maskenball im Redoutensaal 1812

waren vom Mittelalter bis in den Vormärz alle Köstlichkeiten der Wiener Küche ausgebreitet: Roratewürste, Brezel und Krapfen, süße Strauben, Hustenzelteln für die ewig mit Bronchitis geschlagenen Wiener Kinder, Karamellen, Mandoletti, Schokoladepastillen, türkischer Honig, Zwetschkenkrampusse, Marzipan. Im Biedermeier gesellte sich auch Spielzeug dazu: Puppen, Hampelmänner, vergoldete Nüsse und Äpfel und »vulkanische, duftverbreitende Krampusse, als Räuchermaschinen zu ge-

brachte die kluge Fanny von Arnstein, die Berliner Frau eines Wiener Bankiers, den vielbestaunten neuen Brauch unter die Leute. Daß Weihnachten zur »stillen Nacht« wurde, hatte politische Gründe. Bis in die Zeit Josephs II. war die heilige Nacht ein ausgelassenes Fest, mit dem man die bösen Geister der Rauhnächte austreiben wollte. Die wilde Jagd tobte ja ums Haus, kopflose Gespenster, die Pferdekeulen durch den Rauchfang warfen und die es auf Hab und Gut, Leib und Leben abgesehen hatten. Man beschwichtigte sie mit den Bröseln vom süßen Brot. »Windfüttern« hieß das, den Dämonen ihren Anteil am Festschmaus zu geben. Bis in die Nacht hatten die Kaffee- und Methäuser, die Wein- und Bierschenken offen. Dort versammelte man sich zum Billard- und Kartenspiel und zum fröhlichen Umtrunk. In den Privathäusern wurden festliche Empfänge gegeben, in deren Mittelpunkt die reichbestellte Tafel stand. Tagsüber wurde brav gefastet, damit man Platz für die weihnachtlichen Genüsse hatte. Ehe man zur Mette ging, gab es unterhaltende Spiele. »Sabbathindel« hießen sie in Wien, nach der italienischen Bezeichnung sabbatino für »Abendunterhaltung«. Fast alle Spiele waren darauf angelegt, die Zukunft zu erforschen. Mädchen wollten wissen, ob sie heiraten, Geschäftsleute, ob sie Erfolg haben würden. Mit Schuhwerfen, Ofenlochschauen, Bleigießen und Leutausrichten verging die Zeit bis Mitternacht. »Es gibt in Wien viele Privatgesellschaften zu Weihnachten«, schrieb die »Dresdener Abendzeitung«. »Man beschenkt einander und wünscht sich den Teufel an den Hals.«

Und dann ging man mit der Erwartungsfreude von Premierengästen zur Mette. Sie hatte im späten Barock viel von einem Theaterereignis - den Einzug der festlich gestimmten Besucher, dramatische Hirtenszenen, volkstümliche Lieder, musikalische Gags. In manchen Kirchen gab es Marionettenbühnen, auf denen die Geburt Christi dargestellt wurde. Die naivfrechen Hirtenspiele ließen Anspielungen auf Tagesereignisse anklingen, die schallendes Gelächter provozierten. Zwischen den Gesängen zwitscherten Vögel, krähten Hähne, schrie der Kuckuck. Bei den ausgelassensten Liedern trampelten die Kirchenbesucher im Takt mit. »Meine Herren Kollegie haben aber's Liedl mitgetrillert, und das ist gewiß eine lustige Metten g'wesen«, berichtet der Eipeldauer. Und erklärt damit, warum im Wienerischen »eine Metten machen« für Wirbel, Radau steht.

Die Metten wurden immer lustiger, und das gefiel Joseph II. gar nicht. Er stutzte das barocke Rankenwerk rund um die Messe radikal. Zuerst wurde die Hirtenmusik verboten, bei der man »oft zu Ehre Gottes recht spaßige Schmutzereien hörte.«

Die Wiener glaubten nicht, daß man ihnen ihr Weihnachtsspektakel nehmen könnte. Sie fuhren im Fiaker von einer Kirche zur nächsten, um die dargebotenen Hirtenlieder zu vergleichen und um mit schönen Mädchen anzubandeln. Denen wurden heimlich die Röcke zugenäht, Tinte ins Weihwasser geschüttet, die Zöpfe zusammengebunden. So manche Wienerin lernte den Mann, von dem sie beim Ofenlochschauen und anderen Spielen geträumt hatte, bei der Mette kennen.

Der preußischste Kaiser auf Österreichs Thron, Joseph II., machte jedoch Ernst. Die Hirtenspiele wurden verboten, die Marionetten weggeräumt, die Krippen aus der Kirche verbannt. Die Polizei sorgte für die Stille der Heiligen Nacht. Und den Wienern war das Lachen vergangen. Mit der unbefangenen Heiterkeit, mit der heute noch in mediterranen Ländern

Weihnachten gefeiert wird, war es vorbei. Die Metten wurden still und ernst, die Wirtshäuser schlossen früh, das Spektakel barocker Lebensfreude war behördlich verboten.

Die Wiener fügten sich. Ein letzter Rest überschwenglich-kindlicher Festesfreude lebt heute noch in der Weihnachtsbäckerei weiter – ein Anhauch von naivem Glück bei einer Riesenschüssel Vanillekipferln.

Wiens Spektakel haben aber auch ihre Nachtseiten. Wer denkt heute noch daran, wenn er eine »Hetz« hat, welches barbarische Schauspiel einmal damit gemeint war. Seit Anfang des 18. Jahrhunderts wurden in Wien Tierhetzen veranstaltet. Seit 1755 im »kayserlich königlichen Hötz-Haus« auf der Landstraße. Die Hetzgasse erinnert heute noch an seinen Standort. Das Hetztheater war ein Amphitheater aus Holz, dreistöckig, für 3000 Zuschauer. In der Mitte der Arena gab es ein Wasserbassin und hohe Steigbäume als Zuflucht für die Hetzknechte. Angekündigt wurden die Vorführungen mit Trommlern, einem Mann in Jagdkleidung, und »hinten folgen 3 bis 4 Kerle, ganz in gelbes Leder gekleidet, mit der Miene Huronischer Skalpirer, und theilen links und rechts Zettel aus, die so voll des albernsten Unsinns stecken, als waeren sie im Narrenthurm geschrieben worden«, schildert Johann Pezzl, ein bekannter Publizist des josephinischen Wien, den Stil des Unternehmens.

Zwischen März und November, immer nachmittags, beginnt die Vorstellung. Militärtambours mit Pfeifern der Garnison spielen eine ohrenbetäubende Musik. So haben einst die Janitscharen, die gefürchteten Fußtruppen der Türken, die aus christlichen Kriegsgefangenen rekrutiert wurden, bei der Belagerung Wiens gespielt und die Eingeschlossenen in Angst und Schrecken versetzt. In friedlicheren Zeiten begleitet diese Musik Spektakel aller Art. In die Musik mischt sich das Gebell der Hetzhunde, die bald darauf auf Stier und Wolf, Bär und Löwe, Hirsch, Hyäne und Leopard losgelassen werden. Die wilden Tiere sind wehrlos – »sie scheinen aber allemahl etwas mit Opium betäubt zu seyn; denn ihre Tapferkeit ist nicht die größte«, beobachtet Johann Pezzl.

Das ekelhafte Schauspiel sorgt jahrelang für volle Häuser. Nach dem Tod des Besitzers geht das Hetztheater sogar in die Verwaltung der »k. k. Obersten Theatral Direktion« über, die das Hofburgtheater und das Kärntnertortheater verwaltet. Der Eipeldauer, unermüdlicher Chronist des wienerischen Alltags, schreibt: »Der Wiener Herr Vetter hat mir erzählt, daß schon recht brave Herren wider d'Hetz geschrieben hab'n, weil's so a wilds und grausames Spektakel wär, und weil's Gemüt hart macht; denn es würden ja nicht so viele geistliche Herren in d'Hetz gehn, und noch dazu, ihre Studenten hineinführen; d'Frauenzimmer haben ja auch weiche Herzen und doch ist's Hetzhaus voll Frauenzimmer.«

Ein Brand 1796, bei dem alle Tiere zugrunde gingen, beendete dieses düstere Kapitel wienerischer Spektakellust. Kaiser Franz kam auf die Brandstätte und beschloß: »Neu erbaut soll die Hetze nicht werden, sie bot für mich immer ein Schauspiel, das mich anwiderte und von dem ich nie begriff, wie denn meine Wiener es mit Vergnügen sehen konnten.«

Die Stadt, die soviel auf ihre »Hetz« hielt, erlebte eine ihrer größten Demütigungen, als Napoleon nach der siegreichen Schlacht von Wagram in Wien einzog und sich in Schönbrunn einquartierte. Mit einer Militärparade, einer Messe im Stephansdom und einem Gala-Essen mit Feuerwerk in Schönbrunn feiert er seinen 40. Geburtstag. Das ist auch den neugierigen und sensationslüsternen Wienern zuviel. Einer, der sich mit Witz zu wehren weiß, hängt an diesem Tag ein großes Schild vor sein Fenster. Mit großen Buchstaben steht da: ZWANG. Die Polizei rückt aus. Aber der Mann, der das Schild aufhängt, bittet sie ganz ruhig um genaue Lektüre. »Zur Weihe an Napoleons Geburtstag« steht da – allerdings sind die Anfangsbuchstaben ganz groß, der Rest ganz klein geschrieben.

Als Napoleon besiegt und nach Elba verbannt ist, wird in Wien das längste und rauschendste Fest gefeiert: der Wiener Kongreß. Er beginnt im September 1814 und dauert bis zum Juni 1815. Die Neuordnung Europas soll hier beschlossen werden. Aber der kluge Prince de Ligne durchschaut schnell, was wirklich geschieht: »Der Kongreß kommt nicht vorwärts, er tanzt.« Kaiser und Könige, der Zar, Herzöge und Fürsten treffen einander zu Redouten und Diners, bei Ballett-, Opern- und Theateraufführungen, zu Wohltätigkeitsessen und Jagden in Renaissancekostümen. Man amüsiert sich, intrigiert und plant, streitet und versöhnt sich, flirtet und konkurriert um die Gunst der Mächtigen. Lakaien und Stubenmädchen verbreiteten neuesten Tratsch blitzschnell

Soupé in der Orangerie von Schönbrunn am 10. März 1839

in ganz Wien. Welche Wonne, wenn die Herzogin von Sagan und die Fürstin Bagration gleichzeitig um die Zuneigung des russischen Zaren und des Staatskanzlers Klemens Fürst von Metternich konkurrieren. Die Fürstin Bagration hat eine Tochter von Metternich, die sie höchst indiskret Klementine nennt. Maskenbälle sind ungemein beliebt – elegante Versionen von Volkstrachten werden besonders gern getragen. Welches Futter für Lästermäuler, als Lady Castlereagh, die Frau des britischen Botschafters, in antiker Toga und mit dem Hosenbandorden ihres Mannes im Haar erscheint. Der Wiener Bankier Arnstein gibt ein Essen in einem mit künstlichen Bäumen dekorierten Saal, auf denen, mitten im Winter, echte Kirschen, Pfirsiche und Marillen hängen. Der Fürst Rasumofsky läßt sich nicht lumpen und serviert bei einem russischen Fest in seinem Wiener Palais auf der Landstraße Austern, Trüffel, Stör, Orangen, Erdbeeren und Kirschen aus seinen Moskauer Treibhäusern. Das Stück soll einen Silberrubel gekostet haben, wird ehrfurchtsvoll kolportiert.

Staatskanzler Metternich gibt 19 Bälle, den ersten für 1800 Gäste. Bei seinen Festen kommen auch die inzwischen übersättigten und blasierten Gäste auf ihre Rechnung. Das Festmahl wird auf jenem Sèvres-Porzellan serviert, das Metternich als Kuppelgeschenk für die Vermittlung der Ehe zwischen Napoleon und Marie Louise, der Tochter des Kaisers Franz, bekam. Natürlich gibt es auch bei ihm Feuerwerk und bengalische Beleuchtung, ein Konzert auf 20 Klavieren, vierhändig bespielt – Musik für 400 flinke Finger. Und weil das alles noch zu wenig ist, gibt es auch noch einen handfesten Krach zwischen dem Gastgeber und dem russischen Zaren Alexander I.. Ob die beiden fürstlichen Konkubinen dran schuld sind, rätseln die Wiener.

Die Damen der Kongreßgesellschaft treten in Theateraufführungen und Balletten auf, in farblich genau aufeinander abgestimmten Roben – ein Anlaß, mit kostbarem Schmuck aufzutrumpfen. Die Fürstin Esterházy soll Juwelen im Wert von 6 Millionen Gulden präsentiert haben.

Und damit jene nicht zu kurz kommen, die den Hauptanteil an der Vertreibung Napoleons haben, wird am 18. Oktober 1814, dem Jahrestag der Völkerschlacht von Leipzig, ein »grandioser Armeeschmaus« im Prater veranstaltet. 20.000 Soldaten und Offiziere schmausen in einem Tempel des Friedens: »Suppe mit Knödeln, je 1 Pfund Rindfleisch mit Sauce, 3/4 Pfund Braten, drei Krapfen, drei Semmeln, 1/2 Liter Wein.« Der Kaiser und die Generäle tafeln zusammen im Lusthaus.

Welch herrlicher Skandal, als der englische Vizeadmiral Sir William Sidney Smith zu einem Wohltätigkeitsdiner im Augarten einlädt. Der Hoftraiteur Jahn, in vielen Buffetschlachten bewährt, sorgt für eine erlesene Speisenfolge. Und als dann befriedigt seufzend der Kaffee und ein letzter Likör genommen ist – kommt die Rechnung. Damit hatte niemand gerechnet, nach all den vielen Einladungen. Auch der König von Bayern nicht, der nach feudaler Sitte nicht einmal Geld bei sich hat.

Ein anderer Monarch, der König von Württemberg, wird auf sehr persönliche Weise geehrt – bei einem Mahl mit mittelalterlicher Musik und Minnesängern bekommt er einen eigenen Tisch mit rundem Ausschnitt, groß genug für seinen riesigen Bauch.

Neben den vielen Festen gibt es auch ein Begräbnis: Der »rosenrote« Prince de Ligne, der geistreiche Kongreßbeobachter, dessen Diener stets in seine Lieblingsfarbe gekleidet sind, stirbt und wird mit allem Trauerpomp, dessen Wien fähig ist, auf dem kleinen Friedhof am Kahlenberg begraben. Am 7. März 1815 kommt die Schreckensnachricht, daß Napoleon Elba verlassen hat. Der Kongreß hört auf zu tanzen und zu schlemmen - verstört verlassen seine Teilnehmer Wien. Am 18. Juni 1815, nach der Schlacht von Waterloo, ist Napoleons Schicksal endgültig besiegelt.

Eine neue Ära beginnt. Weit über die tatsächliche Zeit seines politischen Wirkens hinaus hat Metternich den Wiener Alltag geprägt. Wien wird sehr viel stiller, das kleine Glück im verborgenen mit ein paar Ventilen für überschüssige Energien wird zum erstrebenswerten Lebensziel. Das Biedermeier mit seiner Doppelbödigkeit - der Idylle und dem Elend, der Obrigkeitsgläubigkeit und den stillen Revolten - ist keine Zeit der großen Spektakel. Ruhe ist die erste Bürgerpflicht, alte Ordnungen werden kaum in Frage gestellt. Ein Fluchtvehikel allererster Ordnung ist die Musik, der Walzer, der davonträgt in sonst nie gekannte Harmonie. Man dreht sich im Kreis und genießt es, dort sicher anzukommen, wo man schon einmal war.

Bis weit in unser Jahrhundert wirkte diese Haltung nach. Sie konservierte die glanzvollen höfischen Feste, mit denen sich eine sterbende Gesellschaft verabschiedete. Wer heute an die Feste des 19. Jahrhunderts denkt, sieht sie häufig mit den Augen jener Filmregisseure, die sie in den dreißiger und fünfziger Jahren für die Kamera inszenierten. Und er findet sie in einer höchst lebendigen Veranstaltung unserer Zeit wieder: dem Opernball, der nach dem Zeremoniell einer längst vergangenen Epoche zelebriert wird. Auch

Wilhelm Gause, Der Hofball, 1898

wenn seine Gäste dem nicht immer gewachsen sind. Noch immer diniert man nach alter Tradition im Sacher oder Bristol, ehe man sich dem strapaziösen Ritual einer langen Nacht hingibt.

Der nostalgisch-prächtige Rahmen wird gerne zur Repräsentation mit Geschäftsfreunden genutzt. Aber immer wieder zieht es auch junge Leute zu einem Fest, das mit viel Drill verbunden ist. Dem triumphalen Einzug der jungen Paare in den strahlend schönen Opernraum geht ein Walzertraining im Stil des 19. Jahrhunderts voraus. Trotzdem gilt es als Privileg, dabei zu sein – die Mädchen alle in Weiß, mit schimmernden Krönchen in der Frisur. Die Herren im Frack oder in Uniformen. Die Erlösung kommt später, wenn der offizielle Teil vorbei ist, die jungen Gäste bis zum Morgengrauen durch das Riesenhaus flitzen, bei Bier und Würsteln neben den Bühnenarbeitern in der Kantine sitzen, in den Ballettgarderoben mitfeiern oder im Buffetsalon barfuß zu Rockmusik tanzen und schließlich die üppige Blumendekoration auf die letzten Tanzenden streuen. Die Älteren in ihren Logen feiern nicht ganz so entspannt, sie müssen gesehen und vielleicht fürs Fernsehen gefilmt werden, womöglich in der Nähe jener Prominenten, die für ihren Auftritt beim Opernball beträchtliche Honorare kassieren.

Auf der Bühne steht seit einigen Jahren, nur für jeweils diese Ballnacht, ein zweites Logenrund. Die spiegelgleiche Attrappe des Zuschauerraums. Sie paßt gut zu diesem Ball. Logen auf der Bühne, Bühne in den Logen. Jeder ist Darsteller und Zuschauer, Star und seine eigene Claque.

Neben den sorgfältig konservierten feudalen Festen Wiens entwickelten sich zunächst ganz unauffällig populäre Spektakel. Es begann mit dem Maiaufmarsch der Wiener Arbeiter 1890, die ihr Recht auf einen eigenen Feiertag, ohne Heilige und ohne Kaiser, in Anspruch nahmen. Sehr diszipliniert, sehr ruhig war dieser erste Aufmarsch im Prater, wo sich um diese Zeit sonst Hochfinanz und Adel beim Blumenkorso ein Fest bereiteten.

Längst hat der Maiaufmarsch, der über den Ring zum Rathaus führt, seine politische Brisanz verloren, ist seinerseits zum nostalgischen Event geworden, ein Teil der Stadtfolklore. Aber er ist ein Fest voll unverbissener Heiterkeit, bei dem heute auch altösterreichische Märsche gespielt werden können. Gemüsebeladene Lastwagen fahren mit, Kinder mit rotbebänderten Rädern und Fähnchen. Und am Rand, wie bei allen Volksfesten Wiens: Luftballons und Salzgurken aus dem Faß, Schaumrollen im Magnumformat, Bratwürstel, gekochter Kukuruz und Eislutscher.

Eine Veränderung des feierlichen Stadtgefühls – man zog sich elegant an, wenn man im Zentrum promenierte – brachten die U-Bahn und die Stadtfeste. Das Zentrum und die Peripherie rückten so nahe zusammen wie noch nie in der Geschichte Wiens. Jahrelang feierte die ÖVP im Zentrum ein sehr urbanes Fest mit Stelzenläufern und Clowns, Alternativmärkten, Speaker's Corner, Schanigärten und Kindertheater. Im Prater, dem traditionsreichen Ort so vieler Volksfeste, feiert die

KPÖ bei kubanischem Rum und polnischer Volksmusik, mit Fetzenballschießen auf prominente Kapitalistenschweine und einem Riesenfeuerwerk. Die größte Veränderung der Stadtlandschaft, der Bau des Entlastungsgerinnes, schuf ein riesiges Freizeitgebiet: die Donauinsel. 42 Kilometer Badestrand mit 700 Hektar Wasser in idealer Verkehrslage wurden von den Wienern mit Begeisterung in Besitz genommen. Hier entwickelte sich eine junge, unkonventionelle Gastronomieszene auf der Copa Cagrana und in der Sunken City. Was hätte wohl der Herr Vetter in Kagran, der Adressat der Eipeldauerbriefe, dazu gesagt?

Seit den achtziger Jahren findet auf der Donauinsel ein von der SPÖ veranstaltetes Mammutfest statt. Es lockt regelmäßig rund zwei Millionen Menschen auf den langen grünen Streifen am Strom, mit dem Traum-blick auf Leopolds- und Kahlenberg. An drei Tagen im Juni steigt hier

Rockkonzert beim Donauinselfest

das »größte und friedlichste Fest Europas« mit Rockmusik, so laut, daß die legendäre Janitscharenmusik zum Flüstersound würde, mit Kabarett und Kindertheater, Tanz, Telekommunikation und Experimentalfilmen. Und mit Bier, Grillwürsteln, Souvlaki, Stelzen, Zuckerwatte, Sushi und Langos, jenen knoblauchduftenden Fladen, die in Ungarn, woher sie stammen, fast schon in Vergessenheit geraten sind.

Ein ultimatives Fest der Wiener – ohne Vorbild aus einer anderen Zeit.

Brigittenkirchtag

Der Brigittenkirchtag, ein Volksfest, wo zwei Tage lang aufs allerwenigste 50 000 Menschen auf einer mit schönen Waldpartien umgebenen herrlichen Wiese mit echt italienischem Mutwillen Possen treiben, sich verkleiden, tanzen, springen, auf jedem Platz gegeigt, gewalzt, gefressen wird und doch alles ohne die mindeste Zänkerei abläuft; der Vorabend des Annentags, den ich in einer göttlichen italienischen Mondnacht genoß und wo, weil fast jede Wienerin Anna heißt, diesen zahllosen Annen (wienerisch Nannerln) von ihren zahllosen Freunden zahllose Serenaden mit Gitarren pp. gebracht wurden, indes die Brunnen auf den Märkten im Mondschimmer und der unvergleichlich spitze kolossalische Sct. Stephansturm – den ich des lieben Gottes Zahnstocher nennen möchte – wie ein mondbeleuchtetes Riesenkonterfei auf das Gewimmel der fröhlichen Menschlein unten, mit zahllosen gotischen Schnörkeln behängt, herniederschaute – diese Szenen allein sind eine Reise nach Wien wert!

Zacharias Werner, 1807

Carpaccio

Zutaten für 4 Portionen
Ca. 1/2 kg Rindsfilet
15 dag Parmesan
oder Grana

Für die Sauce:
0,2 l Mayonnaise
Saft von 1 Zitrone
5 EL Milch
Salz, Pfeffer
Worcestershiresauce,
Olivenöl

Zubereitung

Für die Sauce Mayonnaise mit Zitronensaft und Milch gut verrühren. Mit Salz, Pfeffer und 1 EL Worcestershiresauce würzen. Fleisch von eventuell vorhandenen Häutchen befreien und in dünne Scheiben schneiden. Gekühlte Teller mit wenig Olivenöl bestreichen und mit Salz und Pfeffer würzen. Fleischscheiben gleichmäßig auf dem Teller auflegen und nochmals mit Salz und Pfeffer würzen. Die Sauce auf das Fleisch träufeln und mit dem Rücken eines Suppenlöffels gleichmäßig verteilen.

Carpaccio mit grob geraspeltem Parmesan oder Grana bestreuen. Dazu serviert man Weißbrot.

Tip

Besonders einfach gelingt das Schneiden des Fleisches, wenn man es zuvor in Frischhaltefolie gewickelt ca. 4 Stunden in das Tiefkühlfach legt. Ca. 1/2 Stunde vor dem Servieren Fleisch aus dem Tiefkühlfach nehmen und ein wenig antauen lassen. Fleisch auf einer Wurst- oder Brot-Schneidemaschine in dünne Scheiben schneiden.

Sollten Sie keine Schneidemaschine zur Verfügung haben, das rohe Fleisch mit einem scharfen Messer in dünne Scheiben schneiden, zwischen zwei Lagen Klarsichtfolie legen und mit einem Rollholz ausrollen (oder mit der glatten Seite eines Fleischklopfers behutsam platieren).

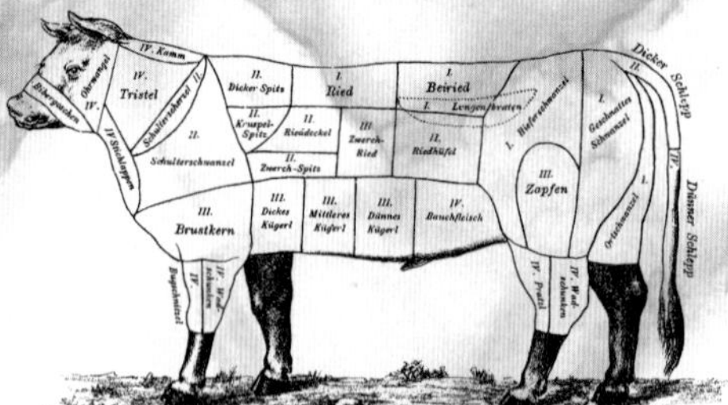

Clubsandwiches

Zutaten für 4 Portionen

1 grüner Salat
1 kleine Salatgurke
4 Paradeiser
6 Hühnerbrustfilets
40 dag geschnittener Frühstücksspeck
16 Scheiben Toastbrot
4 gekochte Eier

Für die Garnitur:
Maiskölbchen,
Oliven, Essiggurken

Salz, Pfeffer, Essig, Öl,
Mayonnaise, Butter

Zubereitung

Salat putzen, waschen und in 1/2 cm breite Streifen schneiden. Gurke schälen. Gurke und Paradeiser in 1 cm breite Scheiben schneiden. Hühnerfilets mit Salz und Pfeffer würzen und in wenig Öl beidseitig braten. Gegen Ende der Garzeit Speckscheiben mitbraten. Salat mit Salz und Pfeffer würzen und mit wenig Essig und Öl beträufeln. Salat mit 2 EL Mayonnaise vermischen. Brotscheiben toasten und dünn mit Butter bestreichen. Eier schälen und in Scheiben schneiden. Hühnerfilets in Streifen schneiden und mit dem Salat auf die ersten vier Brotscheiben setzen. Auf die zweiten vier die Speckscheiben, auf die dritten vier Paradeiser und Eischeiben.

Jeweils drei verschieden belegte Brotscheiben übereinandersetzen und mit den restlichen Brotscheiben abdecken.
Mit Spießen fixieren und mit Maiskölbchen, Oliven und Essiggurken garnieren. Sandwiches vor dem Servieren eventuell diagonal durchschneiden.

Paella

Zutaten für 4 Portionen

30 dag geputzter Brokkoli
8 gekochte Artischockenherzen
3 Paradeiser
15 dag Erbsen
1 Zwiebel
8 Hühnerflügerln
12 Miesmuscheln
12 Garnelen
1 Pkg. Safranfäden
30 dag Reis
0,7 l Suppe
2 EL gehackte Petersilie
4 Zehen Knoblauch
Salz, Pfeffer, Öl, Weißwein

Zubereitung

Brokkoli in Salzwasser bißfest kochen, abseihen, abschrecken und gut abtropfen lassen. Artischocken halbieren. Paradeiser achteln und entkernen.
Erbsen kurz überkochen und abschrecken. Zwiebel schälen und kleinwürfelig schneiden. Hühnerflügerln, salzen, pfeffern, in 2 EL Öl anbraten, herausheben und warm stellen.
Muscheln und Garnelen waschen. Muscheln in wenig Öl anbraten. Zwiebel zugeben, mit einem Schuß Wein und 1/8 l Wasser ablöschen und zugedeckt ca. 3 Minuten köcheln. Kochfond abseihen und mit dem Safran vermischen. Parallel dazu Garnelen in Öl anbraten.
Reis in einer möglichst großen Pfanne mit wenig Öl anschwitzen, mit Suppe und Kochfond aufgießen und aufkochen. Mit Salz, Pfeffer, Petersilie und zerdrücktem Knoblauch würzen.
Muscheln, Garnelen, Hühnerflügerln und Gemüse auf den Reis legen, Pfanne nicht zudecken. Ins Rohr schieben (unterste Einschub-Schiene) und bei 200° C ca. 1/2 Stunde backen.

Schalotten-Spiesse

Zutaten für 4 Stück

1/2 kg Schalotten-Zwiebeln
1 EL Kristallzucker
1/2 l Rotwein
1 TL Honig
Salz, Pfeffer, Thymian, Butter, Öl

Zubereitung

Schalotten schälen. Die Hälfte der Zwiebeln in Salzwasser bißfest kochen. Abseihen, abschrecken und gut abtropfen lassen.Zucker in 1 EL Öl hellbraun anschwitzen. Die restlichen Zwiebeln zugeben, kurz durchmischen und mit Wein ablöschen. Salzen, pfeffern und einen Zweig Thymian zugeben. Zwiebeln auf kleiner Flamme ca. 20 Minuten bißfest köcheln. Währenddessen öfter umrühren. Gegen Ende der Garzeit Honig untermischen. Zwiebeln im Kochfond auskühlen lassen. Rotwein-Zwiebeln aus dem Fond heben und gut abtropfen lassen. Rote und weiße Zwiebeln abwechselnd auf Spieße stecken. Mit Salz und Pfeffer würzen und in 1 EL aufgeschäumter Butter unter öfterem Übergießen mit Bratfett erwärmen.
Dazu serviert man Toastbrot und gebackene Petersilie.

Spare Ribs

Zutaten für 4 Portionen

1 3/4 kg Schweinsripperln

Für die Marinade:
7 Zehen Knoblauch
1/4 kg Ketchup
1 Becher Joghurt

Salz, Pfeffer, Ingwerpulver, Chilisauce, Sojasauce, Öl

Zubereitung

Knoblauch schälen und fein hacken. Ketchup mit Joghurt, Knoblauch, Salz, Pfeffer, 1 MS Ingwer sowie ein wenig Chili- und Sojasauce vermischen.
Ripperln mit der Marinade bestreichen, mit Frischhaltefolie zudecken und im Kühlschrank ca. 10 Stunden marinieren lassen.
Backrohr auf 180° C vorheizen. Ripperln auf ein leicht befettetes Backblech legen und im vorgeheizten Rohr (mittlere Einschub-Schiene) ca. 30 Minuten braten.
Als Beilage serviert man Erdäpfel, Brot und Salat.

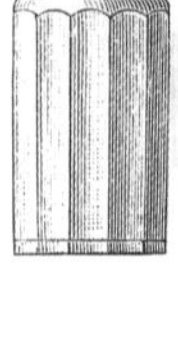

Dazu empfehlen sich

Gurken-Knoblauchsauce

Von einer kleinen Salatgurke die Kappen wegschneiden. Gurke schälen, der Länge nach halbieren, Kerne mit einem Löffel ausschaben. Fruchtfleisch auf einer Reibe grob raspeln, mit wenig Salz vermischen und ca. 1/4 Stunde ziehen lassen.
Je 1 Becher Crème fraîche und Joghurt gut vermischen und mit Salz, Pfeffer und 4 zerdrückten Zehen Knoblauch würzen. Gurken gut ausdrücken und mit 1 EL gehackten Kräutern unter die Joghurtmischung rühren.

Barbecuesauce

Eine kleine Zwiebel schälen, fein hacken und in 1 EL Butter anschwitzen, ca. 1 gestr. EL Paprikapulver zugeben, kurz mitrösten und mit 1/8 l Weißwein und je 1/4 l Suppe und Paradeissaft aufgießen. Sauce auf kleiner Flamme ca. 1/4 Stunde köcheln lassen.
Vor dem Servieren mit einigen Tropfen Essig, Tabacso, Worcestershiresauce sowie Salz, Pfeffer und 3 zerdrückten Zehen Knoblauch würzen.

Schinken-Speckkuchen

Zutaten für 8 Portionen

1 Pkg. TK Blätterteig (330 g)

Für die Fülle:
2 Zwiebeln
15 dag Preßschinken
15 dag Frühstücksspeck
1/8 l Milch
1/4 l Schlagobers
5 Eier
3 EL gehackte Kräuter
10 dag geriebener Gouda

Salz, Pfeffer, Muskatnuß, Öl, Mehl

Zubereitung

Blätterteig am besten über Nacht im Kühlschrank auftauen lassen und auf einer bemehlten Arbeitsfläche ca. messerrückendick ausrollen. Eine runde Auflaufform (∅ ca. 26 cm und ca. 4 cm Höhe) so mit dem Teig auslegen, daß er ca. 2 cm über den Rand der Form steht.
Backrohr auf 190° C vorheizen. Zwiebeln schälen, halbieren und in dünne Ringe schneiden.

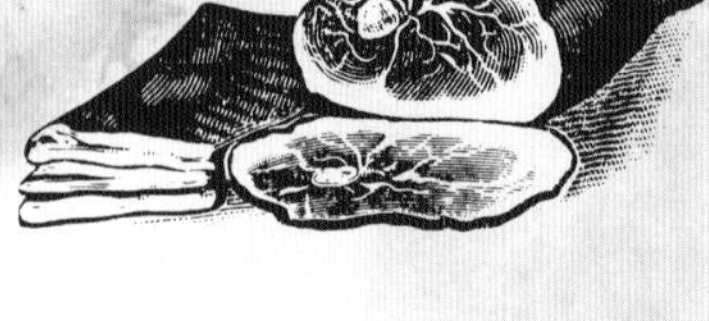

Schinken und Speck in 1/2 cm breite Streifen schneiden und in wenig Öl nacheinander knusprig anbraten. Zwiebel in Salzwasser kurz überkochen. Schinken, Speck und Zwiebel auf einem Sieb gut abtropfen lassen.
Milch, Obers, Eier und Kräuter gut verquirlen und mit Salz, Pfeffer und geriebener Muskatnuß würzen. Zwiebel, Schinken, Speck und Käse auf dem Teig gleichmäßig verteilen und mit der Eiermischung übergießen.
Schinken-Speckkuchen ins vorgeheizte Rohr (mittlere Einschub-Schiene/Gitterrost) schieben und ca. 50 Minuten backen.
Als Beilage serviert man Salat.

TIP

Sollte der Kuchen zu schnell Farbe nehmen, kann man ihn gegen Ende der Garzeit mit Alufolie abdecken.

TIP

Der Kuchen läßt sich leichter in Stücke schneiden, wenn man ihn vor dem Servieren kurze Zeit rasten läßt.

HÜHNERLEBER-TERRINE

ZUTATEN FÜR 4 PORTIONEN

15 dag dünn geschnittener Fettspeck
20 dag Butter
1/4 kg Hühnerleber
1/16 l Sherry
2 Eier
3 Zehen Knoblauch
Salz, Pfeffer, Thymian

ZUBEREITUNG

Kleine Terrinenform mit dem Speck so auslegen, daß er ca. 2 cm über den Rand der Form reicht. Butter auf kleiner Flamme zergehen lassen und beiseite stellen. Backrohr auf 120° C vorheizen.
Hühnerlebern putzen, in kleine Stücke schneiden und mit dem Sherry in einem elektrischen Zerkleinerer (Cutter) zu einem feinen Mus verarbeiten. Eier verquirlen und nach und nach einrühren. Masse mit Salz, Pfeffer, Thymian und zerdrücktem Knoblauch würzen.
Masse in die vorbereitete Form füllen, überhängenden Speck einschlagen und die Lebermasse ganz mit Speck abdecken.
Form in ein Geschirr stellen und soviel kochendes Wasser zugießen, daß sie zur Hälfte im Wasserbad steht.
Ins vorgeheizte Rohr (mittlere Einschub-Schiene/Gitterrost) schieben und unter dem Siedepunkt ca. 1 Stunde garziehen lassen.
Terrine aus dem Rohr nehmen, mit einem Brettchen beschweren und im Kühlschrank über Nacht auskühlen lassen. Vor dem Servieren stürzen und in Scheiben schneiden.
Als Beilage serviert man Blattsalate.

Dazu empfiehlt sich

ZWIEBEL-KONFIT

1/2 kg rote Zwiebeln schälen, halbieren und in 1/2 cm große Würfel schneiden. 1/2 EL Zucker in 1 EL Öl anschwitzen, Zwiebeln zugeben und unter ständigem Rühren glacieren.
Je 0,4 l Rotwein und Portwein zugießen, mit Salz und Pfeffer abschmecken.
Ein paar Zweige Thymian zugeben und die Zwiebeln weichkochen. Dabei sollte soviel Flüssigkeit verdampfen, daß sich am Ende eine konfitürartige Konsistenz ergibt. Gegen Ende der Garzeit 1 EL Honig einrühren.

Käse-Soufflé

Zutaten für 5 Portionen

8 dag glattes Mehl
15 dag Butter
½ l Milch
0,1 l Kaffeeobers
10 dag Emmentaler
11 Eier
Salz, Pfeffer, Muskatnuß, Butter

Zubereitung

Mehl in Butter unter ständigem Rühren anschwitzen. Einmach mit Milch ablöschen und auf kleiner Flamme ca. 10 Minuten köcheln. Währenddessen öfter umrühren. Sauce vom Feuer nehmen und das Obers untermischen. Masse abkühlen lassen und mit Salz, Pfeffer und geriebener Muskatnuß würzen.
Auflaufform mit ca. 2 ½ l Inhalt mit Butter ausstreichen und beiseite stellen. Backrohr auf 180° C vorheizen. Käse auf einer Reibe raspeln.
Eier in Dotter und Klar trennen. Dotter und Käse in abgekühlte Masse rühren.
Eiklar mit einer Prise Salz zu schmierigem Schnee schlagen. Schnee behutsam unter die Käsemasse heben.
Masse in die Form füllen und im vorgeheizten Rohr (mittlere Einschub-Schiene) ca. 20 Minuten anbacken. Danach Hitze auf 200° C erhöhen und das Soufflé fertigbacken (dauert ca. 25 Minuten). Soufflé aus dem Rohr nehmen und rasch servieren.
Als Beilage serviert man am besten Salat.

Hechtfilets mit Zitronen und Kapern

Zutaten für 4 Portionen

Ca. 60 dag ausgelöste Hechtfilets
Saft von 1 Zitrone

Für die Sauce:
2 unbehandelte Zitronen
½ Zwiebel
1 TL Kapern
½ Bund Petersilie
⅛ l klare Suppe

Salz, Pfeffer, Butter, Öl

Zubereitung

Hechtfilets nach eventuell noch vorhandenen Gräten abtasten und diese mit einer Pinzette auszupfen. Fischfilets in vier gleich große Stücke schneiden, salzen und mit Zitronensaft beträufeln.
Für die Sauce die Schale der Zitronen in feinen Streifen abziehen (am besten mit einem Zestenreißer) und in Salzwasser überkochen. Abseihen, abschrecken und gut abtropfen lassen.
Kappen der Zitronen wegschneiden und Früchte mit einem kleinen, scharfen Messer so schälen, daß auch die weiße Innenhaut entfernt wird. Zitronenfilets zwischen den Trennhäuten herausschneiden. Rest ausdrücken und den Saft auffangen.
Zwiebel schälen und kleinwürfelig schneiden. Kapern gut wässern und grob hacken. Petersilienblättchen fein hacken. Fischfilets in wenig Öl beidseitig braten, aus der Pfanne heben und warm stellen.
Im Bratrückstand Zwiebel anschwitzen, mit Suppe ablöschen und aufkochen.
Sauce durch Einrühren von 2 EL gekühlter Butter binden.
Sauce nun nicht mehr kochen lassen.
Kapern, Petersilie sowie Zitronenfilets und -schale in die Sauce rühren. Eventuell mit Salz und Pfeffer abschmecken. Fischfilets einlegen, mit Sauce übergießen und erwärmen.
Als Beilage serviert man gebratene Erdäpfel.

Tip

Eine ganz besondere Note erhält dieses Gericht, wenn man statt Zitronen Limetten für die Zubereitung verwendet.

Dazu empfiehlt sich

FENCHELGEMÜSE

Von 3 Fenchelknollen das Grün abzupfen und beiseite legen. Fenchel waschen, grob schälen, halbieren und den Strunk ausschneiden. Fenchel in feine Streifen schneiden und in 2 EL Butter anschwitzen. Mit ⅛ l Weißwein und ca. ¼ l Suppe untergießen. Fenchel salzen, pfeffern und auf kleiner Flamme bißfest dünsten. Fenchelgrün grob hacken und vor dem Servieren unter das Gemüse mischen.

Schafkäse-Polenta-Auflauf

Zutaten für 6 Portionen

½ Bund Basilikum
½ Bund Petersilie
8 grüne Oliven
8 schwarze Oliven
1 roter Paprika
½ kg Schafkäse
⅛ l Sauerrahm
1 l Suppe
6 dag Butter
30 dag Maisgrieß
Salz, Pfeffer, Butter

Zubereitung

Auflaufform mit Butter ausstreichen. Basilikum- und Petersilienblättchen grob hacken. Oliven entkernen und in kleine Stücke schneiden. Paprika halbieren und von Strünken und Kernen befreien. Paprika waschen und in gleich große Stücke schneiden. Schafkäse in kleine Stücke zerpflücken und mit dem Sauerrahm gut verrühren (am besten mit dem Handmixer). Oliven, Paprika und Kräuter untermischen. Suppe und Butter aufkochen, Maisgrieß einrieseln lassen und unter ständigem Rühren so lange kochen, bis ein dicker Brei entstanden ist. Masse mit Salz und Pfeffer würzen. Backrohr auf 200° C vorheizen.
Maisgrieß und Käsemasse in Schichten abwechselnd in die Form streichen. Mit Grießmasse abschließen. Auflauf ins vorgeheizte Rohr (mittlere Einschub-Schiene/Gitterrost) schieben und ca. 25 Minuten backen.

Nudelteig-Roulade

Zutaten für 5 Portionen

Für den Teig:
½ kg glattes Mehl
1 Ei
3/16 l Wasser

Für die Fülle:
1 kg frischer Blattspinat
2 Zwiebeln
6 Zehen Knoblauch

Salz, Pfeffer, Muskatnuß, Mehl, Öl, Butter

Zubereitung

Mehl, Ei, Wasser, 1 TL Öl und ein wenig Salz zu einem festen Teig verkneten, in Frischhaltefolie wickeln und ca. ½ Stunde rasten lassen.
Inzwischen für die Fülle Spinat putzen, waschen und in Salzwasser kurz überkochen. Abseihen, abschrekken und gut ausdrücken. Zwiebeln schälen, kleinwürfelig schneiden und in 1 EL Butter anschwitzen. Zerdrückten Knoblauch und Spinat zugeben. Mit Salz, Pfeffer und geriebener Muskatnuß würzen und gut vermischen. Spinat umleeren und auskühlen lassen.
Teig auf einer bemehlten Arbeitsfläche messerrückendick ausrollen, mit der Fülle gleichmäßig belegen und straff einrollen. Küchentuch mit Butter bestreichen und die Teigrolle darin straff einrollen. Die Enden mit Spagat zusammenbinden.
Salzwasser aufkochen, Roulade einlegen und auf kleiner Flamme ca. ½ Stunde köcheln lassen. Roulade herausheben, aus dem Tuch rollen und in gleich dicke Scheiben schneiden.
Eventuell vor dem Servieren in aufgeschäumter Butter beidseitig anbraten.
Als Beilage serviert man Blattsalate.

Villa Aurora am Wilhelminenberg

8.
Geniessen im Grünen

Die Plätze, an denen das Wohlbehagen der Wiener einmal Wurzeln schlug, mögen sich verändern, aber sie verschwinden nicht aus dem Bewußtsein. Manchmal geraten sie für einige Zeit in Vergessenheit – wie etwa der Semmering –, aber sie sind zu schön, um nicht mit neuem Bewußtsein wiederentdeckt zu werden. Landschaften wie das Salzkammergut sind seit Generationen das Ziel sommerlichen Seelenschlenkerns. Und seit rund zwanzig Jahren ein wahres Paradies der Feinschmecker. Das Kamptal, das bis in die dreißiger Jahre die Sommerfrische des Bürgertums war, wurde von Künstlern und Gesundheitsbewußten wiederentdeckt. Wochenendausflug und Heurigenbesuch, Bergwandern und ländliche Idylle sind ein untrennbarer Bestandteil des Lebens in Wien. Hochgebirge und Steppensee, Weinhügel und Aulandschaft – nur wenigen Großstädtern bietet die Natur in nächster Nähe soviel Abwechslung.

Schon vor über 200 Jahren leitete die Flucht aus dem engen Stadtzentrum mit seinen schlechten hygienischen Bedingungen die Stadterweiterung ein. Und wie die Ringe um einen Baum, der ständig im Ostwind steht, entwickelte sich Wien seit dem Barock nach Westen. Ob Adel oder lufthungrige Bürger – sie alle zog es nach Schönbrunn oder Hietzing, Grinzing oder Währing. Aber nicht nach Osten, etwa in die Eipeldau, das heutige Leopoldau, denn dort begann die »Affentürkei«, von dort bezog man allenfalls seine Gänse und das Lachen über die witzigen Geschichten, die Joseph Richter seinem nur scheinbar naiven Eipeldauer in den Mund legte. »Ich habe nie etwas so vollkommen Angenehmes und Reizendes gesehen wie die Wiener Vorstädte«, schreibt die weitgereiste Lady Montagu, der es in der Enge der Stadt absolut nicht gefallen hatte.

Die wohlhabenden Bürger bauten ihre Landhäuser in Respektabstand um die großen Besitzungen und versuchten, mit einer kleinen Sphinx und ein paar Putten in ihrem Garten einen Hauch feudaler Sommerseligkeit einzufangen. Ende des 18. Jahrhunderts gab es plötzlich viele Bürger mit Geld. Zu den Reformen Josephs II. gehörte auch die Förderung des Manufakturwesens. Zwischen Glacis und Linienwall entstanden vor allem Textil- und Metallwarenfabriken und rundherum Arbeiterwohnungen. Wer es sich leisten konnte, zog weiter hinaus und wurde unter Franz I. von neuen Fabriksbauten außerhalb des Linienwalls eingeholt. Aus Angst vor einer Revolution durch das Proletariat (wie in Paris) wurden die Arbeitsstätten vom Zentrum ferngehalten. In den Vororten entstanden die allerersten Mietskasernen.

Und je größer und enger die Stadt

wird, je schlechter die Lebensbedingungen der kleinen Leute, desto drängender wird die Sehnsucht nach Natur.

Zu Beginn des 19. Jahrhunderts entsteht ein Sog ins Grüne, der alle Schichten erfaßt. Mit dem Zeiserl-, dem Gesellschafts- und dem Stellwagen, den Vorläufern öffentlicher Verkehrsmittel, werden Ausflüge in den Wienerwald erschwinglich. Sehr gemütlich zockelt man durch die Landschaft. Der Zeiserlwagen hat nur zwei Pferde, aber zwölf Fahrgäste. Zerrissene Planen, ein unzulänglicher Schutz vor Regen und Sonne, flatterten im Fahrtwind wie Segel, wenn das »Linienschiff« auf volle Fahrt ging. Diesen Namen hatte das Gefährt, weil es nur außerhalb des Linienwalls verkehrte. Zeiselbauer oder Linabauer hieß der Kutscher.

Wer vom Stadtzentrum aus ins Grüne wollte, mußte den Stellwagen benützen. Er ging um sechs Uhr früh vom Burghof nach Dornbach ab.

Alle, die die weite Reise scheuten, fanden vor den Toren der Stadt Erholung. Auf den Basteien und dem Glacis gab es viele kulinarische Annehmlichkeiten in schöner Umgebung: im Paradeisgartl auf der Mölkerbastei, dort, wo heute das Burgtheater steht, konnte man zwischen Beeten und Grotten, Springbrunnen und Salettln promenieren und im Kaffeehaus des einstigen Spions Pietro Corti Kaffee, Limonade und Mandelmilch trinken. Dazu spielte der Lanner seine verführerischen Walzer.

Das erste große Naherholungsgebiet, den Prater, verdankt Wien Joseph II. Er öffnete 1766 das alte Jagdgebiet dem Volk und erlaubte »bürgerlichen Gastgebern und Coffeesiedern, im Prater Wein, Bier, Coffee und dergleichen auszuschenken«. Dort sollten sich die Wiener mit »Ballonschlagen und Kegelscheiben und anderen erlaubten Unterhaltungen eigenen Gefallens divertieren«. Allerdings mit einer Einschränkung: »Die allzu abgelegenen Orte, dicken Waldungen wegen sonst zu besorgenden Unfugs und Mißbrauchs alleinig ausgenommen.«

Die staatsväterlichen Befürchtungen galten den Auswirkungen der von Maria Theresia installierten Keuschheitskommission. Auch unter dem Sohn waren Bordelle verboten, dafür gab es rund 10 000 Geheimprostituierte. Ein zeitgenössischer Schriftsteller, Johann Friedel, schildert genußvoll, wie »Militär- und Polizeypatrouillen« abgelegenes Buschwerk des Praters von Anfang an bewachten. »Man sagt, daß eben durch diese Patrouillen die Luesternen auf die Gelegenheit aufmerksam geworden sind.«

Die Wiener lachten über diese Bevormundung innerhalb einer großzügigen Freigabe und nahmen das grüne Vakuum am Rand der Stadt begeistert in Besitz. Auch daß der Prater zunächst abends geschlossen und sonntags erst nach der Messe wieder geöffnet wurde, ließ sie kalt. Menschenströme schoben sich über die Jägerzeile und die Hauptallee zu den schnell aus dem Boden schießenden Lokalen und Belustigungen. Wirtshäuser der verschiedenen Kategorien entstanden, Schaubuden, Hutschen und Karussells wurden aufgestellt und das Ringelspiel mit kreisenden Wagen, von denen aus man mit einem Stab einen Ring erwischen mußte. Das Kasperltheater vom Stadtgut übersiedelte in den Prater und gab seinem populärsten Bereich den Namen Wurstelprater. Ab 1771 erleben die Wiener glanzvolle »Leuchtschauspiele«. Zunächst entzückt der Italiener Pietro Girandolini sein Publikum mit Feuerwerkskünsten. Ihn übertrifft dann der »vulkanische Künstler« Johann Georg Stuwer. Seine Familie sorgt bis 1871 für die Glanzpunkte der Praterfeste.

Ihre Feuerwerkskörper malen Tempel und Gärten, Wasserfälle und belagerte Festungen in den Nachthimmel, die Landkarte Österreichs und einen Brief, der sich öffnet und die Schrift: »Ich gratuliere!« enthüllt.

Spaziergang im Prater

Bei Tag sorgen Zirkuskünstler für Entzücken und Staunen. Christoph de Bach inszeniert Turnierspiele um entführte Prinzessinnen, er läßt dressierte Hirsche auftreten und ein Pferd, das erst Tisch und Sessel bringt und dann - mit sanftem Maul- eine ganze Jause serviert.

Als Bach stirbt, begleiten all seine Artisten und Tiere den Sarg, sein Lieblingsschimmel trabt mit leerem Sattel hinterdrein.

Buffalo Bill und seine Indianer und Trapper, Pferde und Büffel entfachen im Prater den Zauber der Prärie. Eines der liebenswertesten Spektakel inszenierten die Brüder Leicht. Ferdinand Leicht, der Sohn eines Schaustellers und Autor des Wienerlieds: »I und der Mond« pachtete das Wirtshaus »Zum schwarzen Tor« und veranstaltete dort Varietévorstellungen. Durch die Beziehungen seines Bruders Wilhelm, der Schauspieler am Volkstheater war, gelang es, dem Publikum bei Gulasch und Bier die berühmtesten Schauspieler und Sänger zu präsentieren. Meist bekamen sie als Gage nur ein Nachtmahl. Es hatte Prestige und galt als Riesenhetz, unter den alten Kastanien vor einem begeisterungsfähigen Publikum aufzutreten. Wilhelm Leicht, der das Varieté in den zwanziger Jahren übernahm, kündigte seine Darbietungen in edelstem Pathos an: »Heute, meine Damen und Herren, findet die Sensation der Sensationen statt. Sie hören einen Künstler, wie Sie ihn noch nie gehört haben, einen König, was sage ich, einen Kaiser, einen Zaren des Hohen C: Jan Kiepura. Vergessen Sie nicht, vorher unsere herrlichen Klobasser mit Saft und Erdäpfeln um fünfzig Groschen zu bestellen, das Schnitzel, das weit über den Teller hängt. Das Pilsner ist frisch angeschlagen. Und unser Apfelstrudel und die Marillenknödel sind ein Gedicht! Und jetzt, meine verehrten Damen und Herren, der große Tenor!«

Und dann sprang Jan Kiepura auf die Bühne, strahlend, beschwingt, und stemmte sein Hohes C siegreich gegen das Pfeifen der nahen Liliputbahn an. Komiker hatten es leichter, die konnten ihre Pointe so lange verzögern, bis die Bahn ausgepfiffen hatte, erzählt Fritz Muliar, der mit dabei war.

Das Gasthaus »Zur Linde«, Rotenturmstraße 12, Aufnahme aus dem Jahre 1938

Aslan und Bassermann, Ernst Deutsch und Hans Albers, Alexander Moissi, Paula Wessely, Tilla Durieux und noch viele andere Berühmtheiten des Theaters und der Oper kamen. Erik Schmedes sang hier die Romerzählung, Kainz sprach den Hamletmonolog, Girardi sang das Fiakerlied, umweht von Gulasch- und Bierdüften. Der Zaun des Etablissements war voll mit ihren Autogrammen. Wie so vieles verschwand auch das Varieté Leicht beim großen Praterbrand 1945.

Zum ersten Mal in der Geschichte Wiens kam es im Prater zu ständigen Begegnungen der verschiedensten sozialen Schichten. Auch das war im Konzept Josephs II. vorgesehen. Und als ihn ein Hofbeamter entsetzt fragte, ob er nun im Prater mit nicht standesgemäßer Gesellschaft konfrontiert sei, soll er ihm kühl erwidert haben: »Wenn jeder nur mit seinesgleichen umgehen wollte, müßte ich mich bei meinen Ahnen in der Kapuzinergruft einschließen.«

Ausländische Besucher wunderten sich über das gelungene Experiment und über die Wiener. »Besonders im Prater fällt der Wohlstand und das Glück der Wiener Bevölkerung ins Auge. Ganze Familien von Bürgern und Handwerkern sieht man um fünf, aber auch mittags in den Prater ziehen, um dort ein ländliches Vesperbrot einzunehmen, das mindestens so kräftig ist als in anderen Ländern das Mittagessen«, schreibt Madame de Staël nach einem Wienbesuch.

Wer nicht mit dem eigenen Picknickkorb in den Prater kam, konnte beim Salamutschi einkaufen, sich vom Radimann einen Rettich kunstvoll in Lampionform schneiden lassen oder sich von der Znaimerin saftige Gurken aus dem Faß fischen lassen. Beim fliegenden Greißler gab es Bäckerei, Brezeln und Zuckerln aus großen Gläsern. »Für zwei Kreuzer Durcheinander« verlangten die Kinder, die alle Sorten kosten wollten.

Die besten Backhendln gab es im Wirtshaus »Zum grünen Paperl«. Die Firmlinge wankten schwindlig vom vielen Ringelspielfahren zum »Eisvogel«, wo eine Damenkapelle zu Schnitzel und Stelzen spielte. Beim »Walfisch« gab es den echten Unterkiefer eines Pottwals als Hauszeichen zu bewundern. Beim »Lustigen Bauern« spielten die Schrammeln auf. Und beim »Swoboda« drehten sich Soldaten und ihre Mädchen, oft in ungarischen oder slowakischen Trachten, beim Fünfkreuzerltanz.

Eines dieser populären Praterwirtshäuser, das »Schweizerhaus«, ist noch immer das Ziel sommerlicher Ausflüge. Es entstand zur Zeit der Weltausstellung als Schweizer Meierei, aber im Prater waren die Milchliebhaber spärlich gesät, also wurde ein Bierhaus daraus.

Bier und Stelzen ziehen heute noch Schauspieler und Politiker, Arbeiter und Beamte in das Lokal im Grünen. Ursprünglich bot der Großvater des jetzigen Besitzers, der Fleischhauer Kolarik, zu seinen frischen Würsten Pilsner Bier an. Und dann fuhr er mit seinem Sohn nach Budweis, wo beide soviel Bier tranken, daß jeder seine Rechnung heimlich bezahlte, um dem anderen nicht zu verraten, wieviel er getrunken hatte.

Überraschenderweise hatten die beiden am nächsten Tag keinen Kater. Seitdem ist das »Schweizerhaus« auf Budweiser Bier eingeschworen. Die Familie Kolarik übernahm in den dreißiger Jahren auch das Depot der Budweiser Brauerei und ist heute mit einer eigenen Firma ein wichtiger Importeur. Im »Schweizerhaus« gab es schon in den fünfziger Jahren Kartoffelchips, die damals Rohscheiben hießen und in der eigenen Küche gebacken wurden. In den sechziger Jahren holte Karl Kolarik senior ein Großgrillgerät aus Amerika und ließ darauf Gansln, Enten und Hendln rotieren. Inzwischen beschränkt sich die »Schweizerhaus«-Küche auf Hendln und die legendären Stelzen. Noch immer gibt es feinstgeschnittenen Rettich, für den ein eigenes Gerät, der Radimeter, konstruiert wurde. Und wem nach soviel deftigen Genüssen die Bauchhaut zu eng wird – der Jelinek, ein Verdauungsschnaps, reguliert das Wohlbefinden.

Nur wenige der eleganten Praterlokale sind erhalten geblieben. Das erste, zweite und dritte Kaffeehaus an der Hauptallee, wo man exquisit essen und sich von Volkssängern, den Tanzorchestern eines Johann Strauß Sohn und Carl Michael Ziehrer, von Schauspielern und Varietékünstlern unterhalten lassen konnte, sie alle sind verschwunden. Auch der Sachergarten, die grüne Dependance des Hotelrestaurants Sacher, ist nur Erinnerung. Im einstigen Waldsteingarten, wo das Lokal lag, schmauste die Gesellschaft des Fin de siècle. Kaiserin Elisabeth gab für Ludwig von Bayern ein Gala-Diner. Auch das nobelste und teuerste Café des Praters, der Konstantinhügel, war einmal eine Sacher-Filiale. Seine Höhenlage auf einem Hügel im ebenen Prater verdankte es der Weltausstellung. Der Aushub für den Bau der Rotunde wurde zu diesem Hügel an einem kleinen Teich aufgeschüttet.

Beim Jausenkaffee auf dem »Tivoli«. Zeichnung von R. Ulreich

Das älteste Pratergebäude ist noch immer höchst lebendig: Das Lusthaus wurde

1566 als Jagdschlößchen der Habsburger errichtet. Es lag lange Zeit an einem Donauarm, dem Wiener Wasser. Und als der Verwalter dieses Jagdgebiets schließlich das Schankrecht bekam, waren die ersten zahlenden Gäste des Lusthauses Donauschiffer. Unter Joseph II. wurde das Lusthaus von Isidore Canevale neu errichtet, in der Fluchtlinie des Langen Ganges, wie die Hauptallee damals hieß. Während des Wiener Kongresses fanden hier viele Empfänge und Feste statt (siehe auch: »Spectacles müssen sein«).

Ende des 19. Jahrhunderts wogte der Blumenkorso rund um den reizvollen Pavillon. Seine kühle Eleganz findet heute wieder neuen Anklang – Praterspaziergänger schätzen die gute Küche, das junge Publikum trifft sich bei Clubbings, Vernissagen und Konzerten.

Ende des vorigen Jahrhunderts konnten die Wiener imaginäre Reisen unternehmen – ohne den Prater zu verlassen. Die Weltausstellung 1873 holte in 200 Pavillons die Kultur fremder Länder nach Wien. Ihre Architektur, ihr Kunsthandwerk und ihre Gastronomie boten den neugierigen Wienern spannende Erlebnisse ohne alle Strapazen. Indianerzelte, japanische Tempel, türkische Kaffeehäuser, ägyptische Harems und chinesische Paläste waren so schnell erreichbar wie die gewohnten Praterlokale und das Ringelspiel.

Ein noch größerer Erfolg wurde der Vergnügungspark »Venedig in Wien« auf dem Areal des Kaisergartens. Der Unternehmer Gabor Steiner ließ 1895 ein illusionäres Venedig entstehen, mit echten Kanälen, Türmen und Trattorien, in denen man die gewohnte Wiener Küche zu Gondelliedern genießen konnte.

Drei Jahre später entstand auf der Praterstraße der Dogenhof mit Motiven des venezianischen Ca' d'Oro. Der heute noch bestehende Bau erinnert an eine Idee der Stadterweiterung. Damals sollten die Angehörigen verschiedener Kronländer eigene Stadtteile bewohnen. Der zweite Bezirk war den Italienern Wiens zugedacht. Der Dogenhof sollte ihnen heimatliche Atmosphäre vermitteln.

Es gibt aber auch ganz neue Lokale, die sich insgeheim in alten Praterinstitutionen einnisteten: Im Riesenrad kann man Gondeln für ein Sektfrühstück mieten und sich dabei Wien gemächlich aus verschiedenen Höhen anschauen.

Noch ein altes Jagdgebiet an der Donau stellte Joseph II. den Wienern zur Verfügung: den Augarten. Kaiser Matthias hatte im Auwald an der Donau ein Jagdschloß gebaut. Die Türken schossen es in Brand, dann blieb es lange Ruine, bis Joseph II. ein neues, lichtes Gartenpalais bauen ließ. 1755 wurde der Park für alle geöffnet. Und gleich war wieder ein findiger Gastronom zur Stelle: Der Hoftraiteur Jahn servierte dort, wo heute die Porzellanmanufaktur Augarten ihre Räume hat, Kaffee und Schokolade, Mandelmilch und zu Mittag warme Speisen, vielerlei Weine, Liköre und Champagner.

Jahn, ein Avantgardist der Erlebnisgastronomie, würzte sein kulinarisches Angebot mit Konzerten in erlesener Besetzung: Mozart und Dittersdorf dirigierten bei ihm, viele Werke Beethovens wurden bei Jahn aufgeführt. Allerdings begannen seine Morgenkonzerte um acht Uhr früh, was nicht zu ihrer Popularität beitrug.

Das Publikum des Augartens war nicht so bunt gemischt wie im Prater, und es gab auch nicht so viele Spektakel. Aber immerhin erhob sich ein Luftschiff vom Rasen des Parks und landete in der Lobau. Papst Pius VI. besuchte Joseph II. im Augarten, um ihn - vergeblich - von seinen Kirchenreformen abzubringen. Die Staatsmänner des Wiener Kongresses tanzten, tafelten und tratschten. Und 1817 gab es eine prunkvolle Hochzeit mit verhängnisvollen Folgen: Erzherzogin Leopoldine, die Tochter von Kaiser Franz I., wurde mit Dom Pedro von Brasilien getraut. Daraus wurde eine der unglücklichsten Ehen einer Habsburgerin.

Der Augarten, Blick über das Parterre.
Stich von K. Schütz/J. Ziegler, Artaria Wien, um 1800

Die Ausflugsziele lufthungriger Wiener waren nicht nur Gärten. Auch Wallfahrten erfreuten sich großer Beliebtheit, weil sie vielerlei Bedürfnisse befriedigten. Man zog mit Fahnen und frommen Liedern aus der Stadt, zu einem heiligen Ort, versenkte sich dort in Gebete und Rituale und erholte sich von diesen Strapazen dann bei erfrischenden Schmäusen.

Eines der beliebtesten Wallfahrtsziele der Wiener war durch Jahrhunderte der Hernalser Kalvarienberg. Er gehörte dem Domkapitel von St. Stephan, das um 1639 nach dem Vorbild Jerusalems bei der Hernalser Kirche ein Heiliges Grab baute. Von St. Stephan gingen die Prozessionen über einen Kreuzweg, der so lang war wie die Via Dolorosa und der vom Schottentor nach Hernals verlief.

Die Türken zerstörten die Kirche, sie wurde wiederhergestellt. Joseph II. verbot die Prozessionen - sie gingen nach seinem Tod weiter. Und rund um den Kalvarienberg entstanden harmlose und böse Bräuche.

Buben, die ihre ersten Hosen anhatten, durften bei ohrenbetäubender türkischer Musik auf dem Palmesel reiten, das sollte ihnen Kraft und Gesundheit geben. Der Palmesel war ursprünglich eine Holzattrappe, die von Ministranten um die Kirche gezogen wurde. Später trabten lebendige Esel um den Kalvarienberg und mußten auch Erwachsene tragen. Händler schlugen ihre Buden auf. Brezeln und türkischer Honig, Studentenfutter und Karamel, gesponnener Zucker und Marzipanwürste sorgten für süß verkleisterte Mägen der Pilger. Kinder bekamen Pappendeckellanzen, die an die Waffen der römischen Soldaten bei der Kreuzigung Christi erinnerten. Und Ba(u)m-kraxler aus Holz, ein bewegliches Spielzeug, das daran erinnerte, daß der Zöllner Zachäus auf einen Baum geklettert war, um Jesus beim Einzug in Jerusalem zu sehen. Zum Programm der vorösterlichen Wallfahrten, die die Pilger mit schweren Kreuzen auf den Schultern antraten, gehörte auch der Besuch beim Körberljuden in der Hernalser Kirche. Diese kauernde Figur am Fuß der Kreuzigungsgruppe, die Judas Ischariot darstellt, sammelt in einem Korb Nägel und Hämmer ein. Unter dem Vorwand frommer Empörung fielen jedes Jahr in der Fastenzeit wütende Fausthiebe auf die Nase der Steinfigur. Als sie endgültig zertrümmert war, wurde sie durch eine Eisennase ersetzt.

Das »Anstrudeln«, Heurigenstudie von Hans Schließmann, 1883

Nach dem Aggressionsabbau lehnten die Pilger ihre Kreuze an die Wand und gingen vergnügt zum Heurigen. Und wenn die Raketen in die Nacht stiegen, die Bänkelsänger tremolierten, dann hieß es wieder einmal: »A Hetz war's«.

Der backhendelgoldene Glanz des Biedermeier kann nicht darüber hinwegtäuschen, wie schwierig das Leben in der Stadt Mitte des 19. Jahrhunderts war. Nur wenige lebten so, wie es die behäbigen Bürgerporträts oder die Bilder fröhlicher Armut vermuten ließen. Immer breitere Schichten verarmten in der fortschreitenden Industrialisierung, die Arbeitslosigkeit war groß, die Wohnungen wurden für viele unerschwinglich. Der Mietzins war nach der Nähe zur Stadt gestaffelt. In den Vorstädten verschwanden die kleinen bäuerlichen Häuser und machten Zinskasernen Platz, deren winzige Wohnungen hoffnungslos überbelegt waren. Viele dieser Häuser waren die Altersversorgung mittlerer Gewerbetreibender.

Die Angst vor Umstürzen wie der Französischen Revolution führte zur Entmündigung des Volkes. Hatte Joseph II. seine teilweise anfechtbaren Reformen noch unter dem Motto »Alles fürs Volk, nichts durchs Volk« durchgeführt, schaltete das hermetische Sicherheitssystem Metternichs jede Eigenständigkeit des einzelnen aus. Im Vormärz herrschte das Spitzelwesen eines totalitären Staates, der glaubte, alles wissen zu müssen, um die Kontrolle nicht zu verlieren. Die Zensur engte die Gedankenfreiheit ein, ihr unterlagen Publizisten, Autoren, Schauspieler. Aber die Angst als Lebensgefühl befreite sich in der Musik, im kaustischen Witz eines Nestroy, in der Poesie Raimunds.

Wenn das Biedermeier als Zeit der heilen Familien erscheint, so gilt das absolut nicht für die Unterschicht, in der sich die traditionellen Familienbindungen aus wirtschaftlichen Gründen auflösen. Um 1848 ist fast die Hälfte der in Wien geborenen Kinder unehelich. Der Grund: im Kleingewerbe leben die Mitarbeiter im Haus des Meisters, Essen und Wohnen ist Bestandteil ihres geringen Lohns. Um zu heiraten, müssen Männer die Höhe ihres Einkommens nachweisen und ein Führungszeugnis vorlegen. Unverheiratete Frauen arbeiten unter ähnlichen Bedingungen in fremden Haushalten und haben keine Chance, sich eine eigene Existenz zu schaffen. Viele Kinder kommen ins Asyl, weil sie im Leben der Eltern keinen Platz finden. Die Revolution 1848 verändert die Verhältnisse nicht grundlegend, nur Metternich muß abtreten, das Spitzelwesen verschwindet.

Das Biedermeier mit seinen bezaubernden Kinderporträts ist keine gute Zeit für Kinder. In Wien geht eine ewige Bronchitis um, auch bei den Wohlhabenden ist die Lungenkrankheit eine der häufigsten Todesursachen, die Pocken zeichnen viele fürs Leben.

Die Mütter holen in ihrer Verzweiflung Ziegenmilch und Pferdefett zum Einreiben aus der Vorstadt - das soll gut für die Lunge sein. Der Vorsteher der bürgerlichen Stadtköche, Ignaz Jan, macht mit der von ihm erfundenen Kräutersuppe gegen Pocken ein gutes Geschäft. Und der Arzt Dr. Anton Braun vom Bauernmarkt mit seiner Pockenimpfung ein schlechtes. Obwohl er inseriert, daß jeder Impfling eine Lotterienummer gratis bekommt - der erste Ruf gewinnt ein neusilbernes Besteck.

Wer es sich leisten kann, verbringt die Sommer in der Umgebung Wiens. Eine der ersten Sommerfrischen ist Dornbach, wohin der Stellwagen fährt. Im benachbarten Neuwaldegg hat der aus Irland stammende Graf Moriz Lacy ein Schloß ausgebaut und seinen Märchengarten der Öffentlichkeit zugänglich gemacht.

Später erben die Fürsten Schwarzenberg den Besitz des kinderlosen Grafen. Der Schwarzenbergpark in Neuwaldegg, der wieder Teil der Natur wurde, ist heute noch ein beliebtes Ausflugsziel.

In Dornbach mieteten sich im 19. Jahrhundert in den Hauerhäusern bleichsüchtige Wiener mit ihren hustenden Kindern ein und genossen das Landleben. Die Hauertöchter bekamen die Wäsche zu waschen, und das machten sie so gut, daß sie bald als die besten Wäschermädeln galten. Hotels und Villen entstanden - aber als die Stadt mit ihren Wohnbauten nachrückte, suchten die Sommerfrischler sich andere Quartiere.

Als Kaiser Franz Baden zu seiner Sommerresidenz macht und zweimal den Schneeberg besteigt, folgen ihm wohlhabende Bürger und abenteuerlustige Künstler nach. Die Maler finden im Gebiet um Gutenstein die Essenz jener romantischen Landschaften, nach der die Stadtbewohner jener Zeit lechzen. 1841 wird die Südbahn eröffnet und schiebt sich langsam ins Hochgebirge vor. Plaisirfahrten mit der

Das Holländerdörfl auf dem Hameau

Eisenbahn nach Mödling, Baden oder Gloggnitz sind ein kostspieliges Vergnügen, das sich nur sehr Wohlhabende leisten können. Und dann entsteht jenes Wunderwerk, das einen heute noch durch seine kühne Trassenführung beeindruckt: die Semmeringbahn. Ihr Bau ist eine direkte Folge der Revolution von 1848, die Arbeit an der Strecke wurde unmittelbar darauf begonnen, um Scharen von unzufriedenen Arbeitslosen zu beschäftigen. Als Holzfäller und Steinbrucharbeiter kämpften sie sich, an Seilen hängend, durch Schluchten und über Felsabstürze an die Paßhöhe heran. Schon die Bernsteinstraße ging über den Semmering, unter Karl VI. wurde die alte Bergstraße ausgebaut, die nach Triest führte. Und als die Semmeringbahn mit ihren Brücken und Viadukten in einer unbeschreiblich schönen Landschaft fertig war, entstand auf der Paßhöhe die perfekte Sommerfrische dieser Zeit. Ein Kunstprodukt für Großbürger und Künstler, die Grandhotels in den Bergen bezogen, um nicht in der frischen Luft zu sein. Historismus in Lederhosen, Jugendstil mit Gamsbart – Adolf Loos, der selbst ein Landhaus von nobler Schlichtheit auf den Kreuzberg gestellt hatte, sprach von »rustikalem Gejodel«.

Aber zwischen Holzhäusern mit glasierten Giebeldächern, geschnitzten Holzbalkons und stilisierten Alpenblumen, Türmchen à la Neuschwanstein entstand ein neues Lebensgefühl für Städter. Five o'clock unter Palmen und Makartbouquets, Galaessen mit Blick auf Wald und Fels – langsam wagte sich eine verwöhnte Stadtgesellschaft hinaus ins Grüne, ins Abenteuerliche. Die ersten Skifahrer pflügen über die Hänge, auf der Serpentinenstraße werden Autorennen veranstaltet, im ersten Alpenschwimmbad plätschern die Gäste unter der Bergsonne, Golfer schwingen ihre Schläger beim Südbahnhotel. Und über allem das »erstklassige Alpenglühen« des Karl Kraus.

Im nahen Reichenau locken Kaltwasserkuren und Plüschinterieurs die nervösen Städter in eine komfortgemilderte Gebirgsregion. Die Habsburger haben hier ihre Villa Wartholz, aber das viel prunkvollere Rothschildschlössel signalisiert, woran sich Kurgäste und Villenbesitzer orientieren, solange ihr Reichtum neu ist. Wenn er bereits Patina ansetzt, kehrt man zu jenem aristokratischen Understatement zurück, das die Habsburger so eindrucksvoll vorleben.

Anders als am Semmering kristallisieren sich die anderen Sommerfrischen der Wiener häufig um kaiserlichen Jagdbesitz – wie im Salzkammergut – oder um eine kaiserliche Sommerresidenz mit seit Römerzeiten genützten Bädern – wie in Baden bei Wien. Bäuerliches Land mit einer romantischen Flußlandschaft wird 1889 durch die Eisenbahn erschlossen und zum Erholungsgebiet: das Kamptal.

In diesen ganz verschiedenartigen Szenerien spielen sich die Urlaubsfreuden jener Wiener ab, die es sich leisten können, im Sommer die Stadt zu verlassen.

Zum ersten Mal in der Geschichte wird das feudale Vorrecht der Jagd einer bürgerlichen Gesellschaft zugänglich. Und das veränderte auch die Küchengewohnheiten. Bisher gab es nur drei Erklärungen, wenn sich ein Stück Wild auf die Tafel der Bürger oder Bauern verirrte: Entweder hatten sie einen Jäger in ihrer Verwandtschaft oder einen Wilderer. Oder – ein Kaiser war gestorben. Nach dem Tod Kaiser

Maximilians, der ein großer Jäger war, verbreitete sich das Gerücht, er hätte auf dem Totenbett den Bauern das Wildbret vermacht. Worauf ein ungeheures Wildschlachten begann. Mit diesen Massakern befreite sich die aufgestaute Wut der Leibeigenen, die für das Jagdvergnügen ihrer Herren schwere Frondienste zu leisten hatten. Und die zusammengerittene Felder und schweren Wildschaden in Kauf nehmen mußten. »Euer Majestät allerhöchste Sauen haben meine allerunterthänigsten Erdäpfel gefressen«, schrieb ein Dompfarrer im 18. Jahrhundert an den höchsten Jagdherrn.

Das Hofküchengebäude in Bad Ischl.

Damals diente die Jagd vor allem der Verherrlichung menschlicher Macht, die ohne Rücksicht auf das Wild ausgeübt wurde. Ohne jede Chance auf Flucht wurde es zwischen den Hecken der barocken Gärten zusammengetrieben und von bequemen Tribünen aus erlegt. Trotzdem kam es manchmal zu unerwünschten Nebenwirkungen: Karl VI. erlegte bei der Jagd seinen Freund und Oberstallmeister Adam Fürst von Schwarzenberg. Die Verletzung erwies sich als tödlich, der Hofarzt überbrachte dem Monarchen die letzten Worte des getreuen Untertanen: »Sagen Sie Seiner Majestät, daß ich allzeit und überall bereit gewesen bin, für meinen Kaiser zu sterben.« In der Familie des Jagdopfers hielt sich allerdings konsequent eine weniger devote Version der letzten Worte: »Ich hab's ja immer gewußt, daß mit diesem ungeschickten Menschen noch einmal etwas passieren wird.« Auch Ferdinand der Gütige hatte ein deprimierendes Renommee als Jäger: »Das soll a Adler sein?« soll er sich gewundert haben, »der hat ja nur einen Kopf!« Wahr oder gut erfunden – die meisten Jagdgeschichten der Habsburger werden aus der Perspektive der lange Ausgeschlossenen erzählt. Und nun, als sich die alten Standesvorschriften lockern, verändert sich der Standpunkt. Auf den Tischen der bürgerlichen Sommerfrischenhäuser dampfen aromatische Wildgerichte. Das Jagdbuch des Kaisers Maximilian I. findet neue Leser. Seine klassische Kleidervorschrift: »Du sollst graue und grüne Kleider haben« prägt den modisch-rustikalen Stil der Sommerfrischler. Und aus seiner Empfehlung: »Du sollst dir auch allzeit eine kleine Butte mit Gebratenem, Früchten, Käse, Brot und gutem Wein nachtragen lassen« macht der Volksmund: »A Jager und a Hund fressen alle Viertelstund.«

Die einfachen Sommerfrischler, die kein eigenes Haus und schon gar keine Jagd haben, mieten sich in Bauernhäusern ein, wo sie die Küche mitbenützen dürfen. Und da entsteht eine eigene Mischform aus städtischer und ländlicher Küche unter Berücksichtigung der Produkte der Gegend. Schwammerln werden selbst gebrockt und mit Knödeln, deren Rezepte vielleicht von der quartiergebenden Bäuerin stammen, verspeist. Und erstaunliche Konservierungsmöglichkeiten lernen die städtischen Hausfrauen kennen: da werden Äpfel schichtweise mit gedörrten Hollerblüten in Tonnen geschlichtet und luftdicht abgeschlossen. Zwetschken brocken die Kinder vom Baum und tunken sie dann in Wachs. Nüsse versenkt man in Sand und Weinlaub, damit sie lange frisch bleiben. Aber auch die Städterinnen haben ihre Technik, um beispielsweise Ribiseln frisch zu halten – durch Eintunken in Eiweiß, Rosenwasser und Zucker. Gemeinsam tauchen die Städterin und die Bäuerin Hollerblüten in Weinteig und backen sie in Schmalz heraus. Und aus Zwetschken kochen sie in einem mit Speckschwarte ausgeriebenen Kessel Powidl gemeinsam mit

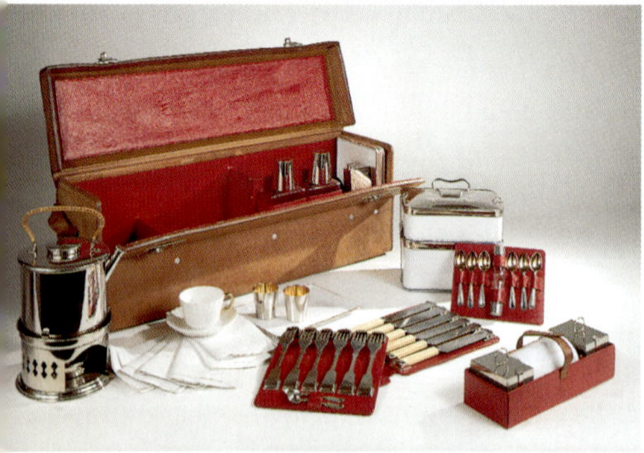

Picknick-Koffer für einen Erzherzog

grünen Nußschalen, damit er tiefschwarz wird. Dann kommt er in Steinguttöpfe, um als Fülle für Golatschen oder Germknödel verwendet zu werden.

Die fischenden Männer und Kinder der Sommerfrischler bereichern die Kost mit allerlei Flossengetier. Noch immer ist der Freitag im 19. Jahrhundert ein Fasttag, den man streng einhält. Auch wenn die Vielfalt der Fischgerichte früherer Zeiten langsam in Vergessenheit gerät.

Im ersten Nationalkochbuch aus dem Jahr 1837 werden die Tiere aufgezählt, die sich als Fastenspeise eignen: Fische, Biber, Fischotter, Tauchenten, Rohrhühner, Aale, Schildkröten, Frösche, Krebse, Schnecken, Muscheln. »Tiere, die im Wasser leben und sich zum Teil von Fischen nähren.« Austern, die täglich mit der venezianischen Extrapost nach Wien kamen, wurden offenbar in rauhen Mengen gegessen. In einem alten Kochbuch liest man, »daß der Genuß von mehr als fünfzig Austern aufhört, ein Genuß zu seyn.« Für sparsame Hausfrauen gibt es auch ein Rezept für falsche Austern aus Karpfenmilch. Austern werden nicht nur roh geschlürft, man garniert mit ihnen auch Geflügel, verwendet sie als Füllung und richtet sie »auf böhmisch« an, mit Mandeln, Zucker, Schokolade und Eidotter.

Aber in der Sommerfrische hat es die kochende Hausfrau mit Äsche und Barbe, Hecht und Forelle, Brachsen und Barschen zu tun, die sie ohne große Finessen in der einfachen Küche zubereitet. Für Abwechslung sorgen die Geschichten der Fischer, die von der Seeforelle erzählen, in deren Rücken sich die Krallen eines Adlers einnarbten, als sie ihn unter Wasser zog. Oder die Saga von den zwei ineinander verbissenen Hechten, die mit einem Angelhaken an Land gezogen wurden.

Bis in die dreißiger Jahre unseres Jahrhunderts hält sich die biedermeierliche Angewohnheit, mit eigenem Bettzeug und Geschirr für zwei Sommermonate ein Ferienquartier zu beziehen.

Die Väter kommen übers Wochenende und für zwei Urlaubswochen ins Kamptal mit dem »Busserlzug«, wo sie von ihren Familien zärtlich begrüßt und verabschiedet werden.

In unserer Zeit hat die Sommerfrische ein anderes Gesicht bekommen. Selten verbringt man noch so lange Zeit in einer geruhsam freundlichen Gegend, meist sind es nur ein paar Tage, ein Wochenende zwischendurch. Für die Kinder aber sind sie prägend. Es werden nicht die langen, mühsamen Reisen sein, an die sie sich später so gerne erinnern. Sondern die sonnenflirrenden Spiele am Fluß, die barfüßigen Wettrennen über Stoppelfelder, die köstlichen Marillenknödel und der Zwetschkenfleck unter leise lispelnden Bäumen.

Wo viele Wiener hinkommen, fangen die Leute gleich an, unverschämte Preise zu verlangen. Die Bedienung wird nachlässig, Trinkgeldunwesen reißt ein, einzelne Gäste werden sichtlich bevorzugt, und das ärgert natürlich alle anderen … Die Wiener sind keine Kulturträger, sondern Kulturstörer. Sie lassen sich alles gefallen, sie bitten, wo sie fordern sollten, sie verlangen nicht ihr Recht, sondern sie kaufen es, als ob es eine unverdiente Gunst wäre. Sie sind keine Herren, sie verstehen es nicht, zu befehlen und zu erziehen, sondern nur zu schimpfen. Daher sind sie immer von Menschen umgeben, die sich zu ihnen wie die verzogenen Kinder benehmen, die ihre Schwäche mißbrauchen, ähnlich den schwachen Lehrern, die mit allem Geschrei und aller Strenge ihre Klasse nicht zu der Disziplin bringen können, die der gute Lehrer schon durch sein bloßes Vorhandensein erzielt.

Ist einmal irgend eine Gegend bei ihnen beliebt geworden, dann laufen sie selbst wieder aus den Orten davon, deren Sitten sie verdorben haben.

Otto Friedländer
»Letzter Glanz der Märchenstadt«

Schwammerln in Rahmsauce

Zutaten für 4 Portionen

*Ca. 1 1/2 kg Schwammerln**
1 kleine Zwiebel
1 Bund Petersilie
2 Zehen Knoblauch
1 EL edelsüßes Paprikapulver
1/8 l Weißwein
1/2 l klare Suppe
1/4 l Schlagobers
1 Becher Crème fraîche

Salz, Pfeffer, Muskatnuß, Butter, Öl

Zubereitung

Schwammerln putzen, kurz waschen und je nach Größe halbieren oder vierteln. Zwiebel schälen und kleinwürfelig schneiden. Petersilienblättchen fein hacken. Schwammerln in je 1 EL Öl und Butter so lange braten, bis sämtliche austretende Flüssigkeit verdampft ist. Schwammerln mit Salz, Pfeffer, geriebener Muskatnuß und zerdrücktem Knoblauch würzen. Auf ein Sieb schütten und abtropfen lassen.
Zwiebel in 1 EL Butter anschwitzen, Paprika zugeben und kurz mitrösten.

**Je nach Saison und Marktlage kann man Eierschwammerln, Steinpilze, Champignons oder Austernpilze verwenden.*

Mit Wein und Suppe ablöschen. Flüssigkeit auf ein Drittel einkochen. Obers zugießen und Crème fraîche einrühren. Sauce zu cremiger Konsistenz einkochen.
Vor dem Servieren Schwammerln und Petersilie unter die Sauce mischen. Eventuell nachwürzen.

Dazu empfehlen sich

KRÄUTERKNÖDERL

Einen Bund Schnittlauch fein schneiden. Ca. 3 EL Petersilienblättchen fein hacken. 3/8 l Milch, 5 dag Butter mit je einer Prise Salz und geriebener Muskatnuß aufkochen. 18 dag Grieß einrühren und aufkochen. Masse vom Herd nehmen und ein wenig abkühlen lassen. 3 Eier und die Kräuter zugeben, salzen, pfeffern und gut vermischen. Aus der Masse gleich große Knöderl formen und in leicht gesalzenem Wasser ca. 1/4 Stunde auf kleiner Flamme köcheln lassen. Vor dem Servieren Knöderl mit einem Siebschöpfer herausheben und gut abtropfen lassen.

Gefüllte Paradeiser

Zutaten für 8 Stück

8 Paradeiser
2 Bund Schnittlauch
2 Pkg. Gartenkresse
2 EL gehackte Petersilie
1 EL Senfkörner
4 Blatt Gelatine
1/2 kg Gervais
3 Zehen Knoblauch
Salz, Pfeffer, Senf

Zubereitung

Paradeiser waschen, die Kappen wegschneiden und die Paradeiser aushöhlen. Schnittlauch fein schneiden. Kresseblättchen mit einer Schere von den Stielen schneiden. Senfkörner in Salzwasser ca. 1 Minute kochen, abseihen, abschrecken und gut abtropfen lassen.
Gelatine in kaltem Wasser einweichen. Gervais aufrühren und mit Salz, Pfeffer, zerdrücktem Knoblauch und 1 MS Senf würzen. Gelatine gut ausdrücken, über Wasserdampf erwärmen und mit den Kräutern in die Gervaismasse rühren. Senfkörner untermischen.
Kräutergervais in die Paradeiser füllen, glatt verstreichen und zum Festwerden in den Kühlschrank stellen (dauert ca. 2 Stunden). Vor dem Servieren mit den Kappen verschließen.

Tip

Besonders appetitlich sehen die Paradeiser aus, wenn man die Kappen in gleich große Würfel schneidet und die Fülle damit dekorativ belegt.

Tip

Das Aushöhlen der Paradeiser gelingt am besten mit Hilfe eines kleinen Löffels oder eines Kugel-Ausstechers.

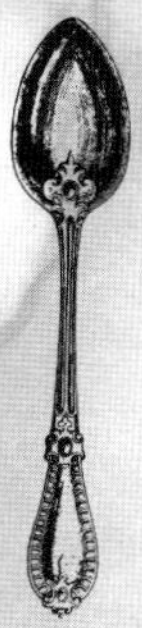

Wildschwein-Ragout

Zutaten für 4 Portionen

$^3/_4$ kg Wildschweinschulter
$^1/_4$ l Rotwein
$^1/_2$ kg Zwiebeln
10 dag geschnittener Frühstücksspeck
$^1/_2$ l klare Suppe
6 dag edelsüßes Paprikapulver
3 EL Paradeismark
5 Zehen Knoblauch
$^1/_4$ l Sauerrahm
2 EL glattes Mehl

Salz, Pfeffer, Wildgewürz, Öl, Essig

Zubereitung

Fleisch in ca. 3 cm große Würfel schneiden, mit Pfeffer, Wildgewürz und Rotwein vermischen und mit Frischhaltefolie zugedeckt am besten über Nacht im Kühlschrank marinieren lassen.
Zwiebeln schälen. Zwiebeln und Speck kleinwürfelig schneiden.
Fleisch auf ein Sieb schütten und den Saft auffangen.
Speck und Zwiebel in wenig Öl anschwitzen, Paprika und Paradeismark einrühren und kurz mitrösten.
Zwiebelmischung mit einem Schuß Essig ablöschen.
Suppe und Fleisch zugeben, mit Salz, Pfeffer und zerdrücktem Knoblauch würzen und zugedeckt ca. 50 Minuten weichdünsten.
Ca. 5 Minuten vor Ende der Garzeit Sauerrahm mit Mehl vermischen, in das Ragout rühren und kurze Zeit mitköcheln lassen.
Als Beilage serviert man Brokkoli.

Dazu empfehlen sich

Mehlnockerln

10 dag getrocknete Semmelwürfel in wenig Öl goldgelb rösten. $^1/_4$ kg glattes Mehl, $^1/_4$ l Milch, 1 Ei, 1 EL gehackte Kräuter und wenig Salz zu einem glatten Teig abschlagen. Semmelwürfel untermischen und den Teig ca. $^1/_4$ Stunde rasten lassen.
Ca. 3 l Wasser aufkochen.
Mit einem Suppenlöffel aus dem Teig Nockerln ausstechen, ins Wasser legen und schwach wallend ca. $^1/_4$ Stunde köcheln lassen.
Nockerln mit einem Siebschöpfer herausheben, gut abtropfen lassen und anrichten.

Hirschsteaks mit Weintrauben

Zutaten für 4 Portionen

4 Hirschsteaks (à 18 dag)
1/8 l Rotwein
(am besten Blaufränkisch)
1/8 l klare Suppe
1/4 l Bratensaft

Für die Garnitur:
1/4 kg helle Trauben
Schale von 2 unbehandelten Orangen
1 TL gehackte Kräuter

Salz, Pfeffer, Wildgewürz, Öl

Zubereitung

Trauben halbieren und die Kerne entfernen. Von den Orangen die Schale dünn abheben (am besten mit einem Zestenreißer) und in Salzwasser kurz überkochen. Abseihen, abschrecken und gut abtropfen lassen.
Steaks mit Salz, Pfeffer und Wildgewürz bestreuen.
Fleisch in wenig Öl bei starker Hitze beidseitig anbraten.
Hitze reduzieren und die Steaks fertigbraten. Fleisch aus der Pfanne heben und beiseite stellen.
Bratrückstand mit Wein ablöschen und diesen fast zur Gänze einkochen lassen.

Suppe und Bratensaft zugießen und aufkochen. Trauben, Orangenschale und Kräuter zugeben. Fleisch und ausgetretenen Saft zugeben, kurz ziehen lassen. Steaks mit Sauce anrichten.
Als Beilage serviert man Kohlsprossen.

Tip

Das Entkernen der Trauben gelingt am besten , wenn man sie halbiert und die Kerne mit der Spitze eines kleinen Messers oder einer Stricknadel herauspickt.

Tip

Besonders fein schmecken die Trauben, wenn man sie zusätzlich schält und über Nacht in wenig Weinbrand oder Orangensaft einlegt.

Dazu empfehlen sich

MANDELBÄLLCHEN

1/2 kg mehlige Erdäpfel weichkochen, schälen und noch heiß durch eine Erdäpfelpresse drücken. 2 Dotter, 2 dag Butter sowie ein wenig Salz und geriebene Muskatnuß zugeben und gut vermischen. Aus der Masse gleich große, glatte Kugeln formen. Teigkugeln zuerst in Mehl, dann in verquirltem Ei und zuletzt in Mandelblättchen wälzen. Mandelbällchen in heißem Backfett goldgelb backen, mit einem Siebschöpfer herausheben und auf Küchenkrepp gut trockentupfen.

Wurzelfleisch

Zutaten für 4 Portionen

1 kg ausgelöster Schopfbraten
30 dag Knollensellerie
30 dag Karotten
30 dag gelbe Rüben
1 Stange Lauch
1/4 kg speckige Erdäpfel
2 Bund Schnittlauch
4 EL gerissener Kren

Salz, Lorbeerblatt, Kümmel, Pfefferkörner, Essig

Zubereitung

Sellerie, Karotten und gelbe Rüben putzen und schälen. Lauch waschen und Wurzeln und grüne Blattenden wegschneiden. Die Hälfte vom Gemüse in ca. 3 mm breite Streifen schneiden. Restliches Gemüse in grobe Stücke schneiden. Erdäpfel schälen und in 1 cm dicke Scheiben schneiden.
Ca. 2 l Wasser mit grob geschnittenem Gemüse, 1 Lorbeerblatt, Kümmel, einigen Pfefferkörnern und einem Spritzer Essig aufkochen. Fleisch einlegen und nochmals aufkochen.
Hitze reduzieren und das Fleisch auf kleiner Flamme zugedeckt ca. 1 1/2 - 2 Stunden weichköcheln.

Fleisch aus dem Kochfond heben und warm stellen. Kochfond abseihen. In der Hälfte des Fonds Gemüsestreifen weichkochen. Im restlichen Fond die Erdäpfel bißfest kochen. Schnittlauch fein schneiden. Fleisch in Scheiben schneiden und mit Gemüse, Erdäpfeln und ein wenig Kochfond anrichten. Vor dem Servieren mit Kren und Schnittlauch bestreuen.
Als Beilage serviert man Petersilienerdäpfel.

Krautsuppe mit Speck

Zutaten für 4 Portionen

½ kg Sauerkraut
15 dag Selchfleisch
15 dag geschnittener Frühstücksspeck
¼ kg Zwiebeln
2 EL scharfes Paprikapulver
1 EL Paradeismark
1 l klare Suppe
4 Zehen Knoblauch
¼ l Sauerrahm

Salz, Pfeffer, Kümmel, Mehl, Öl

Zubereitung

Sauerkraut gut ausdrücken und paarmal mit dem Messer durchschneiden. Selchfleisch und Speck in ca. ½ cm große Würfel schneiden. Zwiebeln schälen und fein hacken. Selchfleisch und Speck in wenig Öl anschwitzen und auf ein Sieb schütten.
Im Bratrückstand Zwiebel unter ständigem Rühren goldgelb rösten. Hitze reduzieren, Paprikapulver und Paradeismark einrühren, kurz mitrösten und mit Suppe aufgießen. Aufkochen und mit Salz, Pfeffer, Kümmel und zerdrücktem Knoblauch würzen. Kraut, Selchfleisch und Speck untermischen und die Suppe ca. ¼ Stunde kochen lassen. ½ Becher Sauerrahm mit 1 EL Mehl verquirlen, in die Suppe rühren und einige Minuten köcheln lassen. Suppe eventuell nochmals würzen und in Tellern anrichten. Vor dem Servieren mit restlichem Sauerrahm garnieren.
Zur Suppe serviert man am besten Schwarzbrot.

Tip

Sollte das Sauerkraut zu scharf sein, auf ein Sieb schütten und mit kaltem Wasser spülen.

Tip

Anstelle von Speck und Selchfleisch kann man auch Braunschweiger Wurst und Debreziner oder Frankfurter Würstel verwenden.

Gefülltes Weissbrot

Zutaten für 1 Wecken

1 Sandwich-Wecken

Für die Fülle:
15 dag gekochtes Selchfleisch
15 dag Braunschweiger Wurst
15 dag Edamer (jeweils ½ cm dick geschnitten)
3 Essiggurkerln
2 hartgekochte Eier
2 Bund Schnittlauch
15 dag Butter
15 dag Topfen (10% Fett)
Salz, Pfeffer, Senf, Milch

Zubereitung

Sandwich quer halbieren. Aus den Hälften mit einem langen, schmalen Messer soviel Inneres entfernen, daß rundum ein 1 cm dicker Rand erhalten bleibt. Brot-Inneres mit ca. 8 EL Milch beträufeln und ziehen lassen. Geselchtes, Wurst, Käse und Gurkerln in ½ cm große Würfel schneiden. Eier schälen und auf einer Küchenreibe raspeln. Schnittlauch fein schneiden. Warme Butter aufrühren, Topfen, gut ausgedrücktes Brot, Geselchtes, Wurst, Käse, Gurkerln, Eier und Schnittlauch zugeben. Masse mit Salz, Pfeffer und 1 TL Senf würzen und gut vermischen. Masse in die Sandwichhälften füllen und ein wenig festdrükken. Sandwich in Frischhaltefolie wickeln und über Nacht im Kühlschrank ziehen lassen.
Vor dem Servieren in nicht zu dünne Scheiben schneiden.

Erdäpfel-Fisolenstrudel

Zutaten für
4 Vorspeisen-Portionen

2 Blatt fertigen Strudelteig

Für die Fülle:
60 dag mehlige Erdäpfel
4 Dotter
12 dag Fisolen
1 rote Zwiebel
1 EL gehackter Majoran
4 Zehen Knoblauch
Salz, Pfeffer, Öl, zerlassene Butter, verquirlte Eier

Zubereitung

Die Hälfte der Erdäpfel in der Schale weichkochen, abseihen, schälen und noch heiß durch eine Erdäpfelpresse drücken. Masse mit Dottern vermischen und mit Salz, Pfeffer und zerdrücktem Knoblauch würzen.
Parallel dazu restliche Erdäpfel schälen und in kleine Würfel schneiden. Fisolen putzen, waschen und in ca. 1 cm breite Stücke schneiden. Erdäpfel und Fisolen nacheinander in Salzwasser bißfest kochen, abseihen, abschrecken und abtropfen lassen. Zwiebel schälen und kleinwürfelig schneiden. Erdäpfel, Fisolen, Zwiebel und Majoran in wenig Öl anschwitzen, gut verrühren und mit der Erdäpfelmasse vermischen. Backrohr auf 200° C vorheizen. Backblech mit Backpapier belegen.

Ein Strudelblatt auf ein leicht befeuchtetes Küchentuch legen und mit zerlassener Butter bestreichen, das zweite Teigblatt darüberlegen und ebenfalls mit Butter bestreichen.
Erdäpfelmasse auf dem unteren Drittel des Teiges auftragen. Strudel einrollen, mit verquirltem Ei bestreichen und im vorgeheizten Rohr (mittlere Einschub-Schiene/Gitterrost) ca. 20 Minuten backen. Strudel aus dem Rohr nehmen, in gleich große Stücke schneiden und rasch servieren.
Als Beilage serviert man Blattsalate.

Dazu empfiehlt sich

KALTE DILLSAUCE

1/2 l Sauerrahm mit ca. 1 Bund grob gehackter Dille vermischen und mit Salz, Pfeffer und dem Saft von 1/2 Zitrone würzen.

Blunzen-Gröstel

Zutaten für 4 Portionen

3/4 kg speckige Erdäpfel
70 dag Blutwurst
2 kleine Zwiebeln
1 Bund Majoran
2 Zehen Knoblauch

Salz, Pfeffer, Öl

Zubereitung

Erdäpfel in der Schale bißfest kochen, abseihen, schälen und auskühlen lassen.
Blutwurst enthäuten, zuerst der Länge nach halbieren und dann in 1 cm breite Scheiben schneiden. Zwiebeln schälen, halbieren und in Ringe schneiden. Majoranblättchen hacken.
In Scheiben geschnittene Erdäpfel in ca. 2 EL Öl rundum anbraten, Zwiebel zugeben und mitrösten. Dabei öfter durchmischen.
Parallel dazu in einer zweiten Pfanne Blutwurst in 1 EL Öl anbraten und mit Majoran und zerdrücktem Knoblauch würzen.
Blutwurst mit der Erdäpfel-Zwiebelmischung gut verrühren und das Gröstel mit Salz und Pfeffer würzen.

Tip
Das Gröstel erhält eine besondere geschmackliche Note, wenn man zum Braten anstelle von Öl Schmalz verwendet.

Dazu empfiehlt sich

CHINAKOHLSALAT MIT KRÄUTER-MARINADE

Ca. 1/2 kg Chinakohl waschen, der Länge nach halbieren und den Strunk ausschneiden. Kohl in ca. 1 cm breite Streifen schneiden und in eine Schüssel legen.
Für die Marinade je 1 Bund Petersilie und Schnittlauch fein schneiden und 1/2 kleine Zwiebel fein hacken.
1/8 l Essig mit wenig Wasser, Salz, Pfeffer und Senf gut verrühren. Ca. 1/4 l Öl mit einem Schneebesen einrühren. Kräuter und Zwiebel untermischen. Marinade mit dem Chinakohl gut vermengen und einige Minuten ziehen lassen.

HÜHNERROULADEN MIT POLENTAFÜLLE

ZUTATEN FÜR 4 PORTIONEN

4 Hühnerschnitzel (à ca. 15 dag)
4 Blatt Preßschinken
1/8 l Bier
1/4 l Bratensaft

Für die Fülle:
0,4 l Milch
3 dag Butter
1/4 kg Maisgrieß
1 Dotter
1 EL gehackte Kräuter

Salz, Pfeffer, Öl, Suppe

ZUBEREITUNG

Für die Fülle Milch mit Butter und einer Prise Salz aufkochen, Maisgrieß einrühren, bei kleiner Hitze unter ständigem Rühren so lange kochen, bis sich die Masse vom Geschirr löst. Dotter und Kräuter in die Masse rühren und mit Pfeffer würzen.
Schnitzel behutsam klopfen, salzen, pfeffern und mit Schinken belegen.
Schinken mit Grießmasse gleichmäßig bestreichen.
Schnitzel straff zu Rouladen rollen und mit Spagat binden. Rouladen salzen, pfeffern und in wenig Öl rundum scharf anbraten. Hitze reduzieren und die Rouladen unter öfterem Wenden zugedeckt fertigbraten (dauert ca. 10 Minuten). Eventuell mit wenig Suppe untergießen. Rouladen aus der Pfanne heben und in Alufolie gewickelt warm stellen.
Bratrückstand mit Bier ablöschen und mit Bratensaft aufgießen. Sauce aufkochen. Rouladen in ca. 3 cm dicke Scheiben schneiden und mit der Sauce anrichten.
Als zusätzliche Beilage serviert man Gemüse und Erdäpfel.

TIP

Eine besondere Note erhält die Fülle, wenn man sie zusätzlich mit 1 EL gehackten Kürbiskernen vermischt.

Beim Pfarrplatz-Mayer

9.
Wenn nicht das bissl Tinken wär'...

Das alles gehört zu den wienerischen Alltagswonnen: das Wasser, das nicht aus einer Wiederaufbereitungsanlage kommt, sondern aus den Bergen. Das Bier, das daraus gebraut wird - immer öfter in einladenden kleinen Gasthausbrauereien. Und der Wein, dem man beruhigenderweise beim Wachsen zuschauen kann, innerhalb der Grenzen der Stadt.

Mit dem Wiener Wasser ist das so eine Sache. Eine alte Plakatwerbung versicherte zwar, daß sich der Wiener, wenn er vom Urlaub kommt, auf Ankerbrot und Hochquellwasser freut. Aber wenn nicht gerade ausländische Gäste im Café das mitgelieferte Wasser zur Melange für Mineralwasser halten, macht kaum einer ein Wasser um das Wasser. Es ist den Wiener Wasserscheichs kein Aufhebens wert, daß sie mit Hochquellwasser duschen, kochen, reinigen und spülen. Und daß es einmal das Vorrecht der Kaiser war, aus dem Brunnen zu trinken, der in die Hochquelleitung läuft. Kaiser Karl VI. entdeckte die ergiebige Quelle im romantischen Höllental am Fuß der Rax bei einer Jagd 1732. In sechzigstündigem Ritt brachten die kaiserlichen Wasserreiter die vollen Fässer in die Hofburg.

Wiener Wasser war und ist etwas ganz Besonderes. Bis Mitte des 16. Jahrhunderts hatte Wien nur Brunnenwasser. Wie so viele Kulturleistungen der Antike waren auch die gemauerten Steinkanäle unter der Erde in Vergessenheit geraten, in denen die Römer Wasser aus Perchtoldsdorf und Gumpoldskirchen in ihr Lager Vindobona leiteten. Reste davon wurden um die Jahrhundertwende bei Ausgrabungen zwischen Liesing und Atzgersdorf freigelegt.

Die Brunnen, mit denen sich Wien bis in die Renaissance behalf, reichten nicht aus, um größere Brände zu bekämpfen. Sie waren zudem äußerst anfällig, weil sie durch Hochwasser verseucht werden konnten. Legenden von Brunnenvergiftern waren dann schnell zur Hand - und damit die schwersten Strafen, die oft Unschuldige trafen.

Ab 1552 entstanden kurze Wasserleitungen, die von Quellen an der Peripherie gespeist wurden, Quellen, die aber meist nur die angrenzenden Vorstädte, die Hofburg, Palais, Klöster und öffentliche Gebäude versorgten.

Im 19. Jahrhundert, als die Industrialisierung die Landbevölkerung immer stärker in die Stadt zog, wurde die Wassernot Wiens bedrohlich. Durch die Pflasterung sank der Grundwasserspiegel. Schlechte Brunnen wurden angezapft, durch sie verbreiteten sich Typhus und Cholera. Gutes Wasser wurde zu einer Kostbarkeit. Und um seine Verteilung entstanden eigene Berufe. Mit Pferdewagen, die riesige Fässer zogen, wurde gutes Wasser in trockene Bezirke gebracht. Wasserbuben liefen dem Gefährt voraus und schrien: »Der Wassermann ist da!« Die Kunden kamen mit Kannen und Bottichen, die vom Wassermann gefüllt wurden. Wer die schweren Gefäße nicht tragen konnte, dem brachten die

Oben: »Der Wassermann ist da!«.
Unten: Fiaker und Wasserer am Graben, 1900

Wasserweiber das kostbare Naß mitsamt dem neuesten Tratsch an die Wohnungstüre.

Die Wasserer hatten andere Aufgaben: Sie standen mit Kübel, Schwamm und Bürste bei den Fiakerstandplätzen und säuberten die schmutzigen Wagen. Ziemlich unbedankt, wie der Schriftsteller Friedrich Schlögl feststellte: »Der Wasserer ist eine der populärsten Figuren auf dem Wiener Pflaster. Von dunkler Abstammung und nicht selten auch von ganz unaufgeklärtem Vorleben, weiß er die Tücken eines feindlichen Geschicks, das ihn zu dem wenig ehrenvollen Amt des ›Büttelschleppens‹ und ›Räderwaschens‹ verurteilt, wie die unausgesetzten kritischen Bemängelungen seines hämisch-witzigen Brotherrn mit dem stillen Heroismus eines passionierten Dulders zu ertragen.«

Weit mehr Selbstbewußtsein hatten die Wäschermadln, die in ihrem Rückenkorb Wäsche einsammelten, sie reinigten und auch wieder austrugen. Sie waren sich der Wichtigkeit ihrer Arbeit durchaus bewußt, hatten ein resches Mundwerk und viele von ihnen ein fesches Äußeres, das sie trotz ihrer schweren Arbeit pflegten. Die Bälle, die sie veranstalteten, galten als unkonventionelle und vergnügliche Treffpunkte von Aristokratie, wohlhabendem Bürgertum und Fiakern, die sich witzig und selbstsicher in allen Schichten bewegten.

Wasser war kostbar und wurde seit jeher gern mit Mythen und Legenden umgeben. Bis ins 19. Jahrhundert galt das Agnesbründl beim Hermannskogel als ungewöhnlich heilkräftig. Kranke und Gesunde suchten es auf, Standeln mit Rosenkränzen und Gugelhupf, Wurst und Kerzen sorgten für geistige und leibliche Nahrung. Und im Gebüsch warteten willige Nymphen auf Kundschaft. In der Metternichära waren solch unkontrollierbare Treffpunkte verpönt. Die Quelle wurde zugeschüttet, aber sie sprudelte aufs neue, angereichert mit dem Ruf, man könne in ihrem Wasser die richtigen Lottozahlen erkennen. Worauf sich zur alten Klientel auch noch die Losverkäufer gesellten.

Weit eleganter ging es auf dem Wasserglacis zu, einem Teil der Stadtbefestigung in der Gegend des heutigen Parkrings. Das Glacis, das ursprünglich Angreifer auf Distanz halten sollte, wurde zu einer beliebten Promenade mit Alleen, Beeten und einem Pavillon, in dem die verschiedenen Mineralwässer der Monarchie, darunter auch das Gießhübler, ausgeschenkt wurden. Das Wasser wurde in »Plutzern«, großen Tongefäßen, kühl gehalten, und jedesmal, wenn ein neuer Plutzer geöffnet wurde, erklang eine Glocke. Zur weiteren Erheiterung der Gemüter spielte die Kapelle von Johann Strauß Vater und die Hoch- und Deutschmeisterkapelle auf. Natürlich gab es neben den gesunden Wässern auch Kaffee und Mandelmilch, Limonade und Likör.

Die Glacis wurden beim Bau der Ringstraße zerstört, aber auf einem Teil des Wasserglacis' entstand der Stadtpark, in dem der Kursalon die genießerische Gesundheitstradition fortführte.

In den ersten Jahrzehnten des 19. Jahrhunderts stieg die Bevölkerung Wiens um 40 Prozent. Wien wurde immer größer und durstiger. Die vielen kleinen Wasserleitungen reichten nicht mehr aus, und schließlich wurde das alte Kaiserbründl im Höllental als besonders gute und ergiebige Quelle wiederentdeckt. Der Kaiser schenkte der Stadt die Quelle, die seit Karl VI. im Besitz der Habsburger war. Gemeinsam mit zwei anderen Quellen, eine davon gehörte den Grafen Hoyos, speiste das Kaiserbründl die Erste Wiener Hochquellwasserleitung. Idealer konnte die Wasserversorgung einer Großstadt nicht sein, denn das Wasser, das in gemauerten Kanälen von 120 Kilometern Länge dahinfließt, hat ein natürliches Gefälle von 280 Metern.

Nur durch die eigene Schwerkraft rinnt das Wasser durch Leitungen und über Aquädukte von den Wiener Hausbergen bis ins Hauptreservoir am Rosenhügel. Der Bau dauerte nur vier Jahre und wurde 1873 fertiggestellt. 300 je 180 Fuß hohe Strahlen schossen aus dem zur Feier der Wasserversorgung Wiens errichteten Hochstrahlbrunnen am Schwarzenbergplatz. Musik, Reden und ein Festbankett begleiteten die Feier, am Abend wurden die Fontänen feenhaft beleuchtet.

Das Agnesbründl. Stich aus 1813

Es wäre aber nicht Wien, hätte sich in Spektakel und Festesfreude nicht auch die große Raunzerei gemischt. »Was für eine Verschwendung teuren Wassers«, murrten die einen. Und außerdem: die armen Wassermänner, Wasserweiber, Wasserbuben waren nun brotlos! Aber konsumiert wurde so viel vom neuen Wasser, daß nach der zweiten Stadterweiterung 1890/91, als die Bevölkerung von 817 000 auf 1 364 000 anstieg, eine zweite Hochquellwasserleitung gebaut wurde. Sie bringt seit 1910 Wasser aus dem Hochschwabgebiet nach Wien. Es kamen noch weitere Quellen und ein Grundwasserwerk dazu. Heute sprudeln täglich 400 Millionen Liter aus den Wiener Hausbergen in die Leitungen und decken 95% des Wasserverbrauchs der Stadt.

Und wenn sich ausländische Kaffeehausgäste wundern, daß sie das gute Wie-

ner Wasser zum Kaffee gratis kriegen: Ein Liter Leitungswasser kostet nicht ganz zwei Groschen. Wohl einer der preiswertesten Genüsse dieser Stadt.

»Drum, nur ka Wasser net, na, na, na« – das Couplet des Wiener Volkssängers Johann Fürst wurde auch von den Bier- und Weinliebhabern nicht allzu wörtlich genommen. Schließlich gibt es ohne gutes Wasser kein gutes Bier. Und an heißen Sommertagen wird der Wein durch Wasser um vieles bekömmlicher.

In der Weinstadt Wien spielte das Bier immer eine wichtige Rolle. Im 19. Jahrhundert wurde sogar wesentlich mehr Bier als Wein getrunken. Im Mittelalter hatten viele Klöster und Schlösser eigene Brauereien, und der Umsatz wurde oft mit ziemlichem Druck auf Untertanen und Gläubige gemacht. Darauf bezieht sich auch jenes Circular Josephs II., das den Wiener Winzern das Recht gibt, den eigenen Wein auszuschenken, womit die alte Praxis der Heurigenschenken legitimiert wurde. Zugleich verbot es auch allen weltlichen und kirchlichen Grundobrigkeiten, ihren Untertanen Lebensmittel und Getränke zum Kauf aufzudrängen. Es war damals üblich, daß Feudalherren und Mönche den Gasthäusern und Pfarren mit beträchtlichem Druck das selbstgebraute Bier nahebrachten.

Auch in Wiener Bürgerhäusern wurde gebraut, meist war das Frauensache. Wie dieses Bier geschmeckt hat, das mit Kräuterbeigaben und hohen Beigaben von Hopfen haltbar gemacht wurde? Wohl ziemlich bitter, wenn auch nicht so abscheulich wie jenes Rabiatbier aus Bilsenkraut, Fliegenpilz und Sumpfporst, mit dem sich germanische Krieger in Kampfesstimmung versetzten.

Immerhin wurden die Wiener bei ihrem Bier so seßhaft, daß eine 1330 installierte Bierglocke von St. Stephan die Trennung vom letzten Krügel einläuten mußte.

Wie in vielen mittelalterlichen Städten hatte auch in Wien der Genuß eine soziale Nebenwirkung. Finanzierten die Kremser mit ihrem Wein das Bürgerspital, taten es die Wiener mit dem Bier. Ab 1437 war das Bierbrauen Monopol des Bürgerspitals, das damit seine Ausgaben für Kranke und sozial Schwache finanzierte.

Dieses Monopol ging allerdings im 16. Jahrhundert verloren. Das Bürgerspital, das 350 Jahre lang bestand, hatte ein wechselvolles Geschick. 1529, vor der ersten Türkenbelagerung Wiens, wurde der Bau, der zwischen Kärntnerstraße und Karlsplatz lag, zerstört, um die Feuerlinie freizuhalten. Die Kranken und Armen übersiedelten in das Klarissinnenkloster am Schweinemarkt, dem heutigen Lobkowitzplatz, und schließlich in das Spital zu St. Marx, das seit Anfang des 14. Jahrhunderts bestand und das auch eine eigene Brauerei hatte. 1850 starb hier, völlig verarmt, der Erfinder der Nähmaschine, Josef Madersperger.

Im 19. Jahrhundert kaufte der erfolgreiche Brauer Adolf Ignaz Mautner das Bürgerspital und integrierte es in seine Schwechater Brauerei. Internationale Karriere machte der Wiener Bierbrauer Anton Dreher, dem es 1840 gelang, untergäriges Lagerbier zu erzeugen. Bis dahin wurde nur in der kalten Jahreszeit gebraut, weil das Bier sonst nicht hielt. Das Märzenbier ist eine Erinnerung an den letzten Brautermin vor dem Sommer. Auf Initiative Anton Drehers wurden moderne Kühlsysteme entwickelt, eigene Bierhefe gezüchtet und das Transportwesen modernisiert. Und wer in Italien Birra Dreher trinkt, vielleicht sogar in der Birreria Dreher in Udine, und sich über die nostalgischen Plakate eines schnauzbärtigen Dreher-Biertrinkers mit verknautschtem Steirerhut freut, wird an die Glanzzeit dieser Wiener Brauerei mit Niederlassung in Triest erinnert.

Im Biedermeier florierten vor allem die Vorstadtbrauereien, und auch das hatte mit der Verzehrsteuer am Linienwall zu tun. Abnehmer waren die vielen Vorstadtwirtshäuser, vor allem in Neulerchenfeld, in denen man soviel billiger essen und trinken konnte als in der Stadt.

Die letzte überlebende Vorstadtbrauerei ist die Ottakringer Brauerei, deren Besitzer sich nicht nur als Unternehmer einen Namen machten. Einer von ihnen, Ignaz Kuffner, finanzierte ein Lazarett, seinem Sohn Moriz verdankt Wien die Kuffner- Sternwarte. Moriz Kuffner war ein bekannter Bergsteiger, der seine alpinen Erfahrungen auch publizierte. Mit einem großzügigen Kredit ermöglichte er den Bau des Arbeiterheims Favoriten. Gustav Harmer, einer der heutigen Besitzer, führt diese Tradition auf seine Weise weiter. Als Präsident des WWF bürgte er mit seinem persönlichen Vermögen für den Kauf der Regelsbrunner Donauau, als es noch ganz ungewiß war, ob der Aufruf: »Die Au braucht Kröten« auch wirklich genug Geld zum Kauf dieser so unverwechselbaren Landschaft einbringen würde.

Die längst geschlossene Liesinger Brauerei hatte einen klugen Investor: Beethovens Bruder Johann, einen wohlhabenden Apotheker, dem ein schloßartiger Besitz in Gneixendorf gehörte. Er beteiligte sich 1844 mit 9200 Gulden. Nach zwei Jahren bekam er 13 000 Gulden heraus.

Moriz von Kuffner

Mit seiner Tochter Mitgift wurde auch die berühmte Glasfabrik Stölzle in Alt- und Neunaglberg im Waldviertel begründet.

Große österreichische Glasmacher unserer Zeit haben dazu beigetragen, daß richtige Gläser den Bier- wie den Weingenuß verfeinert haben. Pils in der Tulpe, Lager- und Märzenbier im Krügel, Weizenbier im oben erweiterten, geraden Glas und Spezialbiere im Becher sorgen für neue Geschmackserlebnisse, so wie die richtigen Gläser für Veltliner, Riesling, Chardonnay oder Burgunder.

Eine der alten Vorstadtbrauereien lebt heute in veränderter Form weiter. Zwar wurde die Nußdorfer Brauerei längst verkauft. Aber in einem Teil ihrer Räume schuf ein Nachkomme einer Brauerstochter, die den preußischen Leutnant Karl Adolf Bachofen von Echt heiratete, eine Minibrauerei. Die Brauerei produziert nur für den Eigenbedarf; zum Bier bekommt man handfeste Kost wie Gulasch, Brezeln, Blunzen und pikante Brote. Der ehemalige Hoflieferant braut zudem am 18. August, dem Geburtstag Kaiser Franz Josephs, ein Kaiserbier.

Im urältesten Viertel der Stadt, in der Nachbarschaft von St. Ruprecht, entwickelte sich in den achtziger Jahren eine vitale junge Szene. Kristallisationspunkt war das internationale Bierlokal »Krah-Krah«. Sein Besitzer Sepp Fischer bekam Lust, selbst Bier zu brauen, und tut das in einer Gasthausbrauerei in der Billrothstraße. Dort sammeln sich vor allem Studenten der nahen Universitäten um die verschiedensten Biersorten, deftige Gerichte und Jazzmusiker.

Das Konzept erweist sich auch in anderen Bezirken als erfolgreich. Johann Medl, ein Fleischhauer, investierte seinen Totogewinn von 26 Millionen in ein Braugasthaus in der Hütteldorfer Straße. Im traditionsreichen einstigen Restaurant Schöner in der Siebensterngasse, im Wiedenbräu in der Waaggasse, im Salmbräu im Salesianerinnenkloster am Rennweg sind Hopfen und Malz, Gott erhalt's, Basis einer wiederentdeckten Bierkultur der kleinen Einheiten. Viele dieser Kleinbrauereien erzeugen ungefiltertes, naturtrübes Zwicklbier, manche suchen esoterische und traditionelle Bezüge und brauen Vollmond- oder Fastenbier und versuchen es mit bayerischen oder englischen Spezialitäten, dem Weißbier oder dem Stout.

Daß Bier gesund ist, versichern alle, die es gern und mäßig trinken; tatsächlich enthält Bier wichtige Aminosäuren, die Leber, Nieren und Schilddrüse schützen. Alle, die es gern und unmäßig trinken, sollten nicht nur den Alkohol fürchten, sondern auch jenen Anteil des Hopfens, der zwar die Milchproduktion stillender Mütter fördert, aber bei allzu stürmischen männlichen Bierliebhabern zu unerwünschter Vergrößerung der Oberweite führt.

In Wien wird relativ mäßig Bier getrunken – rund 74 Liter pro Kopf und Jahr. Die Tiroler bringen es auf 174 Liter.

Natürlich hängt diese Bierabstinenz mit der Neigung zum Wein zusammen. Weit müssen die Wiener dafür ja nicht gehen. Wien ist die einzige Landeshauptstadt der Welt, die über eine beträchtliche Weinproduktion verfügt. Zwar gedeiht am Pariser Montmartre ein winziger Weingarten, dessen Ertrag jährlich 300 Bouteillen sind. Und: Vinos de Madrid, ein beachtlicher Wein mit DO-Prädikat, wird zwar unter dem Namen der spanischen Hauptstadt gehandelt, aber er gedeiht außerhalb ihrer Grenzen.

In Wien sind es innerhalb der Stadtgrenzen 720 Hektar, denen 240 hauptberufliche Winzer jährlich zehn Millionen Vierterln entlocken. Und davon entfallen von Jahr zu Jahr mehr Anteile auf hochrangige Bouteillenweine.

Die Qualität des Wiener »Gebürgsweins« vom Nußberg und Kahlenberg war immer schon hoch. Er wurde nach Holland und Rußland importiert und dem berühmten Kremser Wein gleichgestellt. Erst Massenlokale mit Wirtshausbetrieb, die keinen eigenen Wein haben, kratzten den Ruf des Heurigen an. Dabei dürfen sie sich gar nicht Heuriger nennen – diese Bezeichnung tragen ausschließlich Betriebe, die Eigenbauwein ausschenken. Einer, der sich selbst und nun auch anderen die Latte sehr hoch legt, der Winzer Ing. Franz Mayer, sorgte für ein neues Selbstbewußtsein der Qualitätsweinhauer. Neunzehn von ihnen schlossen sich zusammen, ihre Weine, die aus den besten Wiener Lagen kommen und mindestens zwölf Prozent Alkohol haben müssen, werden unter dem Namen »Vienna Classic« verkauft.

Von der Natur her ist Wien als Weinstadt sehr begünstigt. Das trockene pannonische Klima und der frische Luftstrom von der Donau sorgen für ideale äußere Bedingungen. Auch die Böden sind hervorragend – der Nußberg beispielsweise besteht aus reinem Muschelkalk, besser als im Chablisgebiet. Diese Böden werden auch sorgfältig und umweltschonend gepflegt. Von November bis Mai müssen sie mit Stroh oder Mulch bedeckt sein. Stickstoffdüngung kommt nur in Ausnahmefällen zum Einsatz, Pestizide sind verboten. Nur aus einem gesunden Boden kommt guter Wein.

Immer öfter werden sortenreine Weine serviert und feinabgestimmte Cuvées, die als »Gemischter Satz« eine lange Tradition haben. Dafür werden verschiedene, gleichzeitig reifende Rebsorten gemeinsam vergoren. Welche Meriten ein Gemischter Satz haben kann, schildert der Schriftsteller Oskar Jursa sehr bildhaft in seinem Buch »Wein aus Österreich«: »Das ist wia in an See – unten kalt und grün: das sind die Neuburger und Veltliner. Oben wirds wärmer, die Sonne scheint drein: das ist der Traminer. Und wann der Wind übers Wasser fahrt und schlagt Wellen und spritzt a bißerl Schaum: das ist der Riesling.«

Der Wein, der auf den Wiener Rebhügeln vorherrscht, ist der Veltliner, er macht 30 Prozent der angebauten Sorten aus.

Dann kommt, mit elf Prozent, der Rheinriesling, das ist mehr als in der Wachau angebaut wird. Dazu noch der Burgunder, Neuburger, Sylvaner, Welschriesling, Rotgipfler. Rotwein ist rar, zeigt allerdings in den letzten Jahren beachtliche Qualität. Ein Kuriosum: Es gibt auch die Blaue Wildbacher Rebe, aus der in der Steiermark Schilcher entsteht. In Wien wird sie allerdings als Rotwein ausgebaut.

Selbstbewußt haben die Winzer Wiens immer wieder Anbaubeschränkungen beschlossen. Sogar die weinbauenden Kelten Wiens kannten sie. Erst der römische Kaiser Probus hob sie auf. Allerdings ließ er den vorhandenen Wein veredeln, damit seine Legionäre genug guten und billigen Wein bekamen. Importe wären sehr teuer gewesen.

Dankbarkeit erntete er allerdings nicht dafür. Die Legionäre, die in friedlichen Zeiten auch in Weingarten und Keller arbeiten mußten, fühlten sich dadurch gedemütigt und brachten Probus um.

Auch im Mittelalter wurde der Anbau beschränkt, um die Preise zu halten – die Qualität wurde hochgehalten, Massenträger waren in Wien nie heimisch. Dabei galt Wein im Mittelalter nicht als Genuß-, sondern als Lebens- und Heilmittel. Kranke und Rekonvaleszente wurden damit gestärkt, man schrieb dem Wein auch desinfizierende Wirkung zu, und wenn man der Geschichte vom Lieben Augustin glaubt, der nach reichlichem Alkoholgenuß die Zwischenlagerung in der Pestgrube gesund überstand, dann ist vielleicht etwas dran.

Der Weinkonsum im Mittelalter war fast zehnmal so hoch wie heute. »Keiner soll niemahlen mehr denn nur sechs Maß (Liter) auf einen Sitz trinken, item Mäßigkeit eine gar liebliche und gottgefällige Tugend ist«, heißt es in einem zeitgenössischen Bericht.

Der Wein wuchs im Mittelalter noch mitten in der Stadt. Der älteste Feudalbau Wiens, der Berghof, hatte seinen Namen von dem Weinberg des Besitzers. Wahrscheinlich war dort auch eine Weinschenke. Das Bergrecht regelte die Arbeitsverhältnisse der dort beschäftigten Hauer. Überall war Wein im gotischen Wien, rund um die Peterskirche, bei der Minoritenkirche, der ansteigende Park des Belvedere läßt heute noch ahnen, wie nahe die Weinberge an den alten Stadtmauern waren. Eine allerletzte Erinnerung daran ist heute jener winzige Weingarten am Schwarzenbergplatz, dessen Ertrag von rund 20 Kilo von einem bekannten Winzer vergoren und in Bouteillen gefüllt wurde.

Wein war ein wichtiges Handelsgut, er fand viel Anklang, und darum kauften Wiener Bürger Land für ihre Weingärten außerhalb der engen Stadt. Weil sie aber Steuern zahlen mußten, wenn sie ihn in ihre Häuser brachten, entstanden Weinschenken an der Peripherie, die allerdings erst im 19. Jahrhundert zu einem beliebten Ausflugsziel wurden. Daß ein Föhrenbusch vor dem Haus anzeigt, wann ein Winzer den eigenen Wein kredenzt, hat Joseph II. in seiner Heurigenverordnung niedergelegt, aber der Brauch selbst ist viel älter, wahrscheinlich war er schon Karl dem Großen bekannt. Auch der Verkauf eines Imbisses gehört zu den ältesten Privilegien der Weinhauer. Bis vor dreißig Jahren war es noch durchaus üblich, mit dem eigenen Proviantkorb zum Heurigen zu gehen. Erst in den achtziger Jahren entwickelten sich die heute üblichen üppigen Buffets mit vielerlei Braten, Fleischgerichten, Wurst, Salaten, Aufläufen, Aufstrichen, Käsen und Mehlspeisen. Über Jahrhunderte war die Zukost zum Wein schlicht und meist ziemlich dursterweckend. Geselchtes und paprizierter Liptauer verlangen nach Wein.

Lange vor den Heurigen im Grünen lockten die Weinkeller der Stadt die Durstigen an. Sie entstanden in Klöstern und Bürgerhäusern, zunächst dienten sie nur der Lagerung, dann auch der Ausschank. Wie tief sie in den Untergrund der Stadt hinabreichen, kann man heute noch an einigen erhaltenen alten Kellern wie dem »Apostelkeller«, dem »Esterházykeller« und dem »Urbanikeller« sehen.

Ursprünglich hatten Frauen keinen Zutritt, sie mußten stehend vor den Schenken warten. Das Weib schweige in der Gemeinde und es stehe beim Heurigen. Aber das war wohl meist nur Theorie. In einer mittelalterlichen Chronik heißt es, die Wienerinnen und Wiener hätten sich in einem guten Weinjahr völlig versoffen. Und die Weiber trügen sogar ihr Bettgewand in die Schenken, um es zu verpfänden. Verkauft's mei G'wand …

Im Jahr 1444 war der Wein hingegen so sauer, daß ihn keiner trinken wollte. Die Wiener nannten ihn »Reifbeißer«, weil er die Faßdauben zersetzt haben soll. Friedrich III. ordnete an, daß der Säuerling zum Kalklöschen beim Bau der Stephanskirche verwendet werden sollte. Und so lebt er bis in unsere Zeit weiter.

Bis ins 18. Jahrhundert waren die Weinkeller die wichtigsten Treffpunkte der Stadt. Jeder hatte ein anderes Publikum und eine andere Funktion. Im »Lothringerkeller« bei der Hofburg warteten die Audienzschwestern auf Kundschaft, höchst geschäftige Frauen, die ihre wirklichen oder vorgegebenen Beziehungen zu Beamten vermarkteten. Kleinere Tips gaben sie gegen ein Seidel Wein, größere gegen ein Mittagessen. Persönliche Vorsprachen kosteten Bargeld.

Im »Bischofskeller« soll es die besten Gansln gegeben haben. Selbst Franz Liszt soll dort an einem Biegl genagt haben. Die Köchin Juliana Stift briet solche Mengen, daß sie jedes Jahr fünf Zentner Ganslschmalz über die Gasse verkaufen konnte.

Die Greißler und Kuttelkrauttandler hatten eigene Keller, die zugleich als Warenbörse dienten. Dort fanden sich auch die Fiaker ein, die sich mit pikantem Tratsch in die Fachgespräche mischten. Im »Kaiserkeller« waren die Ulmer Schiffsleute um riesige Schinken versammelt, der »Münzkeller« in der Himmelpfortgasse war für sein Landgeselchtes ebenso berühmt wie der »Knödelkeller« in der Salvatorgasse für seine Knödel. Der »Tirolerkeller« hatte das Renommee, daß sich hier 1809 Andreas Hofer gestärkt haben soll. Vom »Mirakelkeller« hieß es, daß hier ein Krüppel nach einem Liter Spezi seine Krücken weggeworfen hätte, um gesund nach Hause zu gehen. Winkelschreiber und Wäschermädeln, Leiblakaien und Kleiderputzer, sie alle hatten ihre Stammkeller. Und als im 18. Jahrhundert die Prostitution verboten wurde, fand so manche Vertreterin der willigen Weiblichkeit eine Nebenbeschäftigung als Kellnerin – die kleine Hirschwettl, die Fraßpepi, die Ulanenresl oder die schwarze Warzenwaberl, die ärger gewesen sein soll als die selige Messalina ... Auch einen Fürsten gab es unter den Kellerwirten: 1808 bekam Fürst Esterházy die Erlaubnis, ungarischen Wein auszuschenken – aber nicht weniger als fünf Maß auf einmal. Zwanzig Jahre später durfte es auch ein bisserl weniger sein, da gab es den Tokaier seidelweise. Und dazu Russen, Wurst, Käse und Mohnbeugel.

Höchst beliebt war auch der »Klosterkeller« der Karmeliterinnen, wo die Nonnen als Tirolerinnen verkleidet freche Gstanzeln sangen und jodelten. Kaiser Joseph II., wieder einmal inkognito unterwegs, kam, sah – und löste das fidele Kloster auf der Stelle auf.

Den wahren Zauber des Wiener Heurigen, den Weingenuß mitten in der Natur, entdeckten die Wiener erst gegen Ende des 18. Jahrhunderts. Die Enge der Stadt trieb Aristokraten und wohlhabende Bürger in die grünen Vorstädte.

Prachtvolle Palais und schöne Bürgerhäuser entstanden inmitten von Gärten und Weinbergen. Und plötzlich bekamen die Gutshäuser der Wiener Winzer Kundschaft. Aber auch die weniger privilegierten Bürger zog es in die Natur – zu Fuß oder mit dem ersten populären Beförderungsmittel: dem Zeiserlwagen. Er wurde von Pferden gezogen, hatte ein Dach und konnte größere Gruppen von Ausflüglern transportieren. Woher der Name kommt? Manche meinen, von seiner zeiserlgrünen Farbe, andere: vom dahinzeiseln – langsam fahren. Und dann gibt es noch die Version, daß die Bauern aus Zeiselmauer in ihren Wagen immer wieder Schiffsleute in die Stadt brachten und sich auf diese Weise verewigten. Auf dem Zeiserlwagen vollzog sich der erste Massenaufbruch aus der übervölkerten Stadt.

Draußen, vor den Mauern, war alles lockerer, leichter, fröhlicher. In Klosterneuburg versammelten sich die wagemutigen Weinfreunde beim Faßlrutschen. Angefangen hat es wohl damit, daß die Hauer ihren Zehentwein oben in das große Faß des Stiftskellers schütteten und auf der anderen Seite herunterrutschten. Immerhin ist das kein gewöhnliches Faß. Es ist 4,8 Meter lang, hat einen Durchmesser von 3,84 Meter und faßt 56.590 Liter. Der Durst der napoleonischen Truppen, die es 1809 leerten, muß gewaltig gewesen sein. Das reichverzierte Faß, das Bacchus und

jene Tiere zeigt, die als Feinde der Trauben gelten - Fuchs, Eber, Eule -, wurde um 1700 aufgestellt, im Biedermeier zerlegt und im Binderstadl neu aufgestellt. Bis heute weiß man nicht, warum man eigentlich herunterrutscht. »Die einen meinen, es stärke den Magen gegen Schwefelsäure, die Anderen glauben, es kräftige den Durst, noch Andere hoffen, es fördere kommenden Weinsegen«, mutmaßt der Eipeldauer. Die Erklärung ist eigentlich ganz einfach: Es ist eine Hetz, herunterzurutschen.

Gegen solche Attraktionen mußten die Wiener Weinkeller ankämpfen, um nicht alle Kundschaft zu verlieren. Einige versuchten es mit dem »Hanselwein«. Das war ein Gemisch aus Weißwein, Weichselsaft und Gewürzen und wurde am 24. Juni, dem Tag des heiligen Johannes, ausgeschenkt. Wer ihn trank, blieb ein ganzes Jahr lang gesund, von Fraisen und Froschplage verschont und auch bei überreichem Genuß frei von Schwips und Kater.

Hinter dem Johannissegen steht die Legende eines bekehrten Heiden: der Grieche Aristodemos ließ dem Evangelisten Johannes vergifteten Wein vorsetzen. Wenn er ohne Schaden davon trinke, würde er sich zum Christentum bekennen. Johannes trank, das Gift verflüchtigte sich. Und wenn man liest, was im Hanslwein alles enthalten war, dann brauchte man wirklich den Beistand eines starken Heiligen, um gesund zu bleiben. Der Schriftsteller Philipp Hafner verrät in seinen »Hannswurstischen Träumen«, was einen vom Hanselwein erwartete. »Ein einzigesmal und zwar am Johannistag, träumte mir in der Nacht, daß ich in einem gewissen Gewürzgewölbe Weichselwein machen gesehen hätte, welches also zuging: ein sauersehender roter sechs Kreutzerwein aus dem Donaugebürg zu ebner Erd war die Materia prima dieses erschröcklich delikaten Getränkes, darauf ward dieser Wein mit dem Wasser nach allen Ceremonien getaufet. In der Tauf werden ihm gefaulte Weichseln, der Staub von alten Gewürzschachteln, Clistier- und anderer von den Mäusen an dem Leib verzehrter Zucker als ein Geschänk eingebunden und ihm in der Tauf der Name Weichselwein gegeben.«

Würzweine waren ja bis ins Biedermeier ziemlich gebräuchlich. Der »Hypocras mit Ingwer«, von dem im »Rosenkavalier« gesungen wird, war eine beliebte Methode, den meist ziemlich sauren Wein zu verbessern. Und so grauslich, wie oben geschildert, wird es dabei nicht immer zugegangen sein. Aber als Gegenmittel gegen die Stadtflucht der Heurigengeher war der Weichselwein kein Erfolg. Er wurde im

Haus zum »Roten Igel« in der Tuchlauben getrunken, das Maß zu 24 Kreuzer. Oder im berühmten Weixelweingartel an der Wien. Und wie es dort zuging, schildert wieder einmal der Eipeldauer, der unermüdliche Chronist des Josephinischen Wien: »Im Weixlweingartl, das an der Wien liegt, ist freylich ein Bißl eine stinkende Luft und da reiten noch öfter die Fleischhackerknecht mit ihr'n Pferden in d' Wien nein und rütteln die Soß auf, damit d' Gäst dort noch ein angenehmeres Gerücherl kriegen. Aber trotzdem, Herr Vetter, kriegt halt das Weixlweingartl doch alle Jahr Besuch von mir!«

Man kann sich vorstellen, was die Wiener meinten, wenn sie sagten, einer sei

Blick über die Wildgrube zum Leopoldsberg

ihnen so lieb wie Weichselwein. Der Heurige ist ihnen lieber gewesen. Als 1872 das große Rebensterben durch den Reblausbefall begann, war ein kluger Fachmann zur Stelle, der Abhilfe wußte. Der Gründer der Klosterneuburger Weinbauschule, Freiherr von Babo, konnte zwar die Vernichtung der alten Kulturen nicht verhindern, aber er entdeckte, daß amerikanische Reben resistent gegen die Reblaus waren. Auf sie wurden europäische Rebsorten aufgepfropft, und der Wiener Wein gedieh wie zuvor.

Vital und widerstandsfähig wie der Wein sind auch die Winzer, die ihn gegen alle Widrigkeiten verteidigen.

Der legendärste war der alte Saurer, ein Winzer aus Grinzing. Er wettete beim Bau der alten Zahnradbahn, er könne das Mittelstück der Schienenanlage allein von Nußdorf nach Grinzing schleppen. Tatsächlich trug der Fünfzigjährige das 170 Kilogramm schwere Eisenstück die ganze lange Strecke, legte es zu Boden und ging zur Schank, um eines seiner fünf- bis sechsunddreißig Vierterln zu stemmen, die er angeblich pro Tag brauchte und die ihn nicht daran hinderten, 87 Jahre alt zu werden.

Die Kraftproben, die den Winzern von heute abverlangt werden, sind von anderer Art. Die Hänge Wiens sind schwer und immer kostenintensiver zu bearbeiten. So mancher junge Winzer gab seinen ererbten Weingarten auf und versuchte, anderswo eine neue Existenz zu gründen.

Es war zudem äußerst verlockend, Bauland aus den herrlich gelegenen Gründen zu machen. Durch das Heurigensterben vor einigen Jahren bestand die Gefahr, daß eine uralte Kulturlandschaft verschwand. Die Winzer von Wien erreichten, daß die Stadt 27 Millionen Schilling in die Neuauspflanzung von 180 Hektar Weinbaufläche investierte. Und damit eine typische, von Rebzeilen strukturierte Hügellandschaft rettete, die auch denen wichtig ist, die keinen Wein trinken.

Bierhäuser

Es wird in Wien beynahe so viel Bier als Wein getrunken. Dieses sollte man in der Hauptstadt eines eigentlichen Weinlandes, wie Niederoesterreich, nicht vermuthen. Es muß also wohl doch etwas Wahres an dem seyn, was viele arme Leute behaupten: da sie Abends nicht Gekochtes zu essen vermoegen, so haben sie nur zwischen einem Glas Wein und Glas Bier zu wählen, welches mit einem Stueck Brod, und etwa noch Kaese, kaltem Fleisch oder so was gewuerzt wird. Der wohlfeilste Wein kostet doch so viel als das mittelmaeßige Bier; dieser Wein fuer 6 Kreuzer die Maß ist, wie man wohl denken kann, ziemlich herbe und sauer. Statt sie zu saettigen, vermehrt er vielmehr, durch seine beitzende und zehrende Kraft, den Hunger, und verursacht in der Nacht Hitze und Durst. Dagegen gibt ihnen ein gleich großes Glas Bier mehr Fette und Nahrung, und gewaehrt ihnen durch seine betaeubenden Ingredienzien einen festen tiefen Schlaf. Und in dieser Ueberzeugung trinken sie, besonders in den Sommer-Monathen - viel mehr Bier als Wein.

Johann Pezzl *(1726-1823)*

Schinken-Aufstrich

Zutaten für 4 Portionen

30 dag geschnittener Preßschinken
2 Bund Schnittlauch
2 EL Butter
¼ kg Gervais
1 EL gerissener Kren
1 EL Senf

Salz, Pfeffer

Zubereitung

Schinken in kleine Stücke schneiden und in einem elektrischen Zerkleinerer (Cutter) fein pürieren. Schnittlauch waschen und fein schneiden.
Warme Butter cremig aufrühren, Gervais, Schinkenmus, Schnittlauch und Kren untermischen. Aufstrich mit Salz, Pfeffer und Senf abschmecken.
Zum Schinkenaufstrich serviert man am besten würziges Schwarzbrot.

Tip
Anstelle von Preßschinken kann man für den Aufstrich auch gekochtes Selchfleisch oder Räucherschinken verwenden. Eine besondere geschmackliche Note erhält der Aufstrich, wenn man ihn zusätzlich mit gehackten Kräutern vermischt. Als Senfsorten empfehlen sich Dijon- oder Löwensenf.

Liptauer

Zutaten für 4 Portionen

1 kleine Zwiebel
10 Kapern
½ Bund Petersilie
10 dag Butter
¼ kg Brimsen
40 dag Gervais
1 EL edelsüßes Paprikapulver
5 Zehen Knoblauch
Salz, Pfeffer

Zubereitung

Zwiebel schälen, kleinwürfelig schneiden und kurz überkochen. Abseihen, abschrecken und gut abtropfen lassen. Kapern und Petersilienblättchen fein hacken.
Warme Butter cremig aufrühren. Brimsen und Gervais durch ein Sieb streichen und mit der Butter vermischen. Paprikapulver, Zwiebel, Kapern und Petersilie einrühren. Liptauer mit Salz, Pfeffer und zerdrücktem Knoblauch würzen.
Zum Liptauer serviert man am besten Wachauer Weckerln.

Tip
Statt Gervais und Brimsen kann man auch Topfen (10% Fett) für die Zubereitung des Aufstriches verwenden.

Tip
Sollten die Kapern zu salzig sein, auf ein Sieb schütten und unter fließendem Wasser gut spülen.

Fleisch-laberln

Zutaten für 10 Stück

40 dag Faschiertes
20 dag getrocknete Semmelwürfel
¼ l Milch
1 Zwiebel
½ Bund Petersilie
1 Ei
3 Zehen Knoblauch

Salz, Pfeffer, Majoran, Öl

Zubereitung

Semmelwürfel in der Milch einweichen. Zwiebel schälen. Zwiebel und Petersilienblättchen fein hacken und in 1 EL Öl anschwitzen. Vom Feuer nehmen und auskühlen lassen.
Faschiertes mit ausgedrückten Semmelwürfeln, Zwiebelmischung und dem Ei gut vermischen. Masse mit Salz, Pfeffer, Majoran und zerdrücktem Knoblauch würzen und ca. 10 Minuten ziehen lassen.

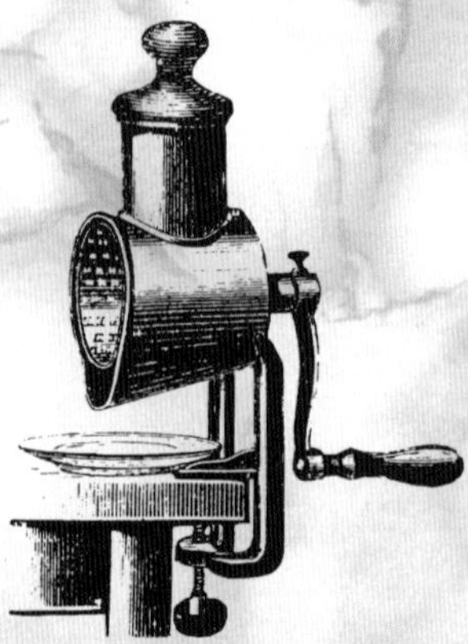

Aus dem Faschierten gleich große Laberln formen und in fingerhoch Öl beidseitig braten. Aus der Pfanne heben und vor dem Anrichten gut abtropfen lassen.

Dazu empfiehlt sich

MAYONNAISE-SALAT

1/2 kg speckige Erdäpfel mit der Schale weichkochen, abseihen, schälen und in Scheiben schneiden. 1 kleine Zwiebel schälen und hacken. 2 Bund Schnittlauch fein schneiden.
Aus 4 EL Essig, 8 EL Öl, Salz, Pfeffer, 1 MS Senf, Zwiebel und 1/8 l klare Suppe eine Marinade anrühren. Erdäpfel und Schnittlauch zugeben und behutsam vermischen.
Vor dem Anrichten 1/8 l Mayonnaise unterheben.

TIP

Wenn Sie die Laberln während des Bratens öfter mit Bratfett übergießen, werden sie schneller durch und bleiben saftig.

Gemüseauflauf mit Selchfleisch

ZUTATEN FÜR 5 PORTIONEN

3/4 kg Karfiol
3/4 kg Brokkoli
1 rote Zwiebel
1/4 kg gekochter Selchschopf
1 Bund Petersilie
2 altbackene Semmeln
1/16 l Milch
1/8 kg Gouda
2 Eier
1/2 kg Gervais

Salz, Pfeffer, Thymian, Semmelbrösel, Butter, Öl

ZUBEREITUNG

Brokkoli und Karfiol putzen und in möglichst gleich große Röschen teilen. Gemüse in Salzwasser bißfest kochen, abseihen, abschrecken und gut abtropfen lassen.
Zwiebel schälen und fein hacken. Selchfleisch zuerst in Scheiben und dann kleinwürfelig schneiden. Petersilienblättchen fein hacken.
Selchfleisch und Zwiebel in wenig Öl anschwitzen, Petersilie unterrühren und die Mischung beiseite stellen.
Semmeln in gleich große Würfel schneiden, mit Milch übergießen und kurz ziehen lassen. Käse auf einer Reibe raspeln. Eier verquirlen.
Backrohr auf 180° C vorheizen.
Gervais in eine Schüssel geben, ausgedrückte Semmeln, Käse und Eier zugeben und gut untermengen. Fleischmischung, Brokkoli und Karfiol behutsam unter die Masse heben. Mit Salz, Pfeffer und Thymian würzen.
Auflaufform mit Butter ausstreichen und mit Bröseln ausstreuen. Gemüsemasse einfüllen, gleichmäßig verteilen und eventuell mit Butterflöckchen belegen.
Auflauf ins vorgeheizte Rohr (mittlere Einschub-Schiene/Gitterrost) schieben und ca. 1/2 Stunde backen.

Landterrine

ZUTATEN FÜR 1 TERRINE (10 PORTIONEN)

3/4 kg Schweinsschulter
1 gehackte Zwiebel
3 Zehen Knoblauch
1/8 l Weißwein
1 Ei
1/8 l Schlagobers
30 dag dünn geschnittenen Fettspeck

Für die Einlage:
30 dag Kalbsschulter
15 dag Preßschinken
15 dag Fettspeck
1/8 l Weinbrand
2 EL gehackte Petersilie
Salz, Pfeffer, Lorbeerblatt, Rosmarin

ZUBEREITUNG

Kalbfleisch, Schinken und Speck in 1 cm große Würfel schneiden und mit Salz, Pfeffer und Weinbrand würzen. Petersilie zugeben, alles gut vermischen und mit Frischhaltefolie zugedeckt am besten über Nacht im Kühlschrank marinieren lassen. Das ebenso mit Zwiebel und Knoblauch in Weißwein marinierte Schweinefleisch in mehreren Arbeitsgängen unter Zugabe von Obers in einem elektrischen Zerkleinerer (Cutter) pürieren. Danach mit der Kalbfleischmischung und dem Ei verrühren. Eventuell nachwürzen. Terrinenform (Inhalt ca. 1 1/2 l) mit den Speckscheiben so auslegen, daß der Speck überlappt und über den Rand der Form hängt. Masse einfüllen und gleichmäßig verstreichen. Überstehenden Speck zur Mitte hin einschlagen. Freie Stellen mit Speck abdecken. Terrine mit Deckel verschließen. Backrohr auf 120° C vorheizen. Terrinenform in eine passende Bratpfanne stellen und soviel kochendes Wasser zugießen, daß die Form bis zur Hälfte im Wasserbad steht. Pfanne ins vorgeheizte Rohr (unterste Einschub-Schiene/Gitterrost) schieben und ca. 1 3/4 Stunden knapp unter dem Siedepunkt garziehen lassen. Terrine aus dem Rohr nehmen und auskühlen lassen. Vor dem Servieren in nicht zu dicke Scheiben schneiden.

Überbackene Quargel-Brote

ZUTATEN FÜR 4 PORTIONEN

4 Scheiben Schwarzbrot

Für den Belag:
40 dag Quargeln
je 1 roter und 1 grüner Paprika
2 große Äpfel

Salz, Pfeffer, Liebstöckel, Butter

ZUBEREITUNG

Backrohr auf Grillstellung vorheizen. Backblech mit Backpapier belegen. Quargeln in nicht zu dünne Scheiben schneiden. Paprika von Strünken und Kernen befreien, waschen und in ca. 1 cm dicke Streifen schneiden. Äpfel schälen, vierteln und die Kerngehäuse ausschneiden. Äpfel in ca. 1 cm breite Scheiben schneiden. Brote dünn mit Butter bestreichen und mit Quargeln, Paprika und Äpfeln belegen. Mit Salz, Pfeffer und gehacktem Liebstöckel bestreuen. Brote auf das Blech setzen und im vorgeheizten Rohr (oberste Einschub-Schiene) überbacken.

Überbackene Schinkenfleckerln

Zutaten für 5 Portionen

20 dag Teig-Fleckerln
15 dag Preßschinken
3 Eier
6 dag Butter
2 EL Sauerrahm
1 EL gehackte Petersilie
5 dag geriebener Emmentaler

Salz, Pfeffer, Muskatnuß, Butter, Semmelbrösel

Zubereitung

Fleckerln in Salzwasser bißfest kochen. Abseihen, abschrecken und gut abtropfen lassen. Auflaufform mit Butter ausstreichen und mit Böseln ausstreuen. Schinken kleinwürfelig schneiden. Backrohr auf 190° C vorheizen.
Eier in Dotter und Klar trennen. Warme Butter gut cremig aufrühren und mit Salz, Pfeffer und gemahlener Muskatnuß würzen. Dotter nach und nach einrühren. Sauerrahm, Fleckerln, Schinken und Petersilie untermischen.
Eiklar mit einer Prise Salz zu schmierigem Schnee schlagen und behutsam unter die Schinkenfleckerln heben. Masse in die vorbereitete Form füllen, gleichmäßig verteilen und mit Käse und 2 EL Bröseln bestreuen. Schinkenfleckerln ins vorgeheizte Rohr (mittlere Einschub-Schiene/Gitterrost) schieben und ca. 40 Minuten backen.
Als Beilage serviert man Salat.

Tip
Die Schinkenfleckerln bekommen eine besonders schöne Kruste, wenn man sie vor dem Backen mit geschmolzener Butter beträufelt.

Schwarzwurzel-Salat mit Dille

Zutaten für 4 Portionen

1 kg Schwarzwurzeln (am besten aus der Dose)
je 1/2 roter und 1/2 gelber Paprika
1 kleine Zwiebel

Für die Marinade:
1/2 Bund Dill
1 Becher Crème fraîche
1/4 l Sauerrahm
2 Zehen Knoblauch

Salz, Pfeffer, Zitronensaft

Zubereitung

Schwarzwurzeln auf ein Sieb schütten, gut abtropfen lassen und in gleich große Stücke schneiden. Paprika von Strünken und Kernen befreien, waschen und kleinwürfelig schneiden. Zwiebel schälen und fein hacken.
Für die Marinade Dillzweige grob hacken und mit Crème fraîche und Sauerrahm gut verrühren. Mit Salz, Pfeffer, zerdrücktem Knoblauch und Zitronensaft würzen.
Schwarzwurzeln, Paprika und Zwiebel mit der Marinade vermischen und anrichten.
Salat eventuell mit Dillzweigen garnieren.

Tip
Der Salat schmeckt besser, wenn man ihn vor dem Servieren ca. 2 Stunden im Kühlschrank marinieren läßt.

Wurstsalat

Zutaten für 4 Portionen

2 Knackwürste
je 1 grüner und
1 gelber Paprika
4 Paradeiser
1 kleine Salatgurke
1 Zwiebel

Für die Marinade:
½ Bund Petersilie
1/16 l Weinessig
5 Zehen Knoblauch
1 MS Senf
1/16 l Sonnenblumenöl

Salz, Pfeffer

Zubereitung

Würste enthäuten, zuerst der Länge nach halbieren und dann in ½ cm dicke Scheiben schneiden. Paprika halbieren und von Strünken und Kernen befreien. Paprika waschen und in gleich große Stücke schneiden. Paradeiser vierteln, entkernen und das Fruchtfleisch in Streifen schneiden. Salatgurke schälen, der Länge nach halbieren, entkernen und blättrig schneiden. Zwiebel schälen und grob hacken. Für die Marinade Petersilienblättchen grob hacken. Essig mit ca. ⅛ l Wasser, Salz, Pfeffer, zerdrücktem Knoblauch, Senf und Petersilie gut vermischen. Öl unter ständigem Rühren zugießen. Gemüse und Wurst in eine Schüssel geben, mit der gut aufgerührten Marinade übergießen und vermischen. Eventuell mit Salz und Pfeffer nachwürzen. Salat vor dem Anrichten ca. ½ Stunde marinieren lassen.

Rindfleischsulz

Zutaten für 6 Portionen

40 dag gekochtes Rindfleisch
20 dag Karotten
20 dag Knollensellerie
20 dag Fisolen
8 Blatt Gelatine
⅜ l klare Rindsuppe
Salz, Pfeffer, Essig

Zubereitung

Eine Rehrückenform mit Frischhaltefolie auslegen. Fleisch zuerst in 1 cm dicke Scheiben und dann in Würfel schneiden. Karotten und Sellerie schälen und in ½ cm große Würfel schneiden. Fisolen putzen und in 1 cm breite Stücke schneiden. Gemüse in Salzwasser weichkochen, abseihen, abschrecken und gut abtropfen lassen.
Gelatine in kaltem Wasser einweichen. Suppe erwärmen und mit Salz, Pfeffer und 2 EL Essig abschmecken.

Gelatine gut ausdrücken und in der warmen Suppe unter ständigem Rühren auflösen. Suppe abkühlen lassen. Gemüse und Fleisch zur Suppe geben und behutsam vermischen. Etwa die Hälfte der Gemüse-Fleischmischung aus der Suppe heben, in der Form verteilen und mit Suppe bedecken. Restliche Mischung zugeben, die Form mit Suppe füllen und mit Frischhaltefolie abdecken.
Sulz am besten über Nacht im Kühlschrank festwerden lassen. Vor dem Servieren aus der Form stürzen, die Folie abziehen und die Sulz in gleich dicke Scheiben schneiden.

Dazu empfiehlt sich

KERNÖL-MARINADE

1 rote Zwiebel schälen und fein hacken. 1 Bund Schnittlauch fein schneiden. 6 EL Essig, 10 EL Kernöl und ein wenig Wasser gut verrühren und mit Salz und Pfeffer würzen. Vor dem Servieren Zwiebel und Schnittlauch untermischen.

Tip

Die Sulz schmeckt aromatischer, wenn man sie ca. ½ Stunde vor dem Servieren aus dem Kühlschrank nimmt.

Milchrahmstrudel

Zutaten für 6 Portionen

2 Pkg. Strudelteig
(à 2 Blätter)

Für die Fülle:
½ kg entrindetes Toastbrot
¼ l Milch
5 Eier
10 dag Butter
12 dag Staubzucker
Schale von
½ unbehandelten Zitrone
10 dag Topfen (10% Fett)
⅛ l Sauerrahm
4 dag Kristallzucker
10 dag Rosinen

Für den Überguß:
⅜ l Milch
3 Eier
4 dag Zucker

Salz, Vanillezucker, zerlassene Butter, Staubzucker

Zubereitung

Für die Fülle Toastbrot kleinwürfelig schneiden, mit Milch beträufeln und ziehen lassen. Eier in Dotter und Klar trennen. Butter mit Staubzucker, abgeriebener Zitronenschale, einer Prise Salz und 1 TL Vanillezucker gut aufrühren.
Topfen und Dotter abwechselnd unterrühren. Gut ausgedrücktes Brot und den Sauerrahm untermischen. Eiklar mit Kristallzucker zu schmierigem Schnee schlagen und unter die Masse heben. Backrohr auf 170° C vorheizen.
Ein Strudelblatt auflegen und mit zerlassener Butter bestreichen. Zweites Strudelblatt darüberlegen. Die Hälfte der Fülle auf zwei Dritteln des Teiges verteilen und mit der halben Menge Rosinen bestreuen.

Den freigebliebenen Teil des Teiges mit flüssiger Butter beträufeln. Teigränder einschlagen, Strudel einrollen und in eine mit Butter ausgestrichene, feuerfeste Form legen. Diesen Vorgang mit restlichem Teig und Fülle wiederholen.
Für den Überguß sämtliche Zutaten gut verrühren. Strudel mit flüssiger Butter bestreichen, mit einem Drittel des Übergusses begießen und im vorgeheizten Rohr (mittlere Einschub-Schiene/ Gitterrost) ca. 1 Stunde backen. Jeweils nach 20 Minuten ein weiteres Drittel des Übergusses zugießen und den Strudel fertigbacken.
Vor dem Servieren Strudel in Stücke schneiden und mit Staubzucker bestreuen.

Dazu empfiehlt sich

VANILLESAUCE

½ l Milch abmessen. Ca. ⅛ l davon mit 10 dag Kristallzucker, 1 Pkg. Vanillezucker und einer kleinen Prise Salz aufkochen. Restliche Milch mit 2 dag Vanille-Puddingpulver und 2 Dottern glattrühren. Dottermilch in die Zuckermilch rühren und unter ständigem Rühren aufkochen. Sauce vom Feuer nehmen und nochmals gut durchrühren.

Jause mit Herend-Porzellan

10.
Die schöpferische Jause

Theoretisch mag sie ein freundliches Relikt des Biedermeier sein, jene entspannte Zwischenmahlzeit, die wir Jause nennen. Ich erinnere mich noch an das schallende Gelächter, das eine Anruferin erregte – sie platzte mitten in den Redaktionsschluß einer Wiener Tageszeitung. Ob sie ihre Anfrage später wiederholen solle, reagierte sie artig auf die hörbare Hektik. »Vielleicht nach der Jause?«

Die Vorstellung einer Jause inmitten des Redaktionschaos hatte etwas rührend Komisches. Gugelhupf und Milchkaffee, Augartenporzellan und silberne Zuckerzange zwischen Korrekturabzügen, in letzter Minute veränderten Bildunterschriften und wütenden Anrufen aus der Druckerei?

Jause – das blieb noch lange ironisches Reizwort für eine kurze Arbeitspause im Café oder in der Kantine. Aber bei allem Sarkasmus war ein bißchen Sehnsucht nach Stille und Entspannung beigemengt. Jause – was war denn das eigentlich? Weit mehr als eine bloße Zwischenmahlzeit, etwas Aktiveres als Siesta. Wir einigten uns auf Kurzzeitentspannung mit kulinarischem Unterfutter, bevorzugt bei Kaffee und Mehlspeisen, gewürzt mit angenehmen Gesprächen. Teejausen sind in Wien nicht so verwurzelt, obgleich der Tee in den letzten Jahren viel Terrain gewonnen hat. Und Brettljausen gehören in den ländlichen Bereich, wo man sich nach einer Bergtour mit Hauswürsteln, Speck, Käs und Schnaps für die eigene Leistung belohnt. Jause, so wie man sie in Wien versteht, bedeutet Überfluß an Zeit und Gelassenheit, Unbefangenheit gegenüber zeitgeistigen und diätetischen Strömungen. Mit einem Wort: eine erfreuliche Befindlichkeit, der man sich viel mühsamer mit Meditation oder autogenem Training annähert. Genauer betrachtet ist die Jause außerdem ein Knotenpunkt, an dem sich Lebenskultur, Weltgeschichte und Weltwirtschaft aufs anregendste vernetzen.

Wenn man den Sprachforschern glauben darf, ist die Jause feudalen Ursprungs. Und wie so viele Errungenschaften wienerischer Eßkultur kommt sie aus dem Ausland. Die Jause sei eine »Zwischenmahlzeit, die es vorher in Wien und in Österreich nicht gab, die durch den Einfluß des Wiener Hofs unter Přemysl Ottokar aufkam«, stellt der Sprachforscher Eberhard Kranzmayr fest. Wobei »auch das Wort, das auf ein alttschechisches *jouž ina* oder *jaužina* zurückgeht, ins Wienerische übernommen wurde, von wo es dann in die übrigen österreichischen Dialekte eindrang«.

In Jause steckt das slawische Wort jug für »Süden«, das wir auch von Jugoslawien kennen. Ursprünglich war die Jause eine

Mittagsmahlzeit, später verlegte man sie in die Nachmittagsstunden. Sie war eine ziemlich opulente Mahlzeit, die sich nur der Hof und das reiche Bürgertum leisten konnten. Zu Zeiten des in Wien so beliebten böhmischen Königs bestand sie aus Fleisch, Brot und Wein. Was der Jause das unverwechselbare Aroma gab, fehlte noch ziemlich lange: der Kaffee. Und der war erst recht ein Zugereister von weit her.

Wahrscheinlich wurde Kaffee im 14. Jahrhundert in Äthiopien bekannt, und seither ranken sich die schönsten Legenden um seine Entdeckung. Man kennt die Geschichte vom Hirten, der sich über seine wie beschwipst herumhüpfenden Ziegen wundert und dabei entdeckt, daß ihre gute Laune von den grünen Bohnen kam, die sie von einem Strauch knabberten. Worauf er sie mit Erfolg selbst ausprobierte. Legende Nummer zwei: Bei einem Waldbrand nach einem Gewitter entstand die erste unbeabsichtigte Kaffeerösterei der Menschheitsgeschichte. Welche Naturkatastrophe mitwirkte, daß die am Baum gerösteten Bohnen gemahlen und in Wasser gekocht wurden, erzählt allerdings kein Märchen aus Tausendundeiner Nacht. Nur die Wirkung des Kaffees wird mit orientalischer Phantasie und der Werbewirksamkeit eines Fernsehspots geschildert: Mohammed war von Müdigkeit und schlechter Laune befallen. Da schwebte der Erzengel Gabriel hernieder und reichte ihm eine Tasse Kaffee. Die Seelennebel verflüchtigten sich. Mohammed durchflutete eine ungeahnte Kraft, so groß, daß er 40 junge Männer aus dem Sattel heben und 40 Jungfrauen beglücken konnte. Dynamik, Supersex und gute Laune – bei solch einem Renommee mußte der Kaffee doch Karriere machen. Aber sogleich kam der Gegentrend, der den Kaffee noch lange begleiten sollte. Durfte ein Getränk mit so gewaltiger Wirkung erlaubt sein, grübelten muslimische Gelehrte. Schließlich war in ihrer Religion der Wein verboten. Sollte der Rausch des klaren Kopfes erlaubt sein?

Georg Franz Kolschitzky

Über Jahrhunderte begleiteten den »Wein der Denker« die Ängste der Herrscher und Priester vor zuviel Nachdenklichkeit ihrer Untertanen und Gläubigen.

Ab Mitte des 16. Jahrhunderts beschäftigten sich europäische Botaniker und Ärzte mit dem legendären Kaffeebaum. Hundert Jahre später konnten die Europäer sich in den Kaffeehäusern von Venedig, Oxford, London, Paris, Marseille, Hamburg und Amsterdam selbst von den Vorzügen des neuen Getränks überzeugen. Auf dem Landweg über den Balkan, aber auch auf dem Seeweg waren die Kaffeebohnen nach Westen und Norden gekommen. Überall waren die Kaffeehäuser ganz normale Geschäftsgründungen.

Nur in Wien, wo die Erzählfreude so groß ist wie am Bosporus, wucherten Legenden, die erst in unserem Jahrhundert widerlegt wurden. Allerdings: Nirgendwo sonst war ein so dramatisches Ereignis Hintergrund der ersten Kaffeehausgründung wie in Wien. Die Lieferanten der aromatischen Bohnen waren keineswegs friedliche Kaufleute, sondern 230 000 schwerbewaffnete türkische Soldaten. Die Türken waren 1683 zum zweiten Mal bis Wien vorgedrungen, entschlossen, sich nicht - wie 1529 - vom schlechten Wetter abhalten zu lassen und die Fahne des Propheten auf dem Stephansturm aufzupflanzen. Ihre Chancen sind gut. Wien kann nur 11 000 Soldaten und 6000 Mann

Griechen im Kaffeehaus auf der Rotenturmbastei. Johann Adam Klein, Bleistift, 1817

schlecht ausgebildeter Miliztruppen aufbieten. Die Wiener hungern, die rote Ruhr rafft die Schwächsten hinweg. Die Situation scheint hoffnungslos. Die Türken sprengen bereits die Vorwerke der Burg- und Löwelbastei. Und dann jagen der Polenkönig Sobieski und Herzog Karl von Lothringen mit 75 000 Mann über die Abhänge des Wienerwalds vom Leopoldsberg hinter die Wiener Vorstädte, wo die Türken ihre Lager haben. Das Wunder geschieht: Die überraschten Türken flüchten. Kostbare Zelte bleiben zurück, Waffen, Gebrauchsgegenstände, Lebensmittel. Darunter Säcke mit grünbraunen Bohnen. Kamelfutter, wie die Wiener zuerst glauben. Einer von vielen, die als Kurier und Dolmetscher unterwegs waren, um Nachrichten in die belagerte Stadt zu schmuggeln, weiß mehr und versteht es, mit Hilfe des Kaffees eine kleine Unsterblichkeit zu gewinnen: Georg Franz Kolschitzky, ein Pole im Dienste der Orientalischen Kompagnie und ein PR-Genie in eigener Sache, ließ sich als Entdecker des Kaffees für Wien und als erster Wiener Kaffeesieder feiern. Die Geschichte wurde erst vor wenigen Jahren wissenschaftlich durchleuchtet und erwies sich als unbeweisbar. Wer tatsächlich zwei Jahre nach dem Ende der Türkenbelagerung, 1685, das kaiserliche Privileg bekam, »Türkhische Getränkh« zu verkaufen, war ein gebürtiger Armenier mit griechischem Namen: Johannes Diodato. Er war aus Konstantinopel gekommen, handelte mit Teppichen, Gewürzen, Silber und - Nachrichten. Die idealen Vorbedingungen für einen Kaffeesieder. Von Anbeginn an waren die Wiener Kaffeehäuser elegante und vertratschte Schauplätze für den Genuß von Kaffee, Sorbet, Eis, Likör. Orientalische und wienerische Lebensart verschmolzen nirgends so perfekt wie im Kaffeehaus.

Am Fleischmarkt, dessen Umgebung heute noch ein bißchen exotisch wirkt, lebten und arbeiteten damals viele orientalische Händler. Unweit davon, in der Rotenturmstraße 14, wurde Wiens erstes Kaffeehaus eröffnet. Die Wiener freundeten sich bald damit an. Das Lebensgefühl nach der abgewendeten Türkengefahr war euphorisch, auch wenn die Wunden des Krieges nur langsam heilten. Bald entstanden, sehr zum Ärger Diodatos, weitere Kaffeehäuser. In diesen teppichgeschmückten Lokalen mit ihrer Atmosphäre der Geborgenheit vor den Unbilden des Alltags, im Schmurgeln der Wasserpfeifen, dem Duft gerösteter Kaffeebohnen, der von den Öfen vor den Eingängen hereinwehte, mag die Urform der wienerischen Jausenbehaglichkeit entstanden sein. Es fehlte noch etwas: die Milch zum Kaffee. Die Mehlspeisen. Und die Frauen. Bis sie alle zueinanderfanden, verging noch viel Zeit. Im 17. und 18. Jahrhundert war der Kaffee ein reines Männergetränk, waren die Zusammenkünfte im Kaffeehaus Männerrunden. Der »Wein der Denker«, das typische Getränk der Aufklärung, sollte allerdings dafür sorgen, daß so manche alte Ordnung zerbrach, daß sich demokratischere Umgangsformen durchsetzten und daß auch Frauen Zugang zu öffentlichen Lokalen mit ihren Informationsmöglichkeiten bekamen.

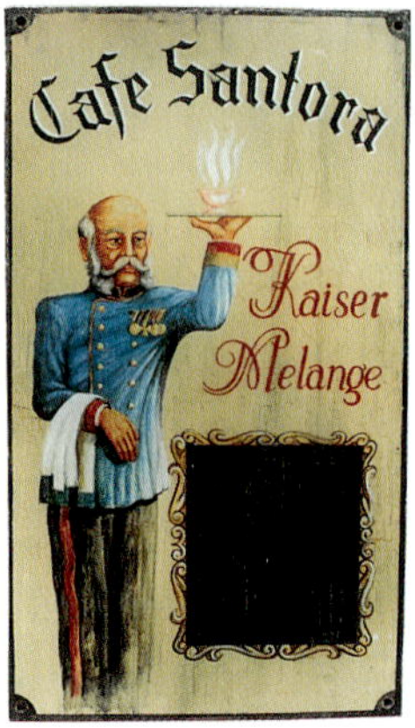

Absoluten Herrschern war diese Gefahr bald klar. Sie ärgerten sich über den unkontrollierten Zugang ihrer Untergebenen zum Luxus, und sie fürchteten mit gutem Grund, daß die Cafés mit ihrer lässigen Atmosphäre zu konspirativen Treffpunkten werden könnten. Der Alte Fritz tat in preußischer Direktheit kund: »Seine Königliche Majestät sind in der Jugend mit Biersuppe erzogen worden. Das ist gesünder als Kaffee, mithin können die Leute dorten auch mit Biersuppe erzogen werden.« Er schickte Kaffeeschnüffler aus, um Schwarzbrenner, die den staatlichen Brennereien Konkurrenz machten, zu überführen. Es nützte nichts, seine Untertanen tranken weiterhin Kaffee. Und wenn sie sich den echten nicht leisten konnten, rösteten sie Eicheln, Spargelschalen oder Zichorie.

Seine große Gegenspielerin, Maria Theresia, hielt sich mit solchen Verboten nicht auf. Sie war selbst eine begeisterte Kaffeetrinkerin, ihre Kinder wurden allerdings spartanisch mit Schleimsuppe aufgezogen. Als Pragmatikerin wußte sie, daß der Kaffeeverbrauch in Österreich nicht groß genug war, um die Handelsbilanz zu belasten. Tatsächlich kam es nur während der Kontinentalsperre zwischen 1810 und 1813 unter einem ihrer Nachfolger, Franz II., zu einem kurzfristigen Kaffeeverbot.

Die Frauen, denen der Kaffeehausbesuch ihrer Männer ein Dorn im Auge war, stellten es raffinierter an. »Der Kaffee macht unsere Ehegenossen so trocken und dürr wie den Sand von Arabien, von wo diese Unglücksbohnen zu uns gekommen sind«, schimpft eine Engländerin des 17. Jahrhunderts. »Wenn die Regierung die Kaffeehäuser nicht schließt, werden wir Frauen nur Affen und Pygmäen gebären.«

Auch Lieselotte von der Pfalz, später Herzogin von Orleans und Schwägerin von Ludwig XIV., verrät in ihren originellen Briefen die Ansichten und Lebensgewohnheiten ihrer Zeit. Sie schreibt über das neue Genußmittel: »Caffee ist guth vor katholische Priester, so nicht heurathen derfen, denn er solle keusch machen.«

Nichts hat das alles genützt, weder die Drohung mit der Impotenz noch staatliche Einschränkungen und schon gar nicht die Warnung, die Wolfgang Amadeus Mozart in Kanonform gekleidet hat: »C-a-f-f-e-e, trink nicht soviel Caffee.« Die Genießer hielten sich eher an das Gedicht:

»Caffee schlägt alle Dünste nieder,
Caffee verscheucht der Sorgen Schwarm,
Caffee belebt die matten Glieder
und unterdrückt den innern Harm.
Sogar die unverschämten Flöh
verjagt den Jungfern der Caffee.«

Wahrscheinlich hätte der Kaffee allein nicht soviel Erfolg gehabt. Das beste Argument für seinen Genuß war das Kaffeehaus. Ein immer aufwendiger dekorierter Ort der Begegnung, der Information, an dem Zeitungen auflagen und in dem geraucht werden durfte. Das war in dieser Zeit der Reglementierung aller privaten Dinge eine Sensation. Eigene Rauchzimmer wurden geschaffen. In der Öffentlichkeit war Ende des 18. Jahrhunderts das Rauchen verboten.

Der Kaffeesieder. Kolorierte Kreidelithographie von August Strixner nach Carl Joseph Geiger, 1839

Die ersten Kaffeehausjausen fanden also unter Ausschluß der weiblichen Öffentlichkeit statt. Die versammelte sich daheim um ein Konkurrenzprodukt: die Schokolade. Wenn es etwas gab, das den Triumphzug des Kaffees hemmen konnte, waren es nicht Verbote und Gerüchte, sondern eine andere Bohne exotischer Herkunft. Aus ihr wurde der aztekische Göttertrank xocoatl bereitet. Fernando

Cortez, der 1519 auf den Spuren Columbus' nach Südamerika kam, um »El Dorado«, das Wunderland des Goldes, zu finden, machte eine seltsame Entdeckung. Er fand im Reich der Azteken, dem heutigen Mexiko, prachtvolle Städte mit einem perfekten Straßensystem vor und äußerst zivilisierte Bewohner, die die Entdecker als Götterboten begrüßten. Sie verfügten über unglaubliche Schätze. Aber weder Gold noch Edelsteinen galt ihre höchste Wertschätzung, sondern unscheinbaren Bohnen, die in gurkenähnlichen Hülsen auf Bäumen wuchsen. Diese Bohnen waren Genußmittel und Währung. Aus ihnen bereiteten sie ein Getränk, das den Spaniern zunächst überhaupt nicht schmeckte. Es war mit Pfeffer und Vanille gewürzt, mit Maismehl verdickt und in Wasser gekocht. Den Herrschern wurde *xocoatl,* wörtlich: bitteres Wasser, in goldenen Schalen kredenzt. Die Bohnenspeise wurde aber auch in Tafelform gegossen, getrocknet und gegessen. Die Abneigung der Spanier wich, als sie die belebende Wirkung der Schokolade entdeckten. Man schrieb ihr erotisierende Wirkung zu. Heute weiß man, daß der Stoff Phenyläthylamin gute Stimmung erzeugt. Unbewußt greift man zur Bonbonniere, wenn man schlecht aufgelegt ist, und läßt sich zudem von 500 Aromastoffen verwöhnen. Daß der Schmelzpunkt von Schokolade bei Körpertemperatur liegt, erzeugt das unvergleichlich samtige Geschmackserlebnis.

Wie alle ungewöhnlichen Genußmittel ist auch die Kakaobohne von Mysterien und Legenden umwuchert. Quetzalcoatl, der Wind- und Sonnengott – oder auch der göttliche Gärtner Guazukoult – hätten die Bohnen ins Land gestreut, in dem die ersten Söhne der Sonne wohnten. Damit war gesichert, daß sie nie in Not kamen.

Kakaobohnen waren ein Zahlungsmittel: Für zehn Bohnen bekam man zu Cortez' Zeiten ein Kaninchen, für hundert einen Sklaven. In den Schatzkammern Montezumas bestand der Münzvorrat aus 2,5 Millionen Pfund Kakaobohnen. Das entsprach damals einem Kaufwert von 900 000 Talern.

Die Währung, die man auch essen und trinken konnte, wurde maßvoll konsumiert. Ein oder zwei Schluck mußten genügen, vier galten bereits als Völlerei.

Als die Spanier entdeckten, wie gut Kakao schmeckte, wenn man ihn mit Zucker, Gewürzen und Mandeln mischte, war ein neues Produkt für den Weltmarkt geschaffen. Zunächst wurde es in flüssiger Form populär. Trinkschokolade verbreitete sich in Spanien so schnell wie in Wien der Kaffee. Aber mit dem Genuß wuchs auch hier die Angst vor neuen Sünden. Fromme Spanier befragten ihre Priester, ob die Köstlichkeit aus dem Aztekenland nicht die Fasten breche. Etwas, das so gut schmeckte, konnte doch in einer Zeit der Askese nicht erlaubt sein. Katholische Geistliche beschäftigten sich eindringlich in Theorie und Praxis mit dieser Frage, die erst zweihundert Jahre nach Ankunft der Kakaobohnen in Europa entschieden wurde. Schokolade brach die Fasten ebensowenig wie Wein oder Bier, entschied die Kirche. Und als Beweis, wie scheußlich Schokolade schmecken konnte, mischte man sie mit Bier oder fabrizierte eine gesalzene Einbrennsuppe mit Schokolade als Fastengericht. Aber das waren nur Umwege zum großen Schokoladeglück, das bald ganz Europa erfaßte. Durch die Spanierin Anna von Österreich, die Mutter Ludwigs XIV., kam die Schokolade nach Frankreich.

Die Engländer lernten 1655 mit der Eroberung des spanischen Jamaika die ersten Kakaobäume kennen und brachten die Bohnen in ihre Heimat. In den Londoner chocolate-houses, die viel eleganter als die populären Kaffeehäuser waren, wurde »ein ausgezeichnetes westindisches Getränk, namens chocolate« angepriesen. Bald darauf pflanzten die Franzosen in Martinique Kakao. Die Spanier kultivierten ihn in Venezuela, und schließlich verbreitete sich der Baum mit Hilfe der Kolonisatoren den Äquator entlang über Afrika und Asien. An seine Herkunft erinnert der botanische Name, den ihm Linné gab: Theobroma cacao – Götterspeise Kakao.

Jedes Land setzte sich auf seine Weise damit auseinander. In Italien entbrannte ein wilder Krieg zwischen Weinhändlern und Schokolademachern. Die Weinhändler sahen sich durch das neue Modegetränk in ihrer Existenz bedroht. Vor allem die hohe Geistlichkeit konsumierte plötzlich mehr Schokolade als Wein. Traditionalisten wetterten: »Schokolade ist ein Gesöff für Schweine, kein Getränk für Menschen.« Kompromißbereite mischten Wein mit Schokolade und ließen zwei Gewerbe verdienen.

In Wien war Ende des 17. Jahrhunderts die Schokolade so eingebürgert, daß der Mediziner Johann Michael Haider darüber eine wissenschaftliche Arbeit schrieb. Sie sei ein Lebenselixier, stärke den Magen, mache die Lebensgeister hurtig, helfe zur Venuslust, lindere Schmerzen. Aber – sie breche die Fasten. Das empörte die Geistlichkeit, die anderer Meinung war, so sehr, daß sie sogar den Lehrer Haiders, den Professor Franziskus Rauch, seines Amtes entheben und die Arbeit verbrennen ließ. Die große Zeit der Schokolade kam im Rokoko. Zur eleganten Verspieltheit dieser Epoche paßte der sinnliche Reiz des exotischen Genußmittels. Einer der begeistertsten Schokoladetrinker Wiens war Franz Stephan von Lothringen, dessen goldenes Service noch heute im Kunsthistorischen Museum zu bewundern ist.

Schokolade war sehr teuer und daher nur Wohlhabendsten zugänglich. Sie zelebrierten das duftende Getränk in eigenen Ritualen. Bekannte Künstler entwarfen schöne Gefäße dafür. Die Zeit begünstigte diesen Luxus. Nach dem Sieg über die Türken begann unter Kaiser Karl VI. ein starker wirtschaftlicher Aufschwung, der in beiden Richtungen Grenzen überwand. Die Siege des Prinzen Eugen hatten neue Absatzmärkte erschlossen. Und die Welthandelsbeziehungen nach Asien und Südamerika brachten mit den neuen Produkten auch künstlerische Impulse. Die Begeisterung für chinesisches Porzellan beflügelte den europäischen Erfindergeist. Johann Friedrich Böttger gelang es in Meißen, das chinesische Porzellanmonopol zu durchbrechen. Einer seiner Mitarbeiter, der kaiserliche Agent Claudius Innocentius du Paquier, entlockte dem betrunkenen Böttger das Geheimnis seines »Arkanums« – ursprünglich wollte Böttger ja Gold erzeugen. Porzellan – weißes Gold – war daraus geworden.

Du Paquier kam nach Wien und gründete 1718 die zweite Porzellanmanufaktur Europas. Mit dem Sonderprivileg, »Porcellain, Majolica und derley Indianisches Geschirr« zu erzeugen.

Mit der einmaligen Werksspionage war es aber nicht getan, er mußte Böttger auch noch bewährte Fachkräfte abwerben, die dabei allerdings auf den Geschmack kamen und nach einer Weile ihrerseits abwanderten. Das Porzellan, das du Paquier unter schwierigen wirtschaftlichen Bedingungen erzeugte, war so bezaubernd, daß 1729 die Holländische Zeitung in Leiden darüber berichtete. Das Wienerische Diarium zitierte sie: »Das Porcelan, welches in Wien fabriciert wird, sey stark und von einer sonderbaren Schönheit, der Preis davon wäre doch so hoch, daß kaum jemand solches kauffen möchte.« 1744 muß du Paquier, schwer verschuldet, seine Fabrik an den Staat verkaufen.

Schon in seiner Zeit wurden die bezauberndsten Services für die neuen Modegetränke Kaffee und Schokolade produziert. Viele Formen wurden aus China übernommen. Auch die hohen Becher mit Deckel, die das Schokoladearoma nicht entweichen ließen. Sie variierten chinesische Weinbecher. Damit sie in der Hand des Servierpersonals nicht zitterten, wurden sie mit Vertiefungen im Teller oder mit durchbrochenen Galerien gesichert. Ihr hübscher Name: Trembleuse. Die Kannen wurden von aztekischen Formen beeinflußt. Im Deckel hatten sie eine Öffnung, durch die ein Quirl gesteckt wurde. Mit ihm rührte man die Schokolade schaumig.

Den Damen der Rokokogesellschaft wurden diese Schokoladejausen von hübschen Stubenmädchen serviert. Nicht immer waren die Damen so fein wie reich. Philipp Hafner läßt eine davon in seiner Komödie »Die bürgerliche Dame oder die bezähmten Ausschweifungen eines zügellosen Eheweibes« zu ihrem Dienstmädchen sagen: »Lerne du besser Chocolade machen! Hat mir nicht der Rammel heute früh eine Chocolade an das Bett gebracht, wie eine Zwetschgen-Suppe.« Eines der bezauberndsten Stubenmädchen, Nandl Baldauf, verewigte der Maler Liotard in seinem berühmten Pastellbild: »La belle Chocolatière«. Die fesche Nandl machte nicht nur in der Kunstgeschichte und später als Werbefigur der holländischen Kakaofirma Van Houten Karriere. Sie eroberte zuerst den jungen Fürsten Liechtenstein und später den Fürsten Dietrichstein. Ein Vierteljahrhundert wartete sie auf die Legitimierung ihrer Liaison, ihr verwitweter Liebhaber machte sie schließlich zur Fürstin Dietrichstein. Wer das reizvolle Bild von Liotard sieht, versteht den Ausspruch des »rosenroten« Prince de Ligne: »In Wien ist jeder Mensch ein Roman.«

Schokolade war das attraktivste Getränk des 18. Jahrhunderts, ein Luxus der Damen, der immer wieder mit Boudoirszenen in Verbindung gebracht wurde. Rokokoschönheiten im spitzenverzierten Deshabillé, ein reizvolles Stubenmädchen, das Schokolade serviert; hinter Brokatvorhängen versteckt – ein Liebhaber. Schokolade war Erotik pur. Kein Wunder, daß Casanova ein großer Schokoladefreund war, wie so viele Venezianer bis zum heutigen Tag. Im Café Florian am Markusplatz bekommt man heute noch eine wunderbare Trinkschokolade.

Auch Hofmannsthal verzichtet in seinem »Rosenkavalier« nicht auf Schokolade, um der berühmten Boudoirszene der Feldmarschallin Aroma zu geben. Der grobschlächtige Ochs von Lerchenau poltert in die erotische Idylle seiner Cousine mit dem jungen Oktavian, der aus Tarnungsgründen als Kammerkätzchen Mariandl kostümiert wird. »Warum hinaus die Chocolade?« fragt der ebenso verfressene wie lüsterne Ochs, als das vermeintliche Mariandl mit dem Frühstückstablett verschwindet.

»Mariandl, komm Sie her, servier Sie Seiner Liebden«, resigniert die Marschallin.

Im »Silbernen Kaffeehaus«: links neben der Sitzkassierin Ignaz Franz Castelli, rechts Josef Lanner und Johann Strauß Vater, sitzend Ferdinand Raimund und Ignaz Schuster

Bald blinkte auch auf den Tischen wohlhabender Bürgerinnen hauchzartes, delikat bemaltes Schokoladegeschirr mit dem Bindenschild der kaiserlichen Manufaktur. Und das Beispiel der kinderreichen Kaiserin Maria Theresia inspirierte das Bürgertum dazu, das Wochenbett zum Mittelpunkt der Geselligkeit zu machen. Um die auch im Kindbett regierende Kaiserin versammelten sich Minister und Feldherren, die Frauen von Kaufleuten und Handwerkern luden die Verwandtschaft und Freundschaft zu fröhlichen Schmäusen. Ein darüber verzweifelter Kindsvater seufzte: »So mancher ehrliche Mann wird durch Kindbettvisiten in mißliche Umstände versetzt. Sechs Wochen ist der Kaffee und die Schukuladi nit vom Feuer kommen.«

Kindbettjausen wurden so populär, daß die Wiener Manufaktur eigenes Wöchnerinnengeschirr herausbrachte.

Bis ins 19. Jahrhundert wurde die Schokolade fast ausschließlich als Getränk

konsumiert. Erst dann wurde die Eßschokolade populär und begann ihren Siegeszug in der Wiener Mehlspeisküche.

Weibliche Kaffeerunden wurden von den Männern, die selbst gerne ins Café gingen, höchst mißtrauisch beurteilt. Das war doch ganz etwas anderes. Männer im Café tauschten erhabene Gedanken aus, Frauen tratschten und vergeudeten Geld und Zeit, die sie besser der Hauswirtschaft gewidmet hätten. Damit gaben sie den Verdacht, der sie selbst traf, ungespitzt weiter. Nach der Französischen Revolution wurden Kaffeehausrunden regelmäßig bespitzelt, um rebellische Gedanken gar nicht aufkommen zu lassen. Bereits zur Zeit Maria Theresias durfte in den Cafés nur in Räumen Billard gespielt werden, in die patrouillierende Gendarmen Einblick hatten. Zur Zeit Metternichs waren die Kaffeehäuser voll mit Agenten. Das wußten die Gäste natürlich. Im berühmten Silbernen Kaffeehaus, in dem auch Grillparzer, Raimund, Lenau und viele andere Prominente verkehrten, vergnügten sich die Gäste beim Anblick der Spione mit imitierten Trompetensignalen, die sich verdächtig wie: »Naderer da!« anhörten. Von allen Seiten prasselten die Vorwürfe auf die Kaffeetrinker im Haus oder im Café nieder. Die Frauen begnügten sich ja nicht damit, nur mit Freundinnen Kaffee zu trinken, sie wollten dazu auch noch schönes Geschirr, edle Tischtücher, Silberzeug, Hauskleider und womöglich noch eine neue Möblage. Und die Männer im Café kamen auf Ideen, die den Bestand der alten Ordnung gefährdeten. Die Freude am Genuß war stärker als alle Einschränkungen.

Auch die Wiener Genies waren kaffeesüchtig. Lenau blieb bis Mittag kaffeetrinkend im Bett, »um den brütenden, in ungewissen Bildern spiegelnden Dichtertiefsinn zu erzeugen«. Schubert nannte seine Kaffeemühle ehrfurchtsvoll »Wohnung meines heiligen Geistes«. Und Beethoven, mißtrauisch und eigenbrötlerisch auch im Genuß, zählte seiner Wirtschafterin eigenhändig für jede Tasse Kaffee sechzig Bohnen vor. Im Vergleich zu Balzac waren sie alle maßvoll. Ihm sagte man nach, ihn hätten 50 000 Tassen Kaffee belebt – und getötet.

Nach der Revolution von 1848 setzte sich auch im Kaffeehaus mehr Freiheit durch. Internationale Zeitungen lagen auf, mit Metternich verschwanden die Spitzel. Und Musik klang auf. Das war das Entree der Frauen ins Café.

Bis zu 3000 Gäste kamen ins Ungersche Kaffeehaus in Hernals oder ins Dommayer, wenn Johann Strauß aufspielte. Bei dieser sinnlichen, mitreißenden Musik wollten die Männer nicht allein bleiben. Die erste Bresche in die Bastion war geschlagen, langsam kamen Frauen – meist in Begleitung – ins Café, auch wenn es kein Konzert gab. Das Monopol der feschen Sitzkassierinnen war gebrochen.

Und weil man im Café nicht immer essen, trinken und tratschen kann, wurde hier mit Hingabe gespielt: Billard, Schach, Bridge, Tarock. Und immer wieder verbotene Spiele. Früher: Färbeln, Würfeln, Pharao. Heute: Stoß. Die Kaffeehausspiele – außer Bridge und Canasta – sind auch heute noch fast ausschließlich in männlicher Hand.

Seitdem Frauen Zugang zum Café haben, hat sich das kulinarische Angebot verändert. Jausen haben ihre eigenen Gesetze. Die typischen Kaffeemehlspeisen sind Gugelhupf und Buchteln, Krapfen, Mohn-, Nuß- und Apfelstrudel, Topfengolatschen und Nußkipferln. Wer's üppiger will, muß eben in die Kaffeekonditorei ausweichen.

Und weil in Wien auch bei Jausen Geschichte und Geschichterln gemacht werden, entschied sich so manches Schicksal bei Kaffee und Gugelhupf. Bei einer Jause mit ihrer Freundin, der Journalistin Berta Zuckerkandl, erfuhr Katharina Schratt, daß ihrem Freund und Kollegen Alexander Girardi die Einweisung ins Irrenhaus drohte. In einer Auseinandersetzung mit seiner intriganten Frau, Helene Odilon, hatte er die Nerven verloren und mit Selbstmord gedroht. Sein Haus war bereits von Polizei und Krankenwagen umstellt, als er den Anruf von Berta Zuckerkandl bekam, sich mit Bart und Perücke aus dem Haus zu schleichen und zur Schratt zu flüchten. Der Ausbruch gelang, die Schratt setzte alle Hebel in Bewegung, der Kaiser wurde informiert. Was zur Folge hatte, daß die Gesetzgebung reformiert wurde, um ähnliche Willkürakte zu verhindern.

Das Café Griensteidl

Von nun an mußten Ärzte und Richter gemeinsam einer Einweisung in die Psychiatrie zustimmen. Bei einer weiteren Jause im Hause Schratt fand dann die Begegnung des noch unter Schock stehenden Girardi mit Kaiser Franz Joseph statt.

»Warum sind S' denn so schweigsam?« fragte der Kaiser. »Man hat mir soviel von Ihrem Witz erzählt.« Girardi ließ die Gabel mit dem Gugelhupf sinken und stammelte: »Majestät, jausnen Sie amal mit an Kaiser!«

Die Jause hatte aber auch noch eine andere, weniger attraktive Seite. In der Zeit der Industrialisierung wurde der Kaffee vom Luxusartikel zur Arbeiternahrung. Kaffee läßt sich schnell zubereiten, mit billigen Produkten strecken, und er unterdrückt Hunger und Müdigkeit. In der Gründerzeit gab es Arbeiterfamilien, die oft tagelang nicht warm aßen, weil auch die Frauen von früh bis spätabends in der Fabrik standen. Aber sie jausneten viermal am Tag: Kaffee, meist mit Zusätzen von Lupinen, gedörrtem Obst, Getreide oder Zichorie gestreckt. Und dazu Brot. Auch die Kinder bekamen diese schnellen Mahlzeiten. Ihre Mütter argwöhnten, daß die Milch in der Stadt nicht frisch und oft genug gepantscht war. Tatsächlich war die Anregung, die auch ein schwacher Kaffee vermittelt, für viele die einzige Freude, die ihnen ihr schlecht gedeckter Tisch bieten konnte.

Das Café Museum, 1931

Daß der Kaffee ganze Mahlzeiten ersetzt, ist heute bei anderen Unterprivilegierten zu erleben: alleinstehenden alten Menschen. Die Belebung durch das Koffein muß so viele andere, entschwundene Impulse ersetzen.

Das Kaffeehaus als Kulisse behaglicher und meditativer Zwischenmahlzeiten hat sich über die Jahrhunderte in erstaunlicher Vielfalt erhalten. Noch immer gibt es Cafés, schimmernd von Kristall und Marmor, edlem Holz und Silbergerät, die seit jeher vom feudalen Glanz der aristokratischen oder großbürgerlichen Salons beeinflußt waren. Aber es gibt auch die kargen Tschecherln der Vorstadt, die schon immer Wärmestube und Fluchtort vor der Einsamkeit waren. Die betulichen Bürgercafés mit schummrigem Licht und bemühter Eleganz unterscheiden sich kaum von den Wohnzimmern ihrer Stammgäste. Junge Leute entdeckten in den letzten Jahren die puristischen Künstler- und Intellektuellencafés, in denen sich die klaren Ideen eines Adolf Loos spiegeln. Loos schuf mit seinem kühlen, sachlichen Café Museum einen neuen Lokaltyp, der bis in unsere Gegenwart hineinwirkt. Er möblierte das Café mit den Stühlen von Thonet, von denen er sagte, »daß es seit Aischylos nichts Klassischeres mehr gegeben hat«. Seit 1849 wurden die Wiener Kaffeehausjausen von einem Sitzmöbel begleitet, das Kulturgeschichte machte. Es bot den Kaffeetrinkern in Europa, Nord- und Südamerika Komfort und Ästhetik. Die Bugholzmöbel Thonets, die zunächst in einem kleinen Familienbetrieb entstanden, waren bereits um die Jahrhundertwende ein Welterfolg. Allein vom berühmten Sessel Nr. 14 wurden 1896 40 Millionen Stück exportiert. Ihre essentielle Form hat bis heute ihre Gültigkeit nicht verloren. Sie bieten auch in karg möblierten Cafés den schönsten Augenschmaus.

So wie auch in manchen coolen Cafés doch wieder eine Brücke zum wienerischen Phäakentum geschlagen wird: Jeden Abend, punkt 10 Uhr, brechen im Hawelka die hitzigsten Streitgespräche ab. Da kommen nämlich die duftenden Buchteln der Frau Hawelka als Jause der Nachtvögel.

Immer wieder scheinen neue Trends das alte Genießertum zu bedrohen. Immer wieder behält es die Oberhand. In den fünfziger Jahren hielten viele das Ende der Jausengemütlichkeit im Café für gekommen, als die Espressomaschine und mit ihr ein dynamischer neuer Lokaltyp die alten Kaffeehäuser zu besiegen schien. Niemand hatte mehr Zeit für entspannte, zeit verschwendende Kaffeehausbesuche mit dem immer wieder ausgewechselten Glas Wasser zur Melange und den Bergen von Zeitungen. Aus den Eckkaffeehäusern wurden Banken und Autosalons, Raum war so knapp und kostbar wie Zeit. Die Espressi begnügten sich mit ein paar Quadratmetern Platz, gerade genug für eine Theke und ein paar Tische, an denen es niemanden lange hielt. Auch das ging vorbei. Die alten Kaffeehäuser, die das alles überlebten, sind heute so voll wie noch nie, neue entstanden. Und in den Stehcafés schlich sich so manche behäbige Topfengolatsche ein, die dem kurzen Mokka eine milde Unterlage bietet. Die Espressi wurden zu einer der vielen Facetten des genießerischen Alltags in Wien. Und so kann sich keiner wundern, daß man in Wien auch zu virtual reality jausnen kann. In einem Café können sich die Gäste mit elektronischen Behelfen - Joystick und Head Mounted Display heißen sie im Computer-Rotwelsch - in irreale Welten voller UFOS, hochaktiver Computermännchen und gefährlicher Monster versetzen, nachdem sie ihren kleinen Braunen getrunken haben.

Ein bißchen Cyberspace gefällig? Vielleicht nach der Jause?

Zurückdenkend, was ein Caféhaus sein soll:
Bekannt, aber nicht berühmt,
beruhigend, aber nicht erregend, besucht,
aber nicht bummvoll.
Nicht gut gelüftet, aber nicht stinkend.
Angenehm beleuchtet, aber in keinem Fall sonnig.
Kellner, die ihre Gäste ein klein wenig überschätzen,
aber nie verachten.
Ein Gespräch führen können, aber niemals müssen.
Einen guten Bekannten am Nebentisch haben,
aber ohne Beleidigung mit diesem stundenlang kein Wort wechseln.

WOLFGANG HUTTER
„Hawelka - ein Kaffeehaus". (Aus „Café Hawelka", Edition Brandstätter)

Marmor-Gugelhupf

Zutaten für 1 Gugelhupf
(12 Stück)

5 Eier
¼ kg Butter
8 dag Staubzucker
Schale von ½
unbehandelten Zitrone
15 dag Kristallzucker
¼ kg glattes Mehl
1 EL Kakaopulver
Salz, Vanillezucker, Butter,
Mehl, Öl, Staubzucker

Zubereitung

Gugelhupfform mit Butter ausstreichen und mit Mehl ausstreuen. Eier in Dotter und Klar trennen. Warme Butter mit Staubzucker, abgeriebener Zitronenschale, 1 TL Vanillezucker und einer Prise Salz cremig rühren.
Dotter nach und nach untermischen.
Backrohr auf 170° C vorheizen. Eiklar mit Kristallzucker zu schmierigem Schnee schlagen. Ein Drittel vom Schnee mit dem Butterabtrieb gut verrühren. Mehl und restlichen Schnee behutsam unterheben.

Kakao mit 2 TL Öl verrühren. Ein Drittel der Masse in ein anderes Gefäß füllen, Kakao-Ölmischung einrühren und die Masse damit einfärben. Helle und dunkle Masse abwechselnd in die Form füllen. Man kann sie auch mit der Gabel vermischen. Masse zum Rand hochstreichen und im vorgeheizten Rohr (unterste Einschub-Schiene/Gitterrost) ca. 1 Stunde backen. Gugelhupf aus der Form stürzen und auskühlen lassen.
Vor dem Servieren mit Staubzucker bestreuen.

Sandkuchen

Zutaten für 1 Kuchen
(10 Stück)

14 dag glattes Mehl
9 dag Mais-Stärkemehl
(Maizena)
7 Eier
14 dag Kristallzucker
½ Pkg. Vanillezucker
Schale von ½ unbehandelten Zitrone
5 dag Butter
Salz, Butter, Mehl

Zubereitung

Kastenform (Inhalt 2 l) mit Butter ausstreichen und mit Mehl ausstreuen.
Mehl mit Stärkemehl versieben.
4 Eier und 3 Dotter mit Kristallzucker, Vanillezucker, einer Prise Salz und abgeriebener Zitronenschale über Wasserdampf dick cremig aufschlagen.
Backrohr auf 190° C vorheizen. Masse vom Dampf nehmen und so lange weiterrühren, bis sie abgekühlt ist. Parallel dazu Butter zerlassen. Mehl unter die Kuchenmasse heben, zerlassene Butter untermischen.
Masse in die vorbereitete Form füllen und gleichmäßig verteilen. Kuchen im vorgeheizten Rohr (mittlere Einschub-Schiene/Gitterrost) ca. 35 Minuten backen.
Aus dem Rohr nehmen und vor dem Stürzen auskühlen lassen.

Dukatenbuchteln mit Powidl

Zutaten für 8 Portionen

0,2 l Milch
5 dag Kristallzucker
3 Dotter
1 Pkg. Germ (42 g)
½ kg glattes Mehl
6 dag Butter
Schale von
½ unbehandelten Zitrone
½ Pkg. Vanillezucker
20 dag Powidl

Salz, Staubzucker, Mehl, Butter

Zubereitung

Für das Dampfl Milch ein wenig erwärmen. Kristallzucker, Dotter, Germ und die erwärmte Milch gut verrühren und mit ca. 10 dag vom Mehl zu einem dicken Brei vermischen.
Dampfl mit wenig Mehl bestreuen und an einem warmen Ort so lange aufgehen lassen, bis sich das Volumen verdoppelt hat und die Oberfläche Risse zeigt.
Butter zerlassen. Dampfl, abgeriebene Zitronenschale, eine Prise Salz, Vanillezucker und das restliche Mehl verrühren und unter Zugabe von flüssiger Butter zu einem glatten Teig abschlagen.
Teig an einem warmen Ort 20 Minuten aufgehen lassen.
Backrohr auf 180° C vorheizen. Eine Pfanne mit höherem Rand mit Butter ausstreichen. Germteig kurz durchkneten, auf einer bemehlten Arbeitsfläche ½ cm dick ausrollen und Scheiben von ca. 6 cm Durchmesser ausstechen. Powidl in kleinen Häufchen auf die Teigstücke setzen. Teig über die Fülle stülpen und zusammendrücken.
Buchteln mit der Verschlußseite nach unten in die Pfanne setzen, dazwischen ein wenig Platz lassen.
Buchteln mit geschmolzener Butter bestreichen und im vorgeheizten Rohr (mittlere Einschub-Schiene) ca. ½ Stunde backen.
Buchteln aus dem Rohr nehmen, ein wenig abkühlen lassen. Vor dem Servieren mit Staubzucker bestreuen.

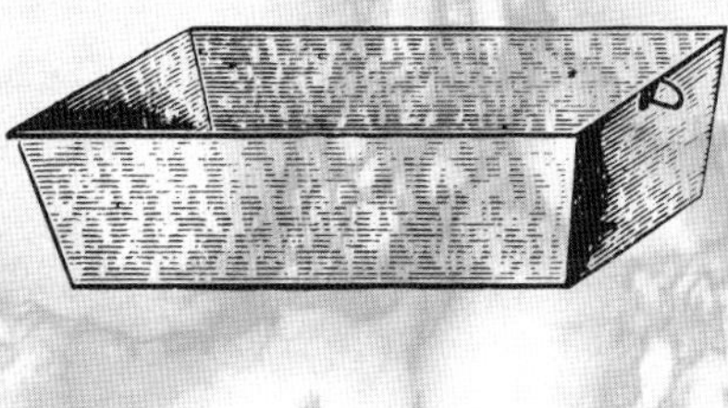

Financiers-Kuchen

Zutaten für 1 Kuchen (12 Stück)

4 Eiklar
10 dag Kristallzucker
1 Pkg. Vanillezucker
Schale von ½ unbehandelten Zitrone
8 dag Butter
14 dag geriebene Mandeln
10 dag Kristallzucker
6 dag glattes Mehl
2 dag Mais-Stärkemehl (Maizena)

Butter, Mandelblättchen, Staubzucker

Zubereitung

Eine Rehrückenform (Inhalt: 1¼ l) mit Butter ausstreichen und mit Mandelblättchen ausstreuen. Backrohr auf 160° C vorheizen.
Eiklar mit Kristallzucker zu festem Schnee schlagen. Vanillezucker und abgeriebene Zitronenschale einrühren. Butter aufkochen.
Mandeln, Kristallzucker, Mehl und Stärkemehl gut vermischen und unter den Schnee heben. Heiße Butter in die Masse rühren.
Kuchenmasse in die Form füllen, gleichmäßig verstreichen und im vorgeheizten Rohr (mittlere Einschub-Schiene/Gitterrost) ca. 40 Minuten backen.
Kuchen aus der Form stürzen, auskühlen lassen und mit Staubzucker bestreuen.

Topfen-Golatschen

Zutaten für 16 Stück

1 Pkg. TK-Blätterteig (330 g)

Für die Fülle:
½ kg Topfen (10% Fett)
10 dag Staubzucker
1 EL geschmolzene Butter
1 Ei
2 TL Mais-Stärkemehl (Maizena)
Schale von ½ unbehandelten Zitrone

Salz, Vanillezucker, Mehl, verquirlte Eier, Staubzucker

Zubereitung

Blätterteig am besten über Nacht im Kühlschrank auftauen lassen. Backblech mit Backpapier belegen und Backrohr auf 200° C vorheizen.
Für die Fülle Topfen mit Zucker, Butter, Ei, Stärkemehl, 1 TL Vanillezucker, abgeriebener Zitronenschale und einer Prise Salz gut verrühren.

Teig auf einer leicht bemehlten Arbeitsfläche aufrollen und die Folie abziehen. Teig ca. 3 mm dick rechteckig ausrollen. Teig in Quadrate mit ca. 10 cm Kantenlänge schneiden. Teigränder mit verquirltem Ei bestreichen. Fülle in kleinen Häufchen in die Mitte der Teigstücke setzen. Die Ecken der Quadrate zur Mitte hin über die Fülle ziehen und festdrücken. Aus den Teigresten kleine Quadrate schneiden und als Verschluß auf die Golatschen setzen. Golatschen mit Ei bestreichen, auf das Blech setzen und im vorgeheizten Rohr (mittlere Einschub-Leiste) ca. 5 Minuten anbacken. Hitze auf 180° C reduzieren, ca. ¼ Stunde fertigbacken. Golatschen ein wenig abkühlen lassen und mit Staubzucker bestreut servieren.

Brandteigkrapferln mit Himbeerobers

Zutaten für 12 Stück

¼ l Milch
12 dag Butter
13 dag glattes Mehl
4 Eier

Für die Fülle:
½ l Schlagobers
4 EL Himbeersirup
Salz, verquirlte Eier, Staubzucker

Zubereitung

Milch, Butter und eine Prise Salz aufkochen. Mehl einrieseln lassen und auf kleiner Flamme so lange rühren, bis sich der Teig vom Geschirrboden löst. Teig abkühlen lassen. 4 Eier nach und nach einrühren. Backrohr auf 200° C vorheizen. Backblech mit Backpapier belegen. Brandteig in einen Dressiersack (mit Sterntülle) füllen und Ringe (∅ ca. 5 cm) auf das Blech dressieren. Ringe mit verquirltem Ei bestreichen und im vorgeheizten Rohr (mittlere Einschub-Schiene) ca. 5 Minuten anbacken. Nach dieser Zeit Hitze auf 180° C reduzieren und die Brandteigringe fertigbacken (dauert ca. 10 Minuten). Aus dem Rohr nehmen und auskühlen lassen. Für die Fülle Schlagobers schlagen und mit Himbeersirup vermischen. Brandteigringe horizontal in der Mitte durchschneiden, mit Himbeerobers füllen, wieder zusammensetzen und mit Staubzucker bestreut anrichten.

Nusskipferln

Zutaten für 12 Stück

1 Pkg. TK-Blätterteig (330 g)

Für die Fülle:
$\frac{1}{8}$ l Milch
5 dag Kristallzucker
1 Pkg. Vanillezucker
18 dag geriebene Walnüsse
7 dag Semmelbrösel

Zimt, Rum, Mehl, verquirlte Eier, Staubzucker

Zubereitung

Blätterteig am besten über Nacht im Kühlschrank auftauen lassen.
Für die Fülle Milch, Zucker und Vanillezucker aufkochen. Nüsse und Brösel in die Milch rühren. Zum Schluß 1 MS Zimt und 5 EL Rum untermischen. Nußfülle in eine Schüssel geben und auskühlen lassen.
Backblech mit Backpapier belegen. Backrohr auf 200° C vorheizen. Teig auf einer leicht bemehlten Arbeitsfläche aufrollen und die Folie abziehen. Teig in Dreiecke mit ca. 10 cm Kantenlänge schneiden. Teig mit verquirltem Ei bestreichen. Fülle auf die Teigstücke setzen. Teig über die Fülle zur Spitze hin einrollen und zu Kipferln biegen. Kipferln mit Ei bestreichen, auf das Backblech setzen und im vorgeheizten Rohr (mittlere Einschub-Schiene) ca. 5 Minuten anbacken. Hitze auf 180° C reduzieren und die Kipferln fertigbacken (dauert ca. $\frac{1}{4}$ Stunde).
Kipferln aus dem Rohr nehmen, auskühlen lassen und vor dem Anrichten mit Staubzucker bestreuen.

Schokoladekuchen

Zutaten für 1 Kuchen
(10 Stück)

8 Eier
14 dag Kochschokolade
14 dag Butter
14 dag Kristallzucker
6 dag Semmelbrösel
oder Biskottenbrösel
8 dag geriebene Haselnüsse

Salz, Vanillezucker, Butter, Mehl

Zubereitung

Eine lange Rehrückenform (Inhalt 1 1/2 l) mit Butter ausstreichen und mit Mehl ausstreuen. Backrohr auf 160° C vorheizen.
Eier in Dotter und Klar trennen. Schokolade über Wasserdampf schmelzen.
Warme Butter mit 1 Prise Salz, 1 TL Vanillezucker und der Hälfte des Zuckers gut cremig rühren. Dotter nach und nach unterheben. Zuletzt geschmolzene Schokolade unterziehen.
Eiklar mit restlichem Zucker zu cremigem Schnee schlagen. Ein Drittel des Schnees mit dem Abtrieb gut verrühren. Restlichen Schnee, Brösel und die Nüsse unterheben. Masse in die Form füllen, zum Rand hin hochstreichen und im vorgeheizten Rohr (mittlere Einschub-Schiene/Gitterrost) ca. 1 Stunde backen.
Kuchen aus der Form stürzen und auskühlen lassen.
Vor dem Servieren in Scheiben schneiden.

Tip

Besonders appetitlich sieht der Kuchen aus, wenn man ihn vor dem Anschneiden mit Staubzucker bestreut.

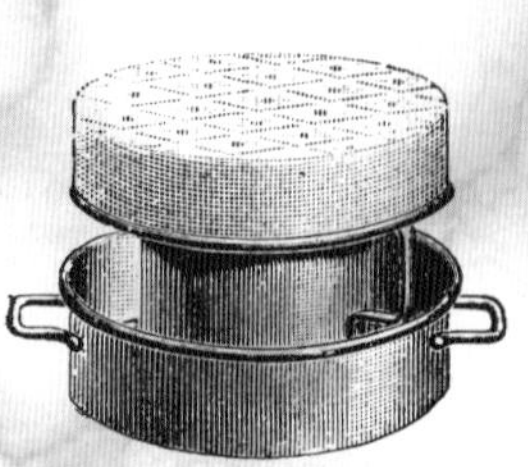

Linzerkipferln

Zutaten für 10 Stück

1/4 kg Butter
9 dag Staubzucker
Schale von 1/2 unbehandelten Zitrone
1 Ei
35 dag glattes Mehl
1/4 kg Marillenmarmelade
Schokoladeglasur
(Siehe Rezept Seite 113)

Vanillezucker

Zubereitung

Backblech mit Backpapier belegen. Backrohr auf 200°C vorheizen.
Warme Butter mit Zucker, 1 TL Vanillezucker und abgeriebener Zitronenschale cremig rühren. Ei untermischen. Zuletzt das Mehl unterheben. Masse in einen Dressiersack (mit Sterntülle) füllen und in Form von Bögen (ø ca. 8 cm) auf das Blech dressieren.
Kipferln im vorgeheizten Rohr (mittlere Einschub-Schiene) ca. 12 Minuten goldgelb backen. Kipferln aus dem Rohr nehmen und auskühlen lassen.
Marmelade gut verrühren und erwärmen. Die Hälfte der Bögen mit Marmelade bestreichen und mit den restlichen Bögen zusammensetzen. Schokoladeglasur herstellen. Die Enden der Bögen in Schokolade tauchen. Schokolade fest werden lassen.

Pariser Spitze

Zutaten für ca. 25 Stück

*Für den Teig:**
25 dag glattes Mehl
16 dag Butter
8 dag Staubzucker
1 Dotter

Für die Creme:
30 dag Schlagobers
30 dag Kochschokolade
8 dag Nußnougat

Glasur:
siehe Sachertorte, S. 113

Salz, Mehl

**Für die Zubereitung der Pariser Spitze braucht man nur ein Drittels des Teiges, doch der Teig gelingt besser, wenn man gleich mehr zubereitet. Der restliche Teig läßt sich in Frischhaltefolie eingewickelt gut einfrieren.*

Zubereitung

Für den Teig Mehl mit Butter verbröseln, dann mit Zucker, einer Prise Salz und dem Dotter rasch zu einem glatten Teig verkneten. Teig in Frischhaltefolie wickeln und ca. $^1/_2$ Stunde kaltstellen. Backrohr auf 200° C vorheizen. Teig auf einer leicht bemehlten Arbeitsfläche ca. 3 mm dick ausrollen. Aus dem Teig mit einem runden Ausstecher (ø ca. 3 cm) Scheiben ausstechen, auf ein mit Backpapier belegtes Blech setzen und mit einer Gabel mehrfach einstechen. Teigscheiben im vorgeheizten Rohr (mittlere Einschub-Schiene) goldgelb backen.
Aus dem Rohr nehmen und auskühlen lassen.Für die Creme Schokolade in kleine Stücke brechen. Obers aufkochen, vom Feuer nehmen. Schokolade zugeben und gut verrühren, bis sie völlig aufgelöst ist. Nougat zugeben und die Masse mit einem Stabmixer ca. 1 Minute verrühren. Masse in ein flaches Gefäß gießen und anziehen lassen (die Masse soll dickflüssig, aber nicht ganz fest werden). Schokoladecreme glattrühren, in einen Dressiersack mit glatter Tülle (ø ca. 12 mm) füllen und auf die Mürbteigböden einen Spitz dressieren. Böden ca. $^1/_4$ Stunde kaltstellen. Schokoladeglasur über Wasserdampf schmelzen. Creme mit der Spitze nach unten in die Glasur tauchen, wenden, auf ein Abtropfgitter setzen und die Glasur fest werden lassen.

Sonntagsbrunch im Hotel Imperial

11.
Der Zug zum Höheren

Wer's drauf anlegt, kann auch heute noch Relikte des feudalen Lebens in Wien genießen. Manche gratis, andere für viel Geld. Manche präsentieren sich erfreulich, andere versnobt. Sie sind erstaunlich lebendig geblieben und manchmal fast unauffällig in den wienerischen Alltag integriert. Daß sie so lange überleben konnten, hängt wohl damit zusammen, daß sie mit Augenmaß und einer gewissen Leichtigkeit zelebriert werden. Es hat schon seinen Grund, warum es in Österreich keine ganz großen Revolutionen gab.

Seit 1156, als der Babenbergerherzog Heinrich II. Jasomirgott in Wien seinen Herrschaftssitz errichtete, war die Stadt – mit kurzen Unterbrechungen – bis 1918 Residenz. Aus der lebendigen, mittelalterlichen Handels- und Bürgerstadt wurde im Laufe der Jahrhunderte die glanzvolle Metropole kosmopolitischer Habsburger und ihrer Machtverwalter. Im Vergleich zu anderen Weltstädten blieb sie erstaunlich lange klein. Erst 1858, als die alten Basteien fielen und der Ringstraße Platz machten, wurden die noch recht ländlichen Vororte eingemeindet. Diese Dörfer in der Stadt waren lange ein Kontrastprogramm zur Urbanität des Zentrums. »Die Stadt« – so heißt das Wien innerhalb der Ringstraße noch heute. Es wird von den höfischen Zentren dominiert, der Burg, den Palais, die längst zugänglich geworden sind, so wie der Lebensstil, den sie verkörpern.

Kaum vorstellbar, welchen Skandal einst ein modernes bürgerliches Haus vis-à-vis der Hofburg entfachte. Adolf Loos' »Haus ohne Augenbrauen« stand für ein neues Lebensgefühl inmitten der behäbigen Traditionen. Und doch bedingte eines das andere. Auch der Architektur-Reformer Loos huldigte jener elitären Einfachheit, die zwar zu seiner Zeit in Vergessenheit geraten war, die aber gerade für die besten österreichischen Feudalbauten charakteristisch ist. Vulgäre Verschwendung war in den alten Familien nie gefragt, als ob sich die Gene der aus der Schweiz stammenden Habsburger – allen internationalen Heiraten zum Trotz – immer wieder durchgesetzt hätten. Österreich hatte keine Sonnenkönige. Seine Kaiser waren meist recht nüchterne Vermehrer von Macht und Reichtum, seine einzige Herrscherin eine fürsorgliche Mutter des Staates mit fast bürgerlichem Haushaltstalent. Der populärste und am längsten dienende Kaiser, Franz Joseph I., verstand sich als erster Beamter des Staates und als Repräsentant einer unaufwendigen Lebenshaltung.

Der in Wien sehr stark verankerte »Zug zum Höheren« balanciert zwischen Understatement und ironisch gebrochener Prachtentfaltung, naivem Stolz auf die Schätze der Vergangenheit und grantelnder Infragestellung ihrer Erhaltungskosten. Aber unberührt davon bleibt kaum einer. Wie selbstverständlich sich moderner Alltag mit der Welt von gestern vernetzt, fällt meist nur Außenstehenden auf. Wir, die Wiener, kommen vielleicht mit den schnellen Silberpfeilen der U-Bahn aus den Betonsiedlungen der Peripherie. Und dann kann es passieren, daß wir uns in einer Boutique der Fürstlich Kinskyschen Sattelkammer ein Kleid aussuchen, daß wir im Schatten kaiserlicher Prunkgemächer den 50. Geburtstag der Republik feiern. Daß wir im Winterpalais des Prinzen Eugen, wo das Finanzministerium residiert, vorsprechen, oder eine Dichterlesung der Gesellschaft für Literatur im Palais der Grafen Wilczek hören, im Barockpalais der Fürsten Esterházy Roulette spielen. Und zu Konzerten, Pressekonferenzen oder Buchpräsentationen in die Palais Pallavicini, Palffy oder Auersperg geladen sind. Das ist eine Annäherung, die nichts oder wenig kostet. Teurer wird es, wenn man in aristokratischer Tradition essen oder wohnen will. Vielleicht im Stadtpalais des Herzogs von Württemberg, aus dem eines der besten Hotels der Welt, für viele das beste überhaupt, wurde: das Imperial. Ein glanzvolles Haus, das Niedergang und Auferstehung Österreichs miterlebte und auf eine sehr unaufgeregte Weise Luxus des Wohnens und Essens bietet.

Die zauberhafteste Zeitreise, die Wien ermöglicht, führt ins Palais Schwarzenberg. Es liegt nahe am Zentrum und an einem verträumten Schloßpark. Die gigantische Statue eines Rotarmisten flankiert die Auffahrt. Das Palais konfrontiert auf gelungene Weise das Hochbarock eines Johann Lukas von Hildebrandt mit der zeitgenössischen Architektur eines Hermann Czech. Ein Platz reizvoller Widersprüche, an denen Wien so reich ist. Es paßt dazu, daß sich der fürstliche Hausherr »Gast- und Landwirt« nennt. Und während man auf der Terrasse mit dem Blick auf die ekstatischen Sandsteinfiguren des Parks auf das Menü wartet, erheben vielleicht Waldkauz und Nachtigall ihre Stimmen.

Die Annäherung an die Gegenwart geschah in Wiener Palais auf sehr verschiedenartige Weise. Aus den benachbarten Gründerzeitpalais Henkel-Donnersmarck und Leitenberger wurde ein riesiger Hotelkomplex, dessen Speisesäle mehr amerikanischen Überschwang als wienerische Eleganz verraten.

Mythologische Panorama- und Blumenteller, die als Dessertteller Verwendung fanden. Wr. Manufaktur, 1. Hälfte 19. Jhdt.

Ein palaisartiges Haus mit viel Geschichte: das Sacher. Ein begabter Koch des Fürsten Metternich war sein Begründer. Eine der resoluten Geschäftsfrauen, an denen Wien so reich ist, Anna Sacher, begleitete den Aufschwung, aber auch das Ende des alten Sacher. Das Hotel ging mit der Monarchie zugrunde. Und es brauchte Zeit, ehe die Reste der alten und die neue Gesellschaft ihren Weg ins neue Sacher fanden. Heute ist es wieder in den Händen einer tüchtigen Frau, Elisabeth Gürtler, die das Haus völlig revitalisierte. Es ist eines der großen Hotels Österreichs. Was die Atmosphäre des alten Sacher ausmachte, war die Tatsache, daß sich im Fin de siècle Mitglieder der verschiedensten Gesellschaftsschichten trafen – Hocharistokraten und Halbwelt, Millionäre und Künstler kamen einander freundschaftlich, amourös oder geschäftsfördernd näher. Von keinem anderen Hotel Wiens sind so viele Geschichten überliefert, wahr oder gut erfunden – wie die unausrottbare Legende von jenem Erzherzog, der, nur mit Säbel und Tschako bekleidet, aus seinem Séparée kam.

Österreichs Hocharistokratie war immer dann im Sacher zu finden, wenn der Kaiser in der Hofburg zur Tafel bat. Und das hatte einen besonderen Grund. Das spanische Hofzeremoniell, das auch noch von Kaiser Franz Joseph gepflegt wurde, schrieb den Gästen vor, gemeinsam mit dem Kaiser das Besteck niederzulegen. Da Franz Joseph ein berüchtigt schneller und schwacher Esser war, konnten seine Gäste bestenfalls ein paar Bissen zu sich nehmen. Am Ende einer großen Tafel war oft noch gar nicht serviert, wenn der Kaiser schon zu Ende gegessen hatte. Das Personal, das die Reste der Tafel teilen durfte, zog zudem das Servieren noch lange hinaus, damit mehr übrigblieb.

Kein Wunder also, daß im Sacher davor oder danach Hochbetrieb herrschte. Daß hier jedoch ein Lieblingsgericht des Kaisers – der Tafelspitz – zum Markenzeichen des Hauses wurde, hing mit seinem klugen Kalkül zusammen. Das eher schlichte Gericht fand von den Dienstbotentafeln in erstklassiger Zubereitung den Weg in bürgerliche und aristokratische Häuser, weil man sich ja auch beim Essen gerne nach dem Hof richtete. Was für den Kaiser gut genug war, mußte doch allen anderen schmecken. Der Kaiser aß seinen Tafelspitz aber auch aus patriotischer Pflichterfüllung, um die österreichischen und ungarischen Rinderzüchter zu fördern. Als tatsächlich der Rindfleischkonsum immer populärer wurde, kündigte Österreich 1906 den Vertrag mit den serbischen Schweinezüchtern. Eine verhängnisvolle Entscheidung, die in dieser Zeit der Spannungen die Wut gegen Österreich weiter schürte. Sie entlud sich 1914 mit den verhängnisvollen Schüssen von Sarajewo.

Das Hotel Sacher 1876

Um die Jahrhundertwende entfaltete sich jedoch jene unglaubliche Vielfalt der Rindfleischküche, die ein wesentliches Merkmal der Wiener Kulinarik ist. Mehr als 20 Rindfleischsegmente wurden in dem berühmten Restaurant Meissl & Schadn am Neuen Markt angeboten: Beinfleisch, Tafeldeckel, Tafelspitz, Kavaliersspitz, Hieferschwanzl, Schulterscherzl, Fettes und Mageres Meisl, Zwerchried, Dünnes, Dickes und Mittleres Kügerl, Bröselfleisch, Ausgelöstes, Brustkern, Brustfleisch, Schwarzes oder Weißes Scherzl, Zapfen, Ortsschwanzl, Gestutzte Rippe.

Tafelgerät für die Kammermeierei von Kaiserin Elisabeth (Steingut aus Ungarn; Besteck, Paprikafleischkessel und Kerzenleuchter, Alpacca versilbert, A. Krupp, Berndorf 1890/91

Noch immer wird im Sacher der Tafelspitz mit den klassischen Saucen Apfelkren und Schnittlauchsauce und den gerösteten Erdäpfeln serviert. Eine sensationelle moderne Erfolgsstory rund ums Wiener Rindfleisch nahm nicht weit vom Schloß Schönbrunn ihren Ausgang. Dort, im »Hietzinger Bräu«, begann der bekannte Koch Ewald Plachutta damit, den Inbegriff des Slow-food – langsam und liebevoll gegartes Rindfleisch mit Saucen, Gemüse und Erdäpfeln – zu einem modernen Hit zu machen. Inzwischen übernahm auch Sohn Mario dieses Know-how als Basis seiner Restaurantkette: die Rindfleischküche des Kaisers ist bei Plachutta so lebendig wie vor hundert Jahren.

70 Tonnen edelster Rindsteile werden pro Jahr in diesen Restaurants verkocht. Der berühmte Tafelspitz ist im übrigen ein relativ kleiner Teil von etwa vier Kilo Gewicht. Ehrliche Fleischhauer verkaufen ihn pur und ohne das angrenzende, nicht so noble Tafelstück. Der Tafelspitz ist sogar in die Literatur eingegangen. Joseph Roth verherrlichte seine ganz spezielle Noblesse im »Radetzkymarsch«, wo er das Sonntagsmahl des Bezirkshauptmannes Franz von Trotta darstellt. »Nach der Suppe trug man den Tafelspitz auf, das Sonntagsgericht des Alten seit unzähligen Jahren ... Das Auge des Bezirkshauptmannes liebkoste zuerst den zarten Speckrand, der das kolossale Stück Fleisch umsäumte, dann die einzelnen Tellerchen, auf denen die Gemüse gebettet waren ... Die schöne Ansicht der Speisen bereitete dem Alten ebensoviel Vergnügen wie ihre einfache Beschaffenheit. Denn er hielt auf ein sogenanntes ›bürgerliches‹ Essen: ein Tribut, den er seinem Geschmack wie seiner Gesinnung zollte, diese nämlich nannte er eine spartanische. Mit einem glücklichen Geschick vereinte er also die Sättigung seiner Lust mit den Forderungen der Pflicht. Er war ein Spartaner. Und er war ein Österreicher.«

Nicht alle Habsburger waren kulinarisch so bedürfnislos wie das vorletzte Kaiserpaar. Kaiserin Elisabeth, die man nach heutigen Begriffen als magersüchtig bezeichnen könnte, nährte sich oft tagelang nur von einem Suppenkonzentrat, von dem ihre Köchin, Therese Teufl, verriet, daß einmal ein ganzer Ochse dafür verkocht werden mußte. Zum Entsetzen des

Kaisers trank sie manchmal Ochsenblut, um bei Kräften zu bleiben. Als Dessert bevorzugte sie Veilcheneis, das nur aus Wasser, Zucker und einer Handvoll frischer Veilchen bestand. Mit welcher Opulenz hingegen fürstliche Tafeln in der Renaissance bestellt wurden, verriet einer der erfolgreichsten Kochbuchautoren dieser Zeit, der »Churfürstlich Meintzische Mundkoch« Max Rumpolt, der für Kaiser Rudolf II. ein offenbar unvergeßliches Mahl zusammenstellte. Rumpolt war berühmt für seine Schauessen, für die er gebratene Menagerien auftragen ließ, so einen Vogel Strauß, von dem er schrieb, »den kanstu gantz braten und kanst jn aufrichten, daß er steht mit den Federn, so ist er gut zu essen und ist ein herrlicher und ansehnlicher Vogel für ein Schawessen.« Trappen und Schwäne, Kraniche, Reiher und Pfauen wurden von ihm auf ähnliche Weise zugerichtet und mit Gallrat-Aspik überzogen. Vom Steinbock wurden Kopf und Hörner gekocht und garniert - aber nur als Dekoration, denn »der Steinbock ist ein ungesundt Essen und ein Ursach viel schwerer Krankheit.« So viel Mühe und Fürsorge wußte »Rudolf der andere, von Gottes Gnaden erwählter Römischer Kaiser, König von Ungarn und Böhmen« zu schätzen. Er stellte Rumpolt einen Schutzbrief aus, um sein Buch vor Raubdrucken zu schützen. »Durch Keyserliches Privilegio und Fürsehung« durfte sein Buch »innerhalb zehen Jahren, die nächsten von dato diss Brief anzurechnen, nicht nachgedruckt, verführt oder verkauft werden wollen.«

Die frühen Habsburger hatten viel für gute Küche über. Kaiser Karl V. aß noch als alter Mann täglich zweimal ein mehrgängiges Menu, dem als Betthupferl noch eine fette Aalpastete folgte. Und dann wälzte sich der Eremit von San Jerónimo de Juste in seinem Schlafsarg, wo er in seinen letzten Lebensjahren die Einübung in den ewigen Ruhestand zelebrierte.

Ein bescheidenes Mahl für Kaiser Karl VI. bestand aus 16 Gerichten. Man kann sich vorstellen, welche generalstabsmäßige Logistik nötig war, Festessen mit Hunderten Gästen zuzubereiten. Wer durch die alten Trakte der Hofburg geht, findet dort immer noch Hinweise auf die Zuckerbäckerstiege, die Zehrgardenstiege, wo die Vorräte lagerten, die Hofküche und die Hofkellerei.

Silberbesteck Kaiserin Elisabeths für das Achilleion, L. Janesich, Triest um 1890

Die Hofburg mit allen ihren Insassen und Gästen hatte den Konsum einer kleinen Stadt. Da fiel es kaum auf, wenn einiges von den Gerichten spurlos verschwand. Für die Kaiserin-Witwe Maria Amalia, die Begründerin des Salesianerklosters, wurden täglich zwölf Kannen Wein verrechnet. Eine, die sich darüber Gedanken machte, war Kaiserin Maria Theresia. Sie war keineswegs kleinlich - ihr Oberstzuckerbäcker bekam im Jahr das stolze Salär von 1000 Gulden. Im Vergleich dazu: Ihr bestbezahlter Beamter, der Obersthofmeister, bezog 1763 120 000 Gulden, dazu 2000 Gulden als Geheimer Rat und 30 000 aus der Privatschatulle der Kaiserin. Die Hofdamen dagegen erhielten 540 Gulden. Insgesamt kostete die Hofhaltung eine Million Gulden pro Jahr. Aber als sie entdeckte, welche Verschwendung in der kaiserlichen Küche herrschte, packte sie der Zorn. Resolut und lebensklug, wie sie in so vielen Lebensbereichen war, gab sie sich nicht damit ab, durch Spitzel die Schuldigen ausfindig zu machen. Sie erteilte einer energischen Wirtin das Privileg, die Reste der Hofküche für einen Pauschalbetrag einzukaufen und an ihre Gäste weiterzugeben. Wie die es anstellte, möglichst viel Ware für ihr Geld zu bekommen, war ihre Sache. Die »Schmauswaberl«, so wurde die Wirtin genannt, hatte ein scharfes Mundwerk, mit dem sie sich bei den Hoflakaien Respekt verschaffte. Sie ging in der Hofküche ein und aus, entdeckte, wer von den Bediensteten am meisten davontrug und wie viele der Speisen gar nicht erst auf die Tafel kamen, weil das Küchenpersonal sie schon für sich selbst reserviert hatte. Und dann fuhr sie wie ein Wirbelwind in das kaiserliche Küchenchaos und sorgte dafür, daß ihr Vorteil nicht zum Nachteil der Hofhaushaltung wurde.

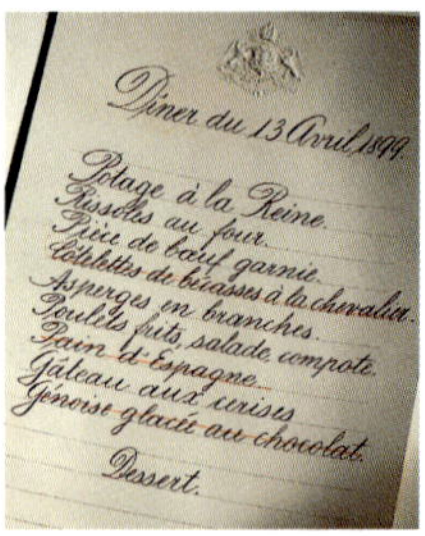

Ein von Kaiser Franz Joseph I. korrigierter Menüentwurf

Wie das Schwundproblem an Höfen mit einer weniger pragmatischen Herrscherpersönlichkeit gelöst wurde, verrät eine Aufzeichnung über den Hof von Hannover. Die Lakaien, die die Tafel abräumten, wurden von einer Militäreskorte in die Küche begleitet. Dort warteten die Kontrollore der Kontrollore – Unteroffiziere, die »härteste militärische Strafen zu befürchten haben, die der Näscherei folgen.«

An den Wirtshaustischen der Schmauswaberl aßen die Wiener die seltsamsten Leckerbissen: Adlerpastete, Krapfen von »indianischer Henn«, Austernpastete, Schnepfen, die in Wildenten eingenäht waren, den Steiß von gebratenen Wachteln und Krebstorten.

Was die Gäste ihres Vorstadtwirtshauses dazu sagten, ist nur indirekt überliefert. Aber so mancher französische Ausdruck sickerte in die bürgerliche Wiener Küche ein. Seit den Zeiten Maria Theresias, die mit dem Lothringer Franz Stephan verheiratet war, beeinflußte die französische Eß- und Lebenskultur den Wiener Hof. In alten Kochbüchern wie dem der Anna Dorn aus dem Jahr 1827 findet man eingewienerte französische Ausdrücke wie *Schü* für Jus = Saft, *Amarelle* = Weichsel, *Asiette* = Teller, aber auch *Vorgericht* und – *Cochenille,* jene seit Jahrhunderten bekannte Schildlaus, die zum Rotfärben der Speisen empfohlen wird, was zu Ende des 20. Jahrhunderts ein wenig in Vergessenheit geraten ist.

Der Zug zum Höheren äußerte sich aber auch in einer wienerisch-witzigen Weise, in der sehr einfache Dinge mit einem hochtrabenden Namen veredelt wurden. Damit machte man sich über die Mode lustig, neue Gerichte mit großen

Persönlichkeiten und Prominenten in Verbindung zu bringen. Da mochten sich die Reichen und Mächtigen an Radetzkyreis und Esterházy-Rostbraten laben, an Palffyknödeln, Metternichschnitten, Sobieskitorte. Die kleinen Leute vergnügten sich mit Catalanizungen. Die Catalani war eine begnadete Sängerin – hinter der nach ihr bezeichneten Speise könnte man Nachtigallenzungen oder ähnlich Ätherisches vermuten. Gemeint waren aber ganz ordinäre Quargeln oder Kelleranten, ein Käse von betäubender Würzigkeit. So ist die »Mehlspeis« im Wiener Volksmund auch der Name für schlichtes Brot. Das »ungarische Rebhendl« war Haussulz. Mit »Spargel« wurde auch der Zahnstocher bezeichnet. Schwärzliche Semmeln mutierten zu Beamtenkrapfen. Und die Knackwurst zur – Beamtenforelle. Weil der Blick nach oben, zu Höherstehenden, nicht auf Menschen beschränkt blieb, gibt es auch einen Giraffenreis, der allerdings auch als Radetzkyreis bezeichnet wurde. In beiden Fällen ging es um die Bewunderung für etwas Außergewöhnliches: 1828 erregte die erste Giraffe Wiens unglaubliches Aufsehen. Sie wurde als Geschenk des ägyptischen Vizekönigs Mehmed Ali nach Wien gebracht. Der Wirt des Gasthauses »Zur blauen Traube« in Penzing veranstaltete ihr zu Ehren ein Giraffenfest. Man tanzte Giraffengalopp, die Damen trugen Giraffenfrisuren, und die Naschkatzen delektierten sich an Giraffenreis, einem überbackenen Reisauflauf.

Aber dann starb die Giraffe an Rachitis, und eine neue kam, aber das war keine Sensation mehr. Und so wurde der unmodern gewordene Giraffenreis 20 Jahre später nach dem Sieger von Custozza benannt, während das von Radetzky importierte Mailänder Schnitzel als Wiener Schnitzel in die kulinarische Geschichte einging.

Mögen in anderen Küchenkulturen Götterspeisen als Inbegriff der Vollkommenheit gelten, der wienerische Superlativ ist: Kaiser. Das knusprigste Gebäck ist die Kaisersemmel, ein edles Tröpferl ist der Kaiserwein, es gibt Kaiserschöberl, Kaiserbirnen und einen Kaisergugelhupf, den die Konditorei Zauner heute noch nach historischen Rezepten bäckt.

Neuestes Universal-
oder:
Großes
Wiener-Kochbuch.
Eine Anleitung
sowohl
die vornehmsten Tafeln als auch die gewöhnliche Hauskost
nach
dem feinsten Geschmack, der größten Eleganz
und nach durchgehends selbst erprobten Erfahrungen,
durch Benützung aller nur erdenklichen Wirthschaftsvortheile, mit den mindesten Kosten zu bestreiten.
Enthaltend:
die zuverlässigsten Recepte
zur Bereitung aller, bis jetzt von der höheren Kochkunst erfundenen
Fleisch-, Fasten- und gemischten Speisen,
imgleichen
beliebter Getränke, Bäckereyen, Cremen, Sulzen, Gelées und Gefrornen
ferner:
eine Auswahl von Speisen für Kranke und Reconvalescenten,
Für gebildete Köchinnen
ein unentbehrliches Handbuch,
der sicherste Leitfaden, und der treueste Rathgeber für jede Frau,
die ihrer Haushaltung selbst rühmlich vorzustehen wünscht.
Herausgegeben von Anna Dorn, geborne Pellet.
Neue zweckmäßiger eingerichtete wohlfeile Ausgabe.
Wien,
Verlag von Franz Tendler.

Nur beim Kaiserschmarren sind Bedenken anzumelden. Das ist ein bäuerliches Gericht, das wahrscheinlich über die Jagdausflüge der Habsburger salonfähig wurde. Es spricht einiges dafür, daß er aus dem südlichen Alpenraum stammt, wo er *Casa-Schmarren,* also Haus-Schmarren hieß und erst später zum Kaiserschmarren nobilitiert wurde.

Vom Kaiserfleisch, einem fetten, leicht durchzogenen geräucherten Bauchfleisch, erzählt man sich eine andere Geschichte. Es soll nicht das Lieblingsgericht, sondern – der Brutofen eines Habsburgers gewesen sein, der als Frühgeburt zur Welt kam. Um sein Leben zu retten, steckte man ihn in ein rasch geschlachtetes, fettes

Sitzliste, Tischkarte und Menükarte anläßlich der Hochzeit von Erzherzogin Marie Valerie, 1890

Schwein, damit der kaiserliche Winzling überleben konnte. Und die »Weinberln aus dem Kaiser Joseph seinem Gugelhupf«? Das waren jene Ärmsten der Armen, die im heute noch bestehenden, gugelhupfrunden Narrenturm auf dem Gelände des alten Allgemeinen Krankenhauses leben mußten.

In einer so genußfreudigen Stadt wie Wien war die kaiserliche Hofhaltung immer ein wichtiges Gesprächsthema. Wenn auch nur ganz wenige daran teilhaben konnten – es gab so viel Personal, daß kein Detail geheim blieb. Das sollte es auch keineswegs. Die Prachtentfaltung bei Tisch war ein wichtiger Teil der Repräsentation, der auch die Kreditwürdigkeit eines Staates dokumentieren sollte. Fürst Ludwig Andreas Khevenhüller schreibt in seinen Tagebüchern 1746: »Die Würde der Monarchie bedingt und erheischt Glanz und Reichtum des äußeren Lebens. Unsere Altvorderen haben es gerne gesehen, daß der Monarch Aufwand treibe … Wie befriedigt berichten sie von den feierlichen Aufzügen, von den Hoffesten, von den Fahrten des Kaisers …« Er kritisiert dann Maria Theresia, die eine Neigung zu privaten Essen im kleinen Kreis hätte, anstatt an der »Public-Tafel« unter großer Anteilnahme des Hofstaats, kirchlicher Würdenträger, ausländischer Diplomaten und des Volks von schimmerndem Prunkgeschirr zu essen.

Für solche öffentlichen Tafeleien, die auch außerhalb von Wien zelebriert wurden, etwa bei Krönungen in Prag oder Mailand (als die Lombardei zu Österreich gehörte), wurde das Prunkgeschirr aus Wien mitgenommen. Und wer heute die bemerkenswert renovierte Silberkammer in der Wiener Hofburg besucht, kann sich nur wundern, wieviel kostbares Porzellan und Tafelgerät diese Reisen und andere unruhige Zeiten überstanden haben. Auch während der Reise durfte es den hohen Herrschaften an nichts fehlen, dafür sorgte das perfekt organisierte Management der Hofküche. Ehe es Eisenbahnen gab, wurden eigene Küchenkaleschen eingesetzt, um die Reisenden mittags mit 19 und abends mit 18 Gerichten zu versorgen. Dafür wurden große Zelte mitgeführt, Koch- und Tafelgeschirr, Wäsche und Vorräte aller Art, darunter auch lebendes Geflügel. Einfacher wurde es für Köche und Organisatoren, als Bahn und Schiff für kaiserliche Reisen benützt werden konnten. Es entstanden mobile Hotelrestaurants, die mit allen technischen Finessen ihrer Zeit für Wohlbehagen sorgten. Erst unter Franz Joseph wurden die Prozeduren vereinfacht – für ihn kochten Hofköche in genau instruierten Bahnhofsrestaurants unterwegs; serviert wurde im

Salonwagen, zu dem ein Speiseraum, ein Rauch- und ein Spielsalon gehörten.

Die Silberkammer mit ihren einmaligen Exponaten verrät eine Menge privater und politischer Details des kaiserlichen Hofs. Da sind die Kupferkannen, -töpfe und -kessel in phantasievollen Formen und in zum Teil riesigen Formaten. Darunter auch der Kessel für die berühmte Olio-Suppe, von der an anderer Stelle (Seite 35) die Rede ist. Ein zierlicher Puppenherd aus Silber ist Teil des Reise-Teeservices von Kaiserin Elisabeth Christine, der Mutter Maria Theresias. Prunkvoll und repräsentativ das goldschimmernde Ährenservice, das Marie Antoinette ihrer Mutter schenkte. Niemand konnte es sich 1778 vorstellen, daß die Königin von Frankreich einst unter dem Schafott enden sollte.

Und noch ein Service mit Geschichte: das vergoldete Porzellanservice, das Kaiser Franz I. nach dem Sieg über Napoleon, seinen Schwiegersohn, in Auftrag gab. Die Franzosenkriege hatten Österreich ausgeblutet, das ganze Tafelsilber wurde eingeschmolzen und zu Münzen geschlagen. Nun wurde der Neubeginn mit Festessen auf goldenen Tellern gefeiert, woran sich während des Wiener Kongresses auch die Herrscher und Diplomaten des siegreichen Europa beteiligten.

Das schwere Silbergerät, die vergoldeten Tafelaufsätze, liebenswürdige Biedermeiertassen, kunstvoll graviertes und geschliffenes Kristallglas, Damast und Leinen – die einmalige Sammlung in der Wiener Hofburg hat bis heute Konsequenzen im Alltag Wiens. Noch immer gibt es eine Reihe ehemaliger Hoflieferanten, bei denen die Hochzeitslisten traditionsbewußter Paare aufliegen. Noch immer kann man bei Lobmeyr auf der Kärntnerstraße schimmernde Maria-Theresien-luster, elegantes Glas und Porzellan der Magnaten aus der Manufaktur Herend kaufen. Noch immer werden bei Vaugoin & Jarosinski Silbergerät und Besteck im Stil der Kaiserzeit hergestellt, darunter auch jenes Besteck, das Franz Joseph zum Leidwesen seiner Gäste so schnell sinken ließ. Die Porzellanmanufaktur Augarten erzeugt nach wie vor altösterreichische Dessins wie das maria-theresianische Jagdporzellan. Und feine Wäschefirmen wie die Schwäbische Jungfrau halten die Vorliebe der Wienerin zu klassischen Damasten, feinem Leinen und Batisten mit ihrem Angebot wach.

Oben: Weinservice „Musselin", mundgeblasenes Kristallglas, entworfen von Ludwig Lobmeyr, 1856
Unten: Birndlluster der Fa. Lobmeyr

Wie so vieles hat sich auch die Tafelkultur der Habsburger demokratisiert. Nur eines bleibt auch heute exklusiv: Das Geheimnis der kunstvoll gefalteten Hofservietten, die noch immer bei Staatsbanketten aufgedeckt werden, kennt stets nur eine einzige Wäschebetreuerin der Silberkammer.

Rindsuppe mit Kaiserschöberln

Zutaten für 4 Portionen

1 l klare Rindsuppe
(Rezept S. 42)
1 Bund Schnittlauch

Für die Kaiserschöberln:
3 Eier
6 dag glattes Mehl
1 EL geriebener Käse

Salz

Zubereitung

Backrohr auf 200° C vorheizen. Backblech mit Backpapier belegen.
Eier in Dotter und Klar trennen. Eiklar mit einer Prise Salz zu schmierigem Schnee schlagen. Zuerst Dotter, dann Mehl und Käse unter den Schnee mischen. Biskuitmasse ca. fingerdick auf das Backblech streichen und im vorgeheizten Rohr (mittlere Einschub-Schiene) ca. 10 Minuten backen.
Aus dem Rohr nehmen und stürzen. Papier vom Biskuit lösen. Biskuit auskühlen lassen und in verschobene Rechtecke (Rauten) schneiden.

Rindsuppe erwärmen. Schnittlauch fein schneiden. Suppe in Teller schöpfen, Schöberln einlegen und mit Schnittlauch bestreut servieren.

Tip

Das Biskuit ist fertig, wenn man mit der flachen Hand behutsam auf die Biskuitoberfläche drückt und der Abdruck wieder verschwindet.

Tip

Das auf dem Biskuit anhaftende Papier läßt sich leichter ablösen, wenn man nach dem Stürzen der Masse mit einem feuchten Tuch über das Papier streicht. Der sich zwischen Papier und Biskuit bildende Dampf löst das Papier vom Biskuit.

Tip

Übriggebliebene Schöberln kann man in Tiefkühlsäckchen verpackt einfrieren und zu einem späteren Zeitpunkt verbrauchen. Vor dem Verwenden ca. 2 Stunden auftauen lassen.

Esterházy-Rostbraten

Zutaten für 4 Portionen

4 Rostbraten (à ca. 18 dag)
¼ l Rotwein
1 l klare Suppe
¼ l Sauerrahm

Für die Garnitur:
15 dag Karotten
15 dag gelbe Rüben
10 dag Knollensellerie
10 dag Stangensellerie
1 EL gehackte Petersilie

Salz, Pfeffer, Senf, Öl, Mehl

Zubereitung

Rostbraten salzen, pfeffern und in Öl beidseitig anbraten (am besten in zwei Arbeitsgängen). Fleisch warm stellen. Bratrückstand mit 1 EL Mehl stauben, mit Rotwein ablöschen und einkochen lassen.
Suppe zugießen. Rostbraten einlegen und zugedeckt auf kleiner Flamme ca. 50 Minuten weichdünsten.
Inzwischen für die Garnitur Gemüse putzen, schälen und in nicht zu dünne Streifen schneiden. Gemüse in Salzwasser bißfest kochen. Abseihen, abschrecken und gut abtropfen lassen.

Rostbraten aus der Sauce heben und warm stellen. Die Hälfte des Sauerrahms mit 1 gestr. EL Mehl und 1 TL Senf gut vermischen. Sauce auf ca. $^1/_2$ l einkochen, Rahmmischung unterrühren und 2–3 Minuten mitköcheln. Rostbraten mit Sauce und Gemüse anrichten, mit restlichem Sauerrahm und Petersilie garnieren.
Als Beilage serviert man Erdäpfel oder Teigwaren.

Tip

Zusätzlich kann man die Rostbraten mit in feine Streifen geschnittener und kurz überkochter Zitronenschale und Kapern garnieren.

Tip

Das Schneiden der Gemüsestreifen gelingt am besten in einer Küchenmaschine mit verschiedenen Schneidaufsätzen.

Kaiserschnitzel

Zutaten für 4 Portionen

4 Kalbsschnitzel (à 15 dag)

Für die Sauce:
1 kleine Zwiebel
2 EL Kapern
Schale von 2 kleinen unbehandelten Zitronen
$^1/_8$ l klare Suppe
$^1/_4$ l Bratensaft
$^1/_8$ l Schlagobers
Saft von 1 Zitrone

Salz, Pfeffer, Butter, Öl

Zubereitung

Zwiebel schalen und kleinwürfelig schneiden. Kapern grob hacken. Zitronenschale dünn abheben (am besten mit einem Zestenreißer). Schnitzel ein wenig klopfen und beidseitig salzen und pfeffern. Ca. 1 EL Butter und 2 EL Öl erhitzen, Schnitzel einlegen und auf jeder Seite ca. $^1/_2$ Minute braten (am besten in zwei Arbeitsgängen). Schnitzel herausheben und warm stellen. Bratrückstand mit Suppe und Bratensaft aufgießen und aufkochen. Obers zugießen und die Sauce cremig einkochen. Mit Salz und Zitronensaft würzen. Kapern und Zitronenschale untermischen. Schnitzel einlegen und einige Minuten ziehen lassen. Schnitzel mit der Sauce anrichten.
Als Beilage serviert man Nudeln und Gemüse.

Tip

Sollten die Kapern zu salzig sein, in ein Sieb legen und unter fließendem Wasser spülen.

Tip

Das Klopfen der Schnitzel gelingt behutsamer, wenn man sie zuvor zwischen zwei Lagen Klarsichtfolie legt. Als Alternative kann man auch ein aufgeschnittenes Tiefkühlsäckchen verwenden.
Zum Fleischklopfen sollte man immer die ungerippte Seite des Fleischklopfers verwenden, damit die Fleischfasern nicht zerschlagen werden. Durch eventuell zerstörte Fleischfasern tritt Feuchtigkeit aus und bewirkt, daß das Fleisch nach dem Braten trocken wird.

Tip

Sollten Sie keinen Zestenreißer zur Verfügung haben, so können Sie die Schale auch mit einem Messer zuerst dünn abheben und dann in feine Streifen schneiden.

Gekochtes Rindfleisch

Zutaten für 5 Portionen

1 $^1/_4$ kg Schulterscherzel
oder Tafelspitz
1 Zwiebel
6 Pfefferkörner
1 Lorbeerblatt

Für die Garnitur:
2 Karotten
1 gelbe Rübe
1 kleine Stange Lauch
2 Bund Schnittlauch

Salz, Liebstöckel
Muskatnuß

Zubereitung

Zwiebel mit der Schale halbieren und mit der Schnittfläche nach unten in einer trockenen Pfanne stark bräunen. Für die Garnitur Karotten und gelbe Rübe putzen und schälen. Vom Lauch Wurzeln und grüne Blattenden wegschneiden. Lauch gut waschen.
Wasser aufkochen, Fleisch einlegen (es muß mit Wasser gut bedeckt sein) und auf kleiner Flamme im offenen Geschirr ca. 2 $^1/_2$ Stunden weichköcheln. Aufsteigenden Schaum mit einem Siebschöpfer entfernen.
Nach ca. 1/2 Stunde Kochzeit Zwiebel, Pfefferkörner, Lorbeerblatt und ein wenig Liebstöckel zugeben.
Nach 1 weiteren Stunde Kochzeit Gemüse im Ganzen zugeben und bißfest kochen. Schnittlauch fein schneiden. Fleisch und Gemüse aus dem Fond heben und in Scheiben schneiden. Suppe durch ein Sieb gießen und mit Salz und geriebener Muskatnuß würzen. Fleisch mit Gemüse und ein wenig Suppe anrichten und mit Schnittlauch bestreut servieren.

Tip

Besonders appetitlich sieht das Rindfleisch aus, wenn man es zusätzlich mit in Suppe kurz erwärmten Markscheiben garniert.

Als Beilagen empfehlen sich

SCHNITTLAUCHSAUCE

2 Semmeln (altbacken) entrinden, zuerst in Scheiben und dann in Würfel schneiden. Semmelwürfel in wenig Milch einweichen, ausdrücken und passieren.
2 hartgekochte Eier schälen, durch ein Sieb streichen und mit den ausgedrückten Semmelwürfeln und 2 Dottern vermischen.
Mit Salz, Pfeffer und einem Schuß Essig würzen. Masse am besten mit einem Stabmixer feinst pürieren. Danach unter ständigem Rühren tropfenweise $^1/_4$ l Öl untermischen. Vor dem Servieren mit geschnittenem Schnittlauch bestreuen.

APFELKREN

3 Äpfel schälen und auf einer Küchenreibe fein raspeln. Mit ein wenig Salz, dem Saft von 1 Zitrone und 4 EL gerissenem Kren vermischen. Apfelkren rasch servieren.

KOCHSALAT MIT ERBSEN

Ca. 1 kg Kochsalat putzen, waschen, in Streifen schneiden und in Salzwasser überkochen. Abseihen, abschrecken und gut abtropfen lassen. $^1/_2$ Zwiebel schälen, kleinwürfelig schneiden und in 6 dag Butter anschwitzen. 6 dag Mehl einrühren und kurz mitrösten. Mit je $^1/_4$ l Suppe und Kaffeeobers aufgießen und auf kleiner Flamme 3 Minuten köcheln. Mit Salz, Pfeffer und gemahlener Muskatnuß würzen. Kochsalat und 10 dag gekochte Erbsen untermischen.

ERDÄPFELSCHMARREN

3/4 kg gekochte, mehlige Erdäpfel schälen und auf einer Reibe grob raspeln. Eine Zwiebel schälen und hacken. Erdäpfel mit Salz, Pfeffer und gemahlenem Kümmel würzen. In einer Pfanne ein wenig Öl erhitzen, Erdäpfel und Zwiebel zugeben und bei mittlerer Hitze rösten, bis sich eine knusprige Kruste bildet. Schmarren mit einer Backschaufel öfter wenden. Zum Anrichten Erdäpfelschmarren in einen mit Wasser ausgespülten Schöpfer drücken und auf Teller stürzen.

Hechtnockerln

Zutaten für 4 Portionen

½ kg ausgelöstes Hechtfilet
3/16 l Schlagobers
2 cl trockener Wermut
1 l Fischfond oder Suppe
1/16 l Weißwein
1 Lorbeerblatt
5 Pfefferkörner
Salz, Pfeffer, Muskatnuß

Zubereitung

Fisch in kleine Stücke schneiden und mit ein wenig Obers in einem elektrischen Zerkleinerer (Cutter) pürieren. Nach und nach restliches Obers zugeben und mit dem Cutter einarbeiten. Diesen Arbeitsschritt eventuell in 2 Durchgängen ausführen. Mus in eine Schüssel füllen, mit Salz, Pfeffer, Wermut und geriebener Muskatnuß würzen. Mit Frischhaltefolie zudecken und ca. ¼ Stunde kalt stellen.
Fischfond oder Suppe mit Weißwein, Lorbeerblatt und Pfefferkörnern vermischen und aufkochen. Aus dem Fischmus gleich große Nockerln ausstechen (am besten mit einem Löffel), in den schwach wallenden Fond einlegen und auf kleiner Flamme zugedeckt garziehen lassen (dauert ca. 10 Minuten).
Vor dem Servieren Nockerln mit einem Siebschöpfer herausheben, gut abtropfen lassen und anrichten.
Als Beilage serviert man Petersilienerdäpfel und Blattspinat.

Zusätzlich empfiehlt sich

Dillsauce

Von ½ Bund Dille die Zweige abzupfen und grob hacken. ½ gehackte Zwiebel in 1 EL Butter anschwitzen, mit 1/16 l Weißwein ablöschen und mit ¼ l Fond vom Kochen der Fischnockerln aufgießen. ¼ l Schlagobers zugießen und die Sauce cremig einkochen. Mit Salz, Pfeffer und Zitronensaft würzen. Vor dem Servieren Dill unterrühren.

Tip

Bei der Zubereitung des Hechtmuses darauf achten, daß Fisch, Schlagobers und der Aufsatz der Küchenmaschine gut gekühlt sind.

Tip

Die Nockerln lassen sich schöner ausstechen, wenn man den Löffel zuvor immer wieder in heißes Wasser taucht.

Palffyknödel

Zutaten für 4 Portionen

8 dag Frühstücksspeck
5 dag Butter
20 dag getrocknete Semmelwürfel
3 Eier
¼ l Milch
Salz, Pfeffer, Muskatnuß, Butter

Zubereitung

Speck kleinwürfelig schneiden, in Butter anschwitzen und mit den Semmelwürfeln vermischen. Eier in Dotter und Klar trennen.
Milch ein wenig erwärmen und mit Dottern, Salz, Pfeffer und geriebener Muskatnuß verquirlen. Eimischung über die Semmelwürfel gießen, gut vermengen und ca. ½ Stunde ziehen lassen.
Eiklar zu cremigem Schnee schlagen und unter die Masse heben. Aus der Masse eine Rolle formen, auf eine mit Butter bestrichene Serviette legen und darin nicht zu fest einwickeln. Enden fest zusammendrehen und mit Spagat binden.
Knödel in kochendes Salzwasser legen, Hitze reduzieren und ca. ¾ Stunde köcheln lassen. Knödel aus dem Wasser heben, aus der Serviette wickeln und in nicht zu dicke Scheiben schneiden.

TIP

Besonders leicht gelingt das Aufschneiden des Knödels mit Hilfe eines dicken, straff gespannten Zwirns.

TIP

Palffyknödel passen besonders gut zu Ragouts, Gulasch, Eintöpfen und Saftfleisch.

KAISERSCHMARREN

ZUTATEN FÜR 4 PORTIONEN

4 Eier
12 dag glattes Mehl
1 Pkg. Vanillezucker
Schale von 1/2 unbehandelten Zitrone
1/8 l Milch
4 dag Kristallzucker
2 EL Rosinen
Salz, Butter, Staubzucker

ZUBEREITUNG

Backrohr auf 180° C vorheizen. Eier in Dotter und Klar trennen. Mehl, eine Prise Salz, Vanillezucker, abgeriebene Zitronenschale, Milch und Dotter zu einem glatten Teig verrühren. Eiklar mit Zucker zu cremigem Schnee schlagen. Ein Drittel des Schnees mit dem Teig gut verrühren, restlichen Schnee und die Rosinen unterheben. In einer großen Pfanne (mit hitzebeständigem Griff) ca. 1 EL Butter erhitzen, Teig einfüllen, gleichmäßig verteilen und auf kleiner Flamme so lange backen, bis die Unterseite goldbraun ist. Masse wenden und im vorgeheizten Rohr (mittlere Einschub-Schiene/Gitterrost) fertigbacken (dauert ca.5 Minuten). Pfanne auf den Herd stellen, Schmarren zerpflücken, auf Tellern anrichten und mit Staubzucker bestreuen. Als Beilage serviert man Zwetschkenröster oder Kompott.

TIP

Eine besondere geschmackliche Note erhält der Schmarren, wenn man ihn mit karamelisiertem Zucker vermischt. Dazu den zerpflückten Schmarren in der Pfanne ein wenig zur Seite schieben. Auf der freien Pfannenfläche ca. 1 EL Butter erhitzen, ca. 1 EL Kristallzucker einstreuen und karamelisieren lassen. Schmarren mit dem Karamel vermischen.

TIP

Sollten Sie keine große Pfanne zur Verfügung haben, so können Sie den Schmarren auch in einer kleinen Pfanne, mit jeweils der halben Teigmenge, in zwei Arbeitsgängen zubereiten. Fertigen Schmarren währenddessen warm stellen.

Reis Trautmannsdorff

Zutaten für 4 Portionen

¼ l Milch
3 dag Kristallzucker
1 Pkg. Vanillezucker
7 dag Rundkornreis
4 Blatt Gelatine
¼ l Schlagobers
⅛ kg Kompott-Früchte
1 EL Rum

Salz, Zitronensaft

Zubereitung

Milch mit Zucker, Vanillezucker und einer Prise Salz aufkochen. Reis zugeben, Hitze reduzieren und den Reis weichköcheln. Dabei öfter umrühren. Reis in eine Schüssel leeren und abkühlen lassen. Gelatine in kaltem Wasser einweichen. Obers schlagen und kalt stellen. Gelatine gut ausdrücken und unter den noch warmen Reis mischen. Kompottfrüchte gut abtropfen lassen, in ½ cm große Würfel schneiden und mit einigen Tropfen Zitronensaft vermischen.
Früchte, Rum und ein Drittel des Obers in die Reismasse rühren. Restliches Obers unterheben. Reismasse in Förmchen füllen, mit Frischhaltefolie zudecken und im Kühlschrank fest werden lassen (dauert mindestens 4 Stunden).
Vor dem Servieren Förmchen kurz in heißes Wasser tauchen, Früchtereis auf Teller stürzen und mit einer Fruchtsauce oder Schlagobers garnieren.

Crêpes Sisi

Zutaten für 4 Portionen (à 2 Stück)

10 dag glattes Mehl
¼ l Milch
1 EL Kristallzucker
3 dag geschmolzene Butter
2 Eier

Für die Fülle:
¼ kg Rohmarzipan
2 EL Zitronensaft
1 EL Kirschwasser

Für die Garnitur:
20 dag Himbeeren
⅛ l Schlagobers
⅛ l Eierlikör

Staubzucker, Butter

Zubereitung

Für die Fülle Marzipan in kleine Stücke schneiden und mit Zitronensaft und Kirschwasser vermischen. Himbeeren mit einem Stabmixer feinst pürieren.
Schlagobers schlagen und kalt stellen. Backrohr auf 160° C vorheizen.
Für die Crêpes Mehl, Milch, Zucker und die Butter mit einem Schneebesen gut verrühren.
Zuletzt die Eier untermischen.
Aus der Masse kleine Crêpes (Palatschinken) backen, mit der Marzipanmasse bestreichen und zu Dreiecken einschlagen.
Ovale Auflaufform mit Butter ausstreichen, die Crêpes einschichten und im vorgeheizten Rohr (mittlere Einschub-Schiene/Gitterrost) ca. 10 Minuten backen.
Auf Tellern anrichten und mit Himbeersauce, Eierlikör und Schlagobers garnieren.
Eventuell mit Staubzucker bestreuen.

Genießen in Wien ...

12.
Vom Nörgeln und Geniessen

Genießen in Wien – das war und ist keine einfache Sache. Nichts ist einfach in Wien, weil die Widersprüchlichkeit zur Geschichte dieser Stadt gehört. Sie war glanzvolle Residenz und ist noch immer in vielen Teilen als Dorf erkennbar. Das Barock mit seiner überschäumenden Sinnlichkeit und seiner steten Todesnähe war ihre prägendste Epoche. Zentrum eines Riesenreichs und Wasserkopf an der Grenze, Hort der Beamten und Wurzelgrund rebellischer Genies – all das und noch viel mehr vereint eine Stadt in sich, die so gern die vergnügte Naive spielt. Rosa und rabenschwarze Klischees umwabern sie wie die Hutschleier eine Operettendiva.

Wenige moderne Großstädte haben durch Lage und Schicksal soviel Lebensqualität bewahrt wie Wien. Und doch begleitet das Genießen in Wien seit Generationen der melancholische Seufzer: »Auch nicht mehr die alte Qualität!!«

Wie war sie denn eigentlich, diese »alte Qualität«?

Geschlemmt und getrunken wurde seit jeher mit größter Begeisterung, das geht aus allen Beschreibungen hervor. Wiens Märkte quollen seit dem Mittelalter von bäuerlichen und exotischen Waren über. Und immer war da einer, der mahnend den Zeigefinger hob und mit einer Wortgewalt das gute Leben verdammte, die große Nähe zum Genießen verriet. Die Wortlust der Nörgler lebte von der Schwäche der Genießer. Und wurde so zum Komplizen. Und zum genauen Chronisten.

Naturgemäß kommt die Kritik häufig von der Kanzel. Einer, der den wienerischen Lebensstil sehr genau schildert, ist Aeneas Silvius Piccolomini, Sekretär und Biograph Friedrichs III., der spätere Papst Pius II. Er schreibt um 1442 über Wien: »Das gewöhnliche Volk denkt nur an den Magen und ans gute Essen, was es während der Woche mit seiner Hände Arbeit verdient hat, verjubelt es am Sonntag bis auf den letzten Groschen. Groß ist die Zahl der Dirnen, selten ist ein Weib mit seinem Manne zufrieden. Sobald adelige Herren zu den Bürgern kommen, nehmen sie deren Frauen zu einer Unterredung beiseite; die Männer schaffen Wein herbei, verlassen das Haus und machen den Adeligen Platz.«

Und wie war es um die alteingesessenen Wiener bestellt? »Nur wenige gibt es in der Stadt, deren Vorfahren die Nachbarschaft gekannt hat. Alte Familien sind selten, die meisten sind Eingewanderte und Fremdbürtige. Reiche, schon altersschwache Kaufleute heiraten junge Mädchen und lassen sie in kurzer Zeit als Witwen zurück. Diese nehmen dann zu Männern Jünglinge aus dem Kreise der Hausgenossen, mit denen sie oft schon vorher ein Verhältnis gehabt haben. Auf diese Weise entpuppt sich der, der gestern noch arm war, als reicher Mann. Dagegen nehmen diese nun wieder, wenn sie ihre Frauen überleben sollten, andere, und so geht die Sache im Kreise fort; nur selten folgt der Sohn dem Vater.«

Ein noch viel schärferer, in seinem Wortwitz typisch wienerischer Kritiker ist der Augustinermönch Abraham a Sancta Clara. Eigentlich hieß er Ulrich Megerle, kam aus Baden-Württemberg, studierte in Salzburg und ging 1662 nach Wien, wo er Hofprediger Leopolds I. und Prior des Wiener Augustinerklosters wurde. Seine Predigten sind die farbigsten Schilderungen einer aus den Fugen geratenen Zeit. Die Reformationskämpfe erschüttern Europa, die Türken belagern Wien, die Pest geht um. Abraham a Sancta Clara ist ein typischer Barockmensch: Lebensgenuß und Tod sind seine großen Themen. Er umkreist sie mit der Wortgewalt eines Dichters und wird zum ersten Publikumsbeschimpfer und Übertreibungskünstler Wiens. Dazu ist er ein Vollblutkomödiant nach dem Herzen der Wiener, die seine Predigten stürmen. Er appelliert an ihre Lachlust, an ihre Freude am Wortspiel, an ihre Neigung zum Sarkasmus. Wenn er die Eitelkeit und Torheit der Welt verspottet, ist das genießerische Wien ein effektvolles Symbol. Seine Predigten sind derb und bildhaft – jeder kann sie verstehen. Eine Befreiung in der Zeit der verstiegenen Gelehrtendispute von der Kanzel, als Kirchendiener die schlafenden Gläubigen aufwecken mußten.

»Mit Essen und Trinken,
Mit Faulenzen und Stinken,
Mit Bummeln und Spazieren,
Mit Löffeln und Galanisieren,
Mit Springen und Tanzen,
Mit Liegen und Ranzen,
Mit Jagen und Hetzen,
Mit Komplimentieren und Wetzen,
Mit Räppel und Schimmel
Kommt man, weiß Gott,
Nicht in den Himmel!«

Das war eine Sprache, die wach hielt, die Sünder zum Lachen und vielleicht auch zum Nachdenken brachte. Rhythmisch wie ein Rap-Sänger hämmerte Abraham a Sancta Clara seine bitteren Wahrheiten in die Köpfe seiner Gemeinde.

»Das Geld richt' alles,
Das Geld schlicht' alles;
Das Geld bindt' alles,
Das Geld überwindt' alles;
Das Geld exkusiert alles,
Das Geld verblendt' alles.
Mit einem Wort:
Das Geld beherrscht und regiert
alles.«

Die Wiener, denen das gute Theater so wichtig war wie das gute Essen und Trinken, überließen sich lustvoll den Bußpredigten des wortgewaltigen Augustiners, der ihnen die Komödie ersetzte.

Friedrich Schiller ließ sich von Abraham a Sancta Clara zu seiner Kapuzinerpredigt in »Wallensteins Lager« inspirieren. Und das Fernsehen entdeckte die unverwelkte Frische dieser bildhaften

Sprache und fand in Romuald Pekny einen idealen Interpreten.

Aber auch die Geistlichkeit selbst blieb nicht ungeschoren, allerdings diesmal von einem Franzosen, Casimir Freschot, der 1705 einen Bericht über den Wiener Kaiserhof verfaßte. »Das größte übel ist / daß man geheime nachricht wissen will / daß ihr gantzes thun und lassen nicht anders sey / als zu essen und trincken / und miteinander zu streiten / welcher die besten mahlzeiten anstellen könne. Dieser zeitvertreib / ist aber nicht etwan der priesterschafft in Wien allein zu zu eignen / denn die ganze stadt / jung und alt / von dem höchsten biß zu niedrigsten / wissen den meisten theil des tages nicht besser und vergnügter / als bei tische zuzubringen.«

Eine zweite Welle der Kritik ging während der Aufklärungszeit über die Wiener Genießer hinweg. Joseph II. führte die Reformen seiner Mutter Maria Theresia weiter und schaffte dabei die Zensur weitgehend ab. Die 1781 erlassene Pressefreiheit gab den zeitgenössischen Journalisten und Schriftstellern die Möglichkeit, sich so kritisch und freizügig wie noch nie zu äußern. Eine Flut von Broschüren sorgte für Wut und Erheiterung der neugierigen Wiener. Hatte bisher die Keuschheitskommission über einem höchst unrealistischen Tugendbild gewacht, rückten plötzlich die koketten Stubenmädeln und die Grabennymphen mit ihrem einnehmenden Wesen in den Mittelpunkt. Zum Genießen gehörte auch die Betrachtung hübscher junger Weiblichkeit. Johann Rautenstrauch, ein populärer Publizist der Aufklärung, schrieb eine Broschüre über die Stubenmädeln in Wien, die Beifall, Nachahmung und Gegendarstellung provozierte. Joseph Richter, der vielseitigste und erfolgreichste Literat des josephinischen Wien, brachte 1787 ein ironisches »Taschenbuch für Grabennymphen« heraus, in dem er ihnen praktische Tips gab, wie man wohlhabende Klienten bei Wallfahrten, Kirtagen, Volksfesten und in renommierten Gasthöfen finden könne.

Abraham a Sancta Clara

Für den Monat März etwa empfahl er ihnen die Fastenpredigten als Revier: »Ihr habt hier zwey Vorteile. Erstens zerstreuet ihr durch euren Anzug und freche Blicke die versammelten Christen, und schwächet den Eindruck, den der Pater auf die Herzen eurer Verehrer machen könnte – und dann erreget ihr bei manchem abgelebten Andächtler den Wunsch, euch zu bekehren … So lang indessen der Kalvarienberg existiert, Fastenpredigten gehalten werden und die Leute blähende Fastenspeisen essen, könnt ihr euren Schnitt machen.«

Wien, das von 1745 bis 1790 von 175 000 auf 217 000 Einwohner gewachsen war, soll – nach umstrittenen Aussagen – 10 000 Prostituierte gehabt haben. Auf die Frage an Joseph II., ob Wien nicht ein Bordell brauche, soll er gesagt haben: »Da brauche ich über ganz Wien nur ein großes Dach machen, und das Bordell wäre fertig!«

In den verschiedensten Pseudonymen setzt sich Joseph Richter mit wienerischen Mißständen und Lustbarkeiten auseinander. Ab 1785 schreibt er in der Sprachmaske eines naiven Bauern eine Sittenchronik Wiens, die »Briefe eines Eipeldauers an seinen Herrn Vetter in Kakran, über d' Wienerstadt.« Durch den Eipeldauer wissen wir heute, wie und wo sich die Wiener unterhielten, was sie aßen, tranken, wie sich ihre Frömmigkeit äußerte. Der bäuerliche Narr wanderte staunend durch die Stadt und ließ seine abgefeimt ahnungslose Meinung hören. Daß Richter geheime Polizeigelder bezog, um via Eipeldauerbriefe sich »zum Besten des Staates zu verwenden«, kam erst nach seinem Tod heraus.

Joseph Richter geißelte die Wiener mit Witz und Sarkasmus, und er erfand seinem Bauern schließlich eine saftige Ehefrau, Geliebte eines englischen »Mühlords«, eines französischen »Hemigranten«, Kriegslieferantin, Spekulantin, Bordellwirtin. Nach Richters Tod setzten die Schriftsteller Franz Xaver Gewey und Adolf Bäuerle die Eipeldauerbriefe bis 1813 fort. In der Metternich-Ära wurde die Zensur wieder verschärft, die vergnügliche Nörgelei über Wien und die Wiener verstummte auf lange Zeit.

In der Zeit der Aufklärung begannen Frauen, dem genießerischen Wien in musikalischen und literarischen Salons neue Impulse zu geben. Die erste war Fanny von Arnstein, Tochter eines kultivierten Berliner Bankiers, die den jüdischen Finanzier Adam Isaak Arnstein in Wien geheiratet hatte. Sie führte ein großes Haus, dessen kulinarischer Ruhm so groß war wie der kulturelle Anspruch. Unter den Gästen waren Joseph von Sonnenfels, Schopenhauer, der Herzog von Wellington und Carl Fürst von Liechtenstein, der der Hausfrau sehr nahestand.

Karoline Pichler. Stich von Josef Kriehuber

Fanny von Arnstein war die erste in Wien, die Christbaumfeste veranstaltete; ihre Gäste pflückten die Geschenke vom Baum. In ihrem Salon sammelten sich alle, die den damals noch unaufhaltsamen Napoleon haßten und dieser Wut – auf französisch – Ausdruck gaben. Ihr sehr biederes bürgerliches Gegenstück als Gastgeberin war die Schriftstellerin Karoline Pichler. Ihre Mutter war Kammerfrau bei

Maria Theresia gewesen, ihr Vater ein hoher Beamter, sie war zusammen mit den politischen und künstlerischen Größen Wiens aufgewachsen. Karoline Pichler verfaßte 60 Werke, Bühnenstücke, Lyrik und Betrachtungen, in denen sie ihre romantische Liebe zum Mittelalter verbreitete. »Poetische Einsiedarbeit« nannte sie der Literat Raoul Auernheimer. Auf Wunsch ihres Mannes schrieb Karoline Pichler die Denkwürdigkeiten ihrer Zeit auf, zu denen sie das Wetter, das Essen und die Dienstbotenfrage zählte. Aber auch den Besuch der Schriftstellerin Madame de Staël, einer heftigen Gegnerin Napoleons. »Mohrenhaft aufgedonnert« sei die Französin zum üblichen Kaffee mit Gugelhupf im Hause Pichler gekommen. Die strickenden Damen hier schauten gebannt auf das »Monster aus Paris«, das nach einem Bonmot entschwand, um sich in einem Adelshaus über die »tricoteuse de la commune« lustig zu machen. Karoline Pichlers Dichtwerke sind vergessen, ihr eigentliches Kunstwerk war ihr gemütlicher Salon, in dem sich unter anderem Grillparzer, Lenau, Brentano, Tieck und Schlegel sehr wohl fühlten. »Sie spricht über Literatur genauso wie über Marktpreise und Kochrezepte«, sagte Ignaz Franz Castelli über sie.

Von ganz anderer Art war der Salon, den Berta Zuckerkandl um die Jahrhundertwende in Wien führte. Sie war die Tochter von Moritz Szeps, der das Neue Wiener Tagblatt begründet hatte und Freund und Berater des Kronprinzen Rudolf war. Ihr Mann war der Anatomieprofessor Emil Zuckerkandl, zur weiteren Verwandtschaft gehörte der französische Politiker Clemenceau. Die immer gut informierte Journalistin schrieb über politische und kulturelle Themen. Jeden Sonntag nachmittag war bei ihr Jour fixe bei Kaffee, Sandwiches und erlesenen geistigen Genüssen. Zu ihrem Freundeskreis gehörten internationale Politiker, Wissenschaftler und die vielen Genies, die das Wien des ausgehenden 19. Jahrhunderts so spannend machten.

Berta Zuckerkandl-Szeps

Auf ihrem Jugendstil-Diwan drängten sich Gustav Klimt, Hermann Bahr, Otto Wagner, Egon Friedell, Kolo Moser und Josef Hoffmann, die dann bei einem Heurigenbesuch mit ihr beschlossen, die Künstlervereinigung »Secession« zu gründen. Berta Zuckerkandl war eine begeisterte Anhängerin der Wiener Werkstätte, ihre Wohnung war ein Musterbeispiel jener Wohnkultur, die Josef Hoffmann propagierte und Adolf Loos verabscheute. Zu den sehr wienerischen Genüssen des Hauses gehörte auch der Konflikt mit Karl Kraus, der die »Hebamme der Kultur« giftig attackierte.

Der Spaziergang des Abends am Graben oder Der Schnepfen-Strich. Kolorierter Kupferstich von Johann Hieronymus Löschenkohl, 1784

Einer der Gäste des Hauses, Gustav Mahler, machte zur Bedingung seines Besuchs: »Ich komme nur, wenn Sie sonst niemand einladen und nur Grahambrot und Meraner Äpfel servieren.« Brot und Äpfel bekam er, aber als Draufgabe eine verführerische junge Frau, die sein Schicksal werden sollte: Alma Schindler. Sie wurde nach ihrer Heirat zur Mega-Muse ihrer Zeit, sie faszinierte Klimt und Kokoschka, Gropius und Werfel.

In ihren Erinnerungen erzählt Berta Zuckerkandl auch von einer eindrucksvollen Einladung bei Johann Strauß. Der Gastgeber, dessen Großvater aus Spanien eingewandert war, überreichte ihr kniend eine Menükarte, die Österreichs Multikultur illustrierte:

»Risotto Suppe auf Triestiner Art
Fischpörkölt - Ungarisch
Braunbraten mit Zwiebel - Polnisch
Serviettenknödel - Böhmisch
Bachhendeln mit Gurkensalat - Oberösterreichisch
Apfelstrudel - Wiener Idealgericht
Weine: Tokayer, Donauperle, Sliwowitz.«

Am Ende des Essens trank Johann Strauß seiner Frau zu: »Adele, famos hast du das gemacht. Ich möchte dich noch zehnmal heiraten.«

Wien war nie ein Revier der großen, fatalen Kurtisanen, in deren Häusern eine luxuriöse Küche gepflegt wurde. Die süßen Mädeln, die den Herren mit der doppelten

Vollständige theoretisch-praktische
Anleitung
zur feineren
Kochkunst
für
herrschaftliche und bürgerliche Tafeln.
Von
F. G. Zenker,
Erster Theil.
Mit 14 Kupfertafeln.
Dritte viel vermehrte und verbesserte Auflage.
Wien, 1843.
Verlag der Carl Haas'schen Buchhandlung.

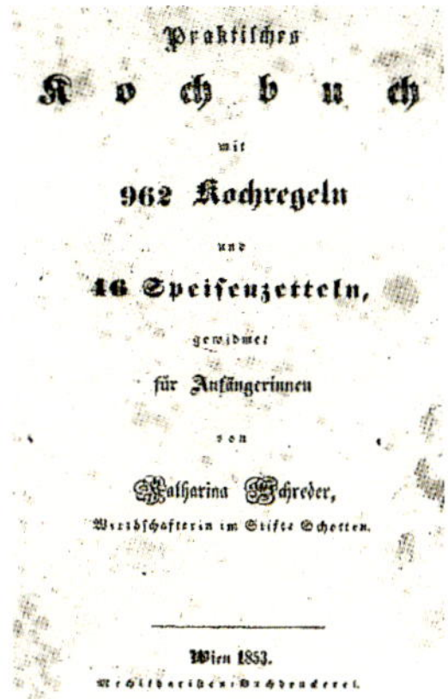
Praktisches
Kochbuch
mit
962 Kochregeln
und
46 Speisenzetteln,
gewidmet
für Anfängerinnen
von
Katharina Schreder,
Wirthschafterin im Stifte Schotten.
Wien 1853.
Mechitharisten-Buchdruckerei.

Die
wirthschaftliche und geschickte
Wiener-Köchin.
Ein durch vieljährige persönliche Ausübung und Erfahrung erprobtes
Kochbuch
für bürgerliche Haushaltungen.
Enthält die gründliche Anleitung,
sowohl bequeme Tafeln delikat, zierlich und elegant zu bereiten,
als auch die
Oesterreichische Hausmannskost
für mittlere Haushaltungen in theuren Zeiten billig
und schmackhaft herzustellen.
Ein unentbehrliches Handbuch
für
Frauen, Mädchen und angehende Köchinnen.
Von
Rosalia Neumann,
durch 30 Jahre Wirthschafterin bei einer Herrschaft.
Sechste,
gänzlich umgearbeitete und sehr vermehrte Auflage.
Wien, 1875.
Verlag von Jakob Dirnböck's Buchhandlung.
(Georg Brandt.)

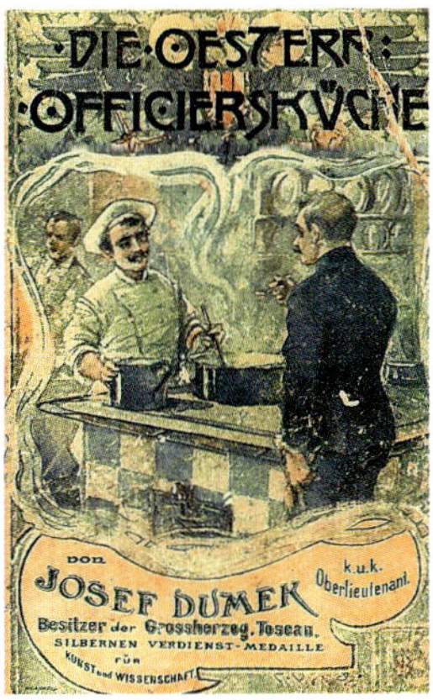

Die
Oesterreichische Küche.
Eine Sammlung selbsterprobter Kochrecepte
für den einfachsten und den feinsten Haushalt
nebst Anleitungen zur Erlernung der Kochkunst
von
Marie von Rokitansky.
1.–4. Tausend.
Mit 90 Text-Illustrationen und 6 Tafeln.
Innsbruck.
A. Edlinger's Verlag.
1897.
Wien. München. Leipzig.

Grünzweig-Reitter
Wiener
Koch- und Wirtschaftsbuch
für den
bürgerlichen Haushalt
mit
Berücksichtigung der deutschen, ungarischen, südslawischen,
polnischen, böhmischen und italienischen Küche
Siebente verbesserte Auflage
Wien, 1925
Verlag von Moritz Perles
I., Seilergasse 4.

Eine Auswahl beliebter Kochbücher von anno dazumal

Die
Süddeutsche Küche.
Für Anfängerinnen und praktische Köchinnen
zusammengestellt von
Katharina Prato
(Edle von Scheiger).
Bereichert und herausgegeben von deren Enkelin
Viktorine von Leitmaier.
Ausgezeichnet mit ersten Preisen.
Dreiundfünfzigste Auflage.
317. bis 331. Tausend.
Mit 4 Farbentafeln und 51 Textbildern.
Graz und Wien 1913.
Verlagsbuchhandlung „Styria".

Moral soviel besser gefielen, wurden mit bescheidenen Wohnungen, kleinen Zuckerlgeschäften und ein wenig Schmuck abgefunden. Viele Pantscherln mit beträchtlichem Standesunterschied endeten schließlich in behäbigen Ehen oder allgemein anerkannten Verhältnissen.

Eine Reihe von Burgschauspielerinnen heiratete Aristokraten – vielleicht, weil sie viel schneller als andere Bürgerliche den richtigen Tonfall, der in Wien so wichtig ist, fanden. Eine von ihnen, Katharina Schratt, war über lange Jahre die Vertraute und Freundin des Kaisers. Sie wurde mit Geld- und Juwelengeschenken überhäuft wie jene exzentrischen Teufelsweiber im fernen Frankreich, denen sie in keiner Hinsicht glich. Hermann Bahr charakterisierte sie und ihre Anziehungskraft sehr treffend: »Dem Wiener wird warm … er ist kein Troubadour, sein Ideal muß am häuslichen Herd stehen, diese ideale Wiener Frau, Melusine mit dem Kochlöffel, das ist die Schratt.«

Die »gnädige Frau«, wie sie vom Kaiser genannt wurde, war bei weitem nicht so schön und elegant wie die Kaiserin, aber sie war lustig, mitteilungsbedürftig, und sie hatte nicht das mindeste Talent zur unverstandenen Frau. Ihr gemütliches Haus in Hietzing und ihre Villa in Ischl waren für Österreichs ersten Beamten ein Refugium der Wärme, des Friedens und – der Neuigkeiten.

Bei Kaffee und Gugelhupf, den sie gelegentlich bei Demel oder Zauner kaufte und als selbstgebacken ausgab, informierte sie den einsamen Kaiser über Klatsch und Tratsch der Bühne und der Gesellschaft, umsorgte und hätschelte ihn mit kleinen Aufmerksamkeiten und erreichte damit, daß der Kaiser ihr immer wieder verzieh, wenn sie Schulden machte und ein Vermögen verspielte. Ihre Freunde genossen ihre »Küchensoireen«, bei denen sich Herren im Frack und Damen im Abendkleid aus einem Kupferkessel bedienten.

Sie selbst war eine naive Genießerin, offen für kulinarische Aufmerksamkeiten. Das nutzte auch Max Burkhardt, der ihre Protektion beim Kaiser erhoffte, als er sich um den Posten des Burgtheaterdirektors bewarb. Er wußte, daß sie gerne Nußbeugel aß, und ließ ihr immer wieder besonders gute mit einer liebenswürdigen Karte schicken. Als Katharina Schratt dann darauf angesprochen wurde, was sie von Burkhardt hielt, sagte sie: »Oh, ich hab' nur das Beste von ihm gehört« und gab diese Meinung auch dem Kaiser weiter.

Viele der Großen Wiens setzten sich immer wieder kritisch und genußvoll mit dem Essen auseinander.

Peter Altenberg schreibt in seinem Feuilleton »Der Junggeselle« so schwärmerisch über Thunfisch in Paradeissauce ohne Mehl wie sonst nur über sehr junge Mädchen. Er ärgert sich darüber, wie uninformiert manche Damen einkaufen gehen, daß sie weder Alexander-Butterbirnen noch Tiroler Dechantbirnen kennen und nicht zwischen Roquefort, Emmentaler und Gorgonzola differenzierten. Cafetiers ermahnt er, zum Tee Zitrone samt gläserner Presse zu servieren und ihm nicht Bussy de Vevey vorzuenthalten – zarte Salzwaffeln, zwischen denen sich »eine

Schichte bester Sardellenbutter befinden müßte«. Worauf der Cafetier antwortet: »Wenn ich so was tät,lieber Herr, da wär' ich ja selbst schon ein halbeter Dichter und könnt' dann betteln geh'n wie Sie.«

Altenberg war nicht der einzige, der Frauen Lektionen in der Kochkunst gab. Adolf Loos, der seine erste Frau Lina heiratete, weil sie sich für eine unverschnörkelte Dose aus Birkenholz statt einer aus Edelmetall entschlossen hatte, gab seiner zweiten Frau Elsie Altmann strenge Kochanleitungen. Sie begannen beim gemeinsamen Gemüseeinkauf am Naschmarkt, beim sorgfältigen Spinatwaschen, und setzten sich in der Anweisung fort, den Kochsalat im Ganzen zu kochen und mit den weißen Teilen zu essen. Oft blieb er allerdings das Geld für die Greißlerrechnung schuldig oder gab es verzweifelten Freunden. Für ein Glas »Feingespritzten«, Champagner mit Sodawasser, den er in Nachtlokalen trank, war Geld jedoch immer vorhanden.

Im 19. Jahrhundert erfolgt die Trennung des Arbeitsplatzes vom Wohnraum, die Großfamilie schrumpft, und immer mehr Frauen arbeiten außer Haus. Die Ansprüche an die Haushaltung bleiben unverändert, Arbeiterinnen werden an den Leistungen bürgerlicher Hausfrauen gemessen – auch von den Frauen selbst, die eine Reihe erfolgreicher Kochbücher herausgeben. Anna Dorn, Katharina Prato, Louise Seleskowitz, Amalie von Grünzweig oder Marie von Rokitansky schreiben Bestseller, die über Jahrzehnte auf dem Markt bleiben, immer wieder ergänzt und neu aufgelegt. In ihnen kristallisiert sich die Wiener Küche heraus, wie wir sie heute noch kennen. In diesen Büchern spiegelt sich aber nicht nur das kulinarische Bedürfnis der Wiener, sondern auch ihr hoher Anspruch an die Frauen dieser Zeit. Das Hausregiment sei im Namen des Mannes zu führen, heißt es da, doch so, daß er davon keine Unannehmlichkeiten verspürt. Hausfrauen haben sich bedingungslos an den Mann anzupassen, der, mit seltenen Ausnahmen, geistig über ihr stehe. Aufopfernd, sparsam, diskret ist die ideale Hausfrau und dazu ein Muster an Geschmack und Geschicklichkeit. Die feudale oder großbürgerliche Küche ist noch immer das Vorbild, ein einziges Kochbuch geht auf die Bedürfnisse der Arbeiterin ein. Und immerhin ist um 1869 bereits die Hälfte der Wiener Frauen berufstätig, meist in untergeordneter Stellung, Arbeitszeiten bis zu zwölf Stunden und eine

Sechstagewoche sind eine Selbstverständlichkeit.

Frauen halten Frauen die Latte hoch, obwohl es auch in bürgerlichen Haushalten immer schwieriger wird, den Ansprüchen der Männer gerecht zu werden. Dienstboten werden um die Jahrhundertwende rarer, moderne Küchengeräte halten erst langsam Einzug. Otto Friedländer schildert in seinem Buch »Letzter Glanz der Märchenstadt«, wie sich damals ein bürgerliches Mittagessen abspielte. Der gnädige Herr geht wie ein Löwe im Speisezimmer auf und ab, immer mit dem Blick auf die Uhr, aber um punkt halb zwei kommt das Dienstmädchen mit der Suppenschüssel und – zwei Tellern für ihn, falls ihm die Suppe zu heiß sein sollte. »Das Mittagessen ist eine Art Gerichtssitzung, vor allem über die Qualität des Essens. Ein Mann, der einfach ißt, was ihm vorgesetzt wird, wird weder von seiner Frau noch von seinen Dienstleuten hoch eingeschätzt. Ein Mann muß bemerken, daß das Fleisch grobfasrig und daß die gerösteten Kartoffeln lätschig sind, und muß das mit Stimmaufwand und Entrüstung rügen – dann kann man stolz darauf sein, einen so anspruchsvollen Herrn zufriedengestellt zu haben.«

Zwei Weltkriege und manche Krisen haben zwar wienerische Essensbräuche vereinfacht, Haustyrannen gemäßigt und viele Heimchen am Herd mit mehr Selbstbewußtsein ausgestattet. Aber noch immer ist das Genießen in Wien keine einfache Sache. Viele Genüsse sind zugänglicher geworden – das hat die Schar der Nörgler vermehrt. Und den Beruf des Gastro-Kritikers etabliert – obwohl es auch das schon einmal gegeben hat. 1714 beschrieb Johann Valentin Neiner in seiner Broschüre »Das Neu eröffnete Wein-Wirths-Hauß« auf satirische Weise 65 Wirtshäuser in Wien mit ihren Wirten, Kupplerinnen und Huren.

Noch immer sind die großen Geister auch Freunde der großen Genüsse, so wie es Friedrich Torberg formulierte: »Essen ist meine Lieblingsspeise.« Und noch immer gilt für die vielen unbekannten guten Köchinnen Wiens, was einst der Biedermeierschriftsteller Jean Charles schrieb: »Die Kochkunst ist hier eine wirkliche, heilige Kunst, unter jedem Rauchfang findest du eine Muse.« Und sicher wird noch im nächsten Jahrtausend einer sagen: »Das ist auch nicht mehr die alte Qualität!« Und er wird die gute alte Zeit meinen, in der wir heute leben.

Sperrstund'

Ballawatsch - Durcheinander
Beugel - gefülltes, gebogenes Gebäck
Biegl - Geflügelbein
Bratlgeiger - Geiger, die in Eßlokalen zum Braten aufspielten
Durri, durri - ital.: harte (Würste). Kaufruf der italienischen Salamihändler
Eingetropftes - in die Suppe getropfter Eierteig
Eipeldauer - eine aus dem Vorort Eipeldau (heute Leopoldau) stammende, naiv-kritische Figur des josephinischen Wien, die der Journalist Joseph Richter erfand
Fragilité - zartes Gebäck, Spezialität von Demel
Frankfurter - Würstel, die überall auf der Welt Wiener heißen, nur in Wien nach dem Lehrort ihres Erfinders, des Fleischers Lahner, Frankfurter
Frittaten - salzige Pfannkuchen, die dünn geschnitten in die Rindsuppe kommen
Fuzerl - kleines Stück
Gefrorenes - Eis
Golatschen - gefülltes süßes Gebäck in Form eines Briefkuverts
Gollasch - wienerisch für Gulyas
Greißler - Lebensmittelhändler
Gspusi - amouröses Verhältnis
Gstanzel - Vers, Lied
Holler - Holunder, aber auch: Unsinn
Hetz - Spaß, Vergnügen
Katzengschra - Gericht aus Leber, Milz, Schweinefleisch, mit Knoblauch und Majoran gewürzt
Kukuruz - Mais
Kuttelkraut - Thymian
Lätizerl - aus dem Italienischen: letizia = Freude, Vergnügen. Im Altwienerischen: Tanzvergnügen
Linienwall - eine 1704 gebaute Befestigung zwischen St. Marx und Lichtental. Am Linienwall waren auch Mautstellen untergebracht, wo für in die Stadt gebrachte Lebensmittel Verzehrsteuer eingehoben wurde. Auf dem Areal des Linienwalls entstand 1873 die Gürtelstraße
Naderer - Spitzel
Nockerl - in Wasser gekochte Mehlspeise. Aber auch: zimperliche Frau
Obers - Rahm
Olio-Suppe - aus vielerlei Fleisch- und Gemüsearten gekochte Suppe, die zum Ball bei Hof serviert wurde
Palatschinken - Pfannkuchen
Pantscherl - amouröses Verhältnis
Paperl - Papagei, aber auch: Essen
Pofesen - herausgebackene Semmelschnitten. Italienisch: alla pavese
Powidl - stark eingedicktes Pflaumenmus
Paulanerwürste - Fischwürste aus der Klosterküche der Paulaner
Quargeln - stark riechender Käse, ursprünglich aus Olmütz
Radi - Rettich
Rohscheiben - Kartoffelchips
Rosoglio - aromatischer Likör

Rumfordsuppe - eine Sparsuppe, 1784 vom Grafen Rumford als billige Heeres- oder Armenverpflegung entwickelt

Salamutschi - ambulanter Salamihändler

Schlickkrapferln - Teigtaschen

Schwammerl - Pilz

Spezi - Spezialwein, aber auch: Freund

Stellwagen - Verkehrsmittel des Biedermeier, das vom Zentrum in die Vororte fuhr.
„Mit dem Stellwagen ins Gesicht fahren", bedeutet unverblümte Direktheit

Tandler - Händler

Tschecherl - kleines, manchmal auch übelbeleumundetes Lokal

Tuchent - Federbett

Wasser machen - einer Sache Bedeutung geben

Weinberl - Rosine

Zeiserlwagen - Verkehrsmittel des Biedermeier, das außerhalb des Linienwalls verkehrte

Zum Walfisch - Praterlokal, erstmals erwähnt 1782, bekannt durch seine gute Küche

Zum Eisvogel - eines des ältesten Praterlokale, führte ursprünglich den Namen „Zu den drei Raben"

Zwetschke - Pflaume

Literatur

Abraham a Sancta Clara: Ein Hui und Pfui auf die Welt. Aschaffenburg: Pattloch 1986

Eva Bakos: Wiener Spezialitäten. Wien: Kremayr & Scheriau 1971

Eva Bakos: Wien. Köln: DuMont Richtig reisen 1989

Federico Berzeviczy-Pallavicini: Die k.u.k. Hofzuckerbäckerei. Wien: Molden 1976

Bertrand Michael Buchmann: Der Prater. Wien: Zsolnay 1979

Josef Cachée: Die Hofküche des Kaisers. Wien: Amalthea 1985

Otto Friedländer: Letzter Glanz der Märchenstadt. Wien: Gardena 1969

Ingrid Haslinger: Küche und Tafelkultur am kaiserlichen Hof zu Wien. Bern: Benteli-Verlag 1993

Kai Kaufmann: Es ist nur ein Wien. Wien: Böhlau 1994

Monika Knofler: Das Theresianische Wien. Wien: Böhlau 1979

Susanne Lawson: Von Marktfahrern und Standlern. Wien: Compress 1989

Ann Tizia Leitich: Wiener Zuckerbäcker. Wien: Amalthea 1980

Franz Maier-Bruck: Das große Sacher Kochbuch. München: Schuler 1975

Gabriele Praschl-Pichler: Alltag im Barock. Graz: Edition Kaleidoskop im Verlag Styria 1995

Roman Sandgruber: Bittersüße Genüsse. Wien: Böhlau 1986

Joachim Schondorff: Aufklärung auf wienerisch. Wien: Zsolnay 1980

Mauriz Schuster: Alt-Wienerisch. Wien: Österreichischer Bundesverlag 1984

Conrad Seidl: Reisen zu Österreichs Brauereien. Wien: Österreichischer Bundesverlag 1990

Bartel F. Sinhuber: Zu Gast im alten Wien. München: Hugendubel 1989

Renate Wagner: Würde, Glanz und Freude. Graz: Styria 1981

Siegfried Weyr: Wien. Zauber der Vorstadt. Wien: Zsolnay 1969

Bildnachweis

Herbert Lehmann: Umschlagfoto, 3, 12, 23, 30, 48, 50, 62, 88, 114, 140, 162, 184, 206, 225
Gusto-Archiv: Stefan Liewehr: 54/55, 80/81, 97, 106/107, 132/133, 154/155, 176/177, 198/199, 216/217
Gusto-Archiv: Foto Barci: 38/39
Gusto-Archiv: Foto Eisenhut & Mayer: 24/25
Foto Helmut Lust: 95
Foto János Kalmár, Wien: 21 (unten)
Sammlung Viktor Kabelka: 14, 17 (oben), 21 (oben), 70, 78 (rechts), 79, 96, 101, 103, 104, 143, 144, 145, 149, 153, 166, 168, 170, 171, 173, 188, 190, 191, 192, 194, 197, 233
Bildarchiv der Österreichischen Nationalbibliothek: 34 (Foto: Scolik), 51 (oben), 67, 69, 77, 92, 124, 127, 148, 164 (oben), 167, 170, 171, 195, 196, 227, 228, 229
Historisches Museum der Stadt Wien: 5, 9, 20, 36, 51 (unten), 52, 53, 64, 65, 74, 75, 78 (links), 164 (unten), 187, 189, 193, 230
Ehemalige Hofsilber- und Tafelkammer Wien, Fotos Marianne Haller (†): 32, 35, 37, 91, 119, 151, 152, 208, 210, 211,
(Autorin und Verlag bedanken sich für die fachkundige Formulierung der Bildlegenden bei Frau Dr. Ingrid Haslinger.)
Haus-, Hof- und Staatsarchiv Wien: 212, 214
Archiv Fa. J.&L. Lobmeyr: 215 (Autorin und Verlag bedanken sich bei Herrn Harald C. Rath für die tatkräftige Unterstützung.)
Archiv des Wiener Marktamtes: 16, 18, 22
Österreichische Galerie. Belvedere Wien: 19
Kunsthistorisches Museum, Wien: 15, 121
Technisches Museum, Wien: 100
Nationalmuseum, Prag: 186
Bezirksmuseum Neubau: 72, 73
Archiv der Wiener Porzellanmanufaktur Augarten: 147
Foto Thomas Topf: 131
Archiv Gerhard Eberstaller: 76
Foto Ernst Hausner: 174
Sammlung Karl König: 71
Archiv der Edition Wien: 17 (unten), 209,
Privatbesitz: 33, 99, 213, 231
Franz Sartori, Mahlerisches Taschenbuch für Freunde interessanter Gegenden. Wien 1813: 165
Der Abdruck des Gedichts „Apfelstrudel" aus dem Buch „Das g'wisse Alter" von Trude Marzik erfolgt mit freundlicher Genehmigung des Verlags Paul Zsolnay.
Die barocke Speisenfolge auf Seite 119 wurde mit freundlicher Genehmigung der Edition Kaleidoskop im Verlag Styria dem Buch »Alltag im Barock« von Gabriele Praschl-Bichler entnommen.

Autorin und Verlag bedanken sich für die freundlichen Abdruckgenehmigungen.
Die Rechtslage bezüglich der reproduzierten Bildvorlagen wurde – soweit möglich – sorgfältig geprüft; eventuelle berechtigte Ansprüche werden vom Verlag in angemessener Weise abgegolten.